환영의 근대문학

The illusion in modern literature

저자 정혜영(鄭蕙英)은 1964년 대구 출생으로 경북대학교 국어국문과를 졸업했으며, 동 대학원에서 문학박사 학위를 받았다. 일본 츠쿠바대학교 객원연구원을 역임했으며, 현재 경성대학교, 부산외국어대학교에 출강중이다.
주요 논문으로 「근대문학에 나타난 기생의 이미지 고찰」, 「김동인 문학과 평양이라는 도시 공간」, 「근대를 향한 시선」 등이 있다.

환영의 근대문학

1판 1쇄 발행 2006년 5월 10일
1판 2쇄 발행 2008년 10월 10일

지은이 / 정혜영
펴낸이 / 박성모
펴낸곳 / 소명출판
등록 / 제13-522호
주소 / 137-878 서울시 서초구 서초동 1621-18 (란빌딩 1층)
대표전화 / (02) 585-7840
팩시밀리 / (02) 585-7848
somyong@korea.com / www.somyong.co.kr

ⓒ 2006, 정혜영

값 15,000원

ISBN 89-5626-211-X 93810

환영의 근대문학
The illusion in modern literature

정혜영

책머리에

  육 년 전 우연치 않게 '연애'의 성립 과정에 관한 일본측의
논문을 접할 기회가 있었다. 그때 나는 마침 이광수와 김동인의
초기 작품들을 읽고 있었고 그 작품들이 '연애'의 제 이론과 신
기하게도 아귀가 맞아떨어짐에 착상, 한국 문학과 연애'의 형성
이라는 테마를 설정, 논의를 전개시키기 시작했다. 그러나 논의
가 전개되면 될수록 그 절묘하게 들어맞던 아귀가 어떻게도 메
워질 수 없는 간극으로 느껴지기 시작했다. 결국, 그 들어맞는
아귀라는 것이 '환영'에 지나지 않는 것이었음을 깨닫게 되면
서 나는 말할 수 없이 혼란스러워지기 시작했다. 나의 그 혼란
은 단지 '문학'의 근대성 문제 때문만은 아니었다. 내 삶, 문학
연구에 대한 내 열정 자체가 아이러니컬하게도 그 '환영'이라

는 용어와 연결되어 버린 것이다.

작품 속의 시대, 시대를 살았던 인물들의 삶보다도 나를 드러내고자 한 내 욕망이 엄청나게 부풀려져 있는 내 글들을 보면서 말할 수 없는 부끄러움이 느껴진다. 그와 같은 욕망들이 어쩌면 내 삶을, 문학연구에 대한 내 열정을 또 다른 환영으로 채워버렸는지도 모른다. 내 능력으로 결코 수용할 수 없었던 선배의 충고, 나 자신의 관념 대신 자료가 시대를 말하게 하라는 그 충고가 지금 새삼 절실하게 떠오르는 것은 그 때문일 것이다. 이 책의 출판에 즈음하여 감사를 드리고 싶은 분들이 많다. 출판을 가능하게 해주신 소명출판 박성모 사장님과 우한용 교수님, 선배이자 스승이기도 한 시즈오카[靜岡] 대학 남부진 교수님, 어머니께 감사를 드린다. 그리고 무엇보다도 이제는 고인(故人)이 되신 아저씨께 깊은 애정, 존경과 더불어 이 책을 바친다.

2006년 봄
정 혜 영

차례

환영의 근대문학

환영(幻影), 혹은 환상(幻像)으로서의 근대, 근대문학

이인직의 『혈(血)의 누(淚)』에서 주인공 김옥련과 구완서는 오사카의 기차 안에서 우연히 만나 구완서의 제의에 따라 '공부'를 하기 위해 미국으로 동반 유학을 떠난다. 여기서 '공부'는 두 사람이 만나는 계기가 되고, 결혼의 요인이 되고, 근대적 삶의 절대적 가치가 되고 있지만 그 '공부'란 시종일관 단지 '공부'일 뿐 실체가 보이지 않는다. 무작정 '공부'인 것이다. 근대적 개념으로 등장하는 '공부'가 흡사 주지학적 관념론처럼 끊임없이 공허하게 반복되고 있는 것이다. 이와 유사한 또 다른 예를 이광수의 『무정(無情)』에서도 찾을 수 있다.

이형식과 김선형을 주인공으로 하는 『무정(無情)』은 자유연애를 테마로 한 최초의 소설로서 평가되고 있음에도 이들 두 남녀 주인공 간의 '사랑'의 징후는 어디에서도 발견되지 않는다.

무작정 '사랑'이 있다는 식이다. 왜 김선형과는 '사랑'이 있고, 이영채와는 '사랑'이 존재하지 않는지 작품 내의 명확한 이유도 보이지 않는다. 거기에는 뚜렷한 내면적 이해가 존재한다고 하기보다는 '사랑'의 관념적 형식이 존재할 뿐이다. 그리고 두 사람은 '또 다시' '공부'를 하기 위하여 미국으로 떠나는 것이다. 근대적 학문으로서의 '공부'가 주자학적 관념론으로서의 '공부'로 변질되고 있는 것이다.

『혈(血)의 누(淚)』와 『무정(無情)』을 비롯해서, 이후의 한국 '근대문학'은 근대적 사상 및 제도를 기반으로 하여 전개된다. '자유연애'가 테마로서 취해지는가 하면, 구어체가 주된 소설적 문체로서 확립되고 고백체 형식이라는 새로운 문학의 양식이 소설에 등장한다. 그리고 '자아'·'개성'·'연애'·'영혼'과 같은 새로운 용어들이 핵심어로서 모습을 보이기 시작한다. 이와 같은 문학적 변모들이 과연 근대적 제도 및 사상의 철저한 내면화를 기반으로 해서 비롯되고 있었는가 하는 점은 복잡한 맥락을 띠고 있어 쉽게 결론 내리기가 힘들다. 그것은 좁게는 한국문학의 근대성, 나아가서는 한국이 체험한 근대의 실재성 여부를 묻는 문제이기도 하기 때문이다.

일반적으로 근대문학 연구에서 '근대'의 실재성 여부는 의문의 여지가 없는 사항으로 간주되어 왔다. 물론 근대의 기점에 대한 논란, 문학에 나타난 근대성에 대한 세부적 접근 등 근대를 둘러싼 시기적 혹은 기술적 문제가 많은 논란을 일으키기는 했으나, 그 역시 '근대'의 실재성을 전제 조건으로 상정시킨 것이었다. 말하자면 한국의 '근대'가 한국에 대한 일본의 식민지화 과정과의 긴밀한 연계 속에서 진행되어 갔다는 점에서 많은 문제점을 내포한다고 하더라도, 그 실재성은 의심될 수 없는 사항이었던 것이다. 그런 점에서 볼 때 언문일치 확립에 대한 논의라든가, 소설에 나타난 내면 형성 과정에 대한 반복적 탐구는 문학의 근대성을 확인하는 작업이었던 동시에 한국의 '근대'를 재구성해내는 작업이었다고 할 수 있다.

그러나 이와 같은 '근대'의 확정 작업이 한국이 수용한 근대의 실체에 대한 점검 없이 진행되어 왔다는 점은 기존 논의의 성급함과 더불어 기묘한 신화 형성 과정이 여기 개입된 것은 아닌가 하는 불안감을 느끼게 한다. 근대의 성립이란 제국과 식민지 간에 발생치 않을 수 없는 문화의 일방적 전파와 수용, 즉 식민지가 겪는 문화의 비창조적 형성 과정에서 벗어날 수 있는 결정적 통로와 직결되기 때문이다. 그런 점에서 한국 문학의 근대성, 한국의 근대의 실체에 대한 연구는 우리 문화의 본원을 읽을 수 있는 중요한 근거가 될 수도 있다. 이미 우리의 문화적 단계를 포스트모더니즘으로까지 밀고 나가버린 현재의 상황에 있어서는 그와 같은 고찰이 더욱더 절실히 요구되는 것이다.

여기서 다시 반복 질문되는 것이, 과연 우리는 근대를 겪었는가 하는 점이다. 전근대와 근대를 구분 짓는 것이 '세계를 인식하는 틀의 변화'라고 한다면 과연 그와 같은 새로운 인식의 단계, 즉 '가치의 전도'가 특정 시기 한국 혹은 한국의 문학에서 발생되었던가 하는 점이 이제 다시 확실한 검토를 요구하게 되는 것이다. 신소설을 비롯해서 많은 문학작품들에 나타난 근대적 사상과 제도의 내면화 과정 탐색은 이에 대한 하나의 통로로서 작용될 수 있다. 특히, 다수의 근대적 장치들이 근대적 문물 이입기의 한국에서 어떻게 수용되어 가는가에 대한 문학적 고찰은 근대를 수용해낼 만한 독자적 '내면'이 한국에 형성되어 있었던가로 연결되게 되게 되는 것이다. 『혈(血)의 누(淚)』의 '공부' 혹은 『무정(無情)』의 '연애'처럼 근대문학에서 취해지는 근대적 테마들에 대한 검토가 필요하게 되는 것은 바로 이때문이다.

이에 유념하면서 이광수의 『무정(無情)』을 비롯하여 한국 '근대문학'으로 눈을 돌릴 때, 이들이 확보한 근대성의 실재에 대해 의문을 느끼지 않을 수 없게 된다. 이들의 경우, 근대적 문체와 인물·배경 등 근대적 외형 속에서 근대적 테마들을 취하고 있음에도 불구, 작품에서 취해지는 모든 근대적 장치들이 본래적 의미를 상실, 변용 혹은 변질되는 기묘한 상황이 끊임없이 발생되고 있기 때문이다. 예를 들자면 '문명개화'를 테마로 한 일련의 신소설에서 근대적 교육 습득의 일환으로서 '공부'가 역설되고 있음에도 불구하고 그 '공부'는 시종일관 근대적 학문의 제 영역으로 발전되지 못한 채 주자학적 관념론으로서의 '공부'로 변질, 수용되고 있는 것이다. 이 변질의 과정은 근대적 애정 형식 '연애'의 수용 과정에서도 동일하게 발견된다.

'연애'는 서구적 사랑 '러브'의 번역어로서 일본에서 생성, 근대적 결혼관 및 근대적 남녀 관계를 함축시킨 근대적 제도로서 한국에 수용된다. 애정의 자율성은 물론, 사랑을 영혼의 사랑과 육체의 사랑으로 이원화시켜 구별짓는 발상 자체가 존재치 않았던 근대적 문물 이입기 한국에서 '연애'의 이입은, 사랑에 대한 무수한 환영을 창출시키게 된다. 영혼의 사랑이라는 발상이 전근대적 정절의 이데올로기와 혼돈되는가 하면, '연애' 자체가 절대적 가치 체계로 변환, 이에 대한 동경 속에서 사랑의 감정이 조작, 창출된다. 이처럼 사랑과 정절이 무차별적으로 인지되고 그 속에서 남존여비의 전근대적 이데올로기가 훨씬 더 강력하게 자리를 잡는 기묘한 변질이 한국의 '연애'에서는 나타나고 있었다.

'공부'·'연애' 등 근대적 의식들을 내재시킨 수많은 근대적 장치들은 왜 사회와 문학에 반영되는 순간 본래의 의미에서 벗어나 끊임없이 변형되고 왜곡되어 버리는 것일까. 근대적 의식을 근대적 의식으로서 아무런 변질 없이 정직하게 수용해낼 수 있을 정도의 힘이 우리 언어, 혹은 문학에는 없었던 것일까. 여기서 다시 질문되지 않을 수 없는 것이 근대, 근대문학의 실재성이다. 이들 근대문학에서 끊임없이 발견되는 의미의 간극, 괴리는 근대적 의식을 수용할 만한 독자적 내면이 과연 우리 문학 내에 형성되어 있었던가에 대해 회의케 하기 때문이다. 뿐만 아니라 근대적 제도와 문물의 이입에 직면, 자체 문화에 대한 검증이나 축적 없이 신문화 제일주의를 향해 모방적 일원화를 거듭했던 근대문학의 움직임은 문학과 더불어 우리 문화의 내적 성숙도를 반영하기에 충분했던 것이다.

예를 들자면 '가정'·'처녀성'과 같은 근대적 장치들의 이입 속에서 1920년대 발생한 기생의 전면적 몰락 과정은 이와 같은 한국 문화의 내구력을 의심치 않을 수 없게 하는 부분이다. 기생을 오로지 '육적(肉的) 남녀 관계'에 기반한 '남성 예속적' 존재로서 규정시킨 기생에 대한 일방적 폄하의 태도는 적어도 일제의 한국문화 말살정책 탓으로만 그 원인을 돌릴 수 없는, 근대의 이입에 직면한 우리 전통문화의 대응력의 정도를 반영하고 있었기 때문이다. 실제로는 '영혼의 사랑'과 정절을 혼돈하고, 남녀평등의 근대적 장치로서의 '처녀성'과 전근대적 정절 이데올로기를 동일시하고 있었으면서도 '남녀 관계의 정신화'를 사회 일반의 의식으로 채택, 기생 제거를 일방적으로 전개시켜 나갔던 기생의 몰락과 관련된 1920년대 한국의 대사회적 분위기는 한국 문화의 내적 성숙도, 엄밀히 말하자면 근대를 수용할 만한 독자적 내면의 부재로 연결되지 않을 수 없었던 것이다.

근대의 이입에 직면, 한국 문화에서 발견되는 이와 같은 내적 기반의 미약함, 내면의 부재는 우리에게 과연 주체적으로 근대문학을 형성시킬 힘이 있었던가라는 근대문학의 실재성에 대한 질문으로 이어진다. '학문'이면 '학문', '애정'이면 '애정' 그 대상이 무엇이건 간에 근대적 제도들과 인간의 삶이 긴밀하게 연결되지 못하고 관념화된 채 끊임없이 간극을 일으키는 것이다. 또한 일본이 성립시킨 근대적 번역어들의 일방적 차용, 그리하여 의미의 변질과 변용을 발생시켜 버리던 '근대문학'의 제 양상을 감안하면 우리 문학이 확보한 근대성이란 것의 실체를 쉽게 신뢰할 수 없게 됨은 당연한 것이다.

우리의 '근대문학'이란 이처럼 존재하지도 않은 근대적 실체를 형성시켜 내는 것, 즉 환영과 환상의 창출에 기반해 있는 것이나 아닐까. 말하자면 '근대문학' 자체가 환영과 환상으로서 존재해 있을지도 모른다는 생각이 드는 것이다. 본 연구는 종래의 '근대문학'의 실체성을 부인하는 작업의 일환이다. 본론에서는 근대적 장치들의 구체적인 분석을 통해 환영과 환상으로서의 '근대', '근대문학'의 제 측면을 제시하고자 한다.

환영(幻影)으로서의 '공부' 혹은 '외국 유학'

이인직, 『혈(血)의 누(淚)』

1. 서론

이인직의 『혈(血)의 누(淚)』에서 두 주인공 옥련과 구완서는 오사카의 한 전철 안에서 처음 만난다. 여기서 무작정 집을 가출, 유학을 위해 미국을 향해 가던 구완서가 오갈 데 없게 된 옥련의 처지를 동정, 학비의 보조를 약속하면서 두 사람은 함께 미국 유학길에 오르게 된다. 『혈(血)의 누(淚)』에서 보여지는 이와 같은 외국 유학의 모티프는 이인직의 여타 작품들을 비롯, 이해조・최찬식・이상협 등 다수의 신소설 작가들의 작품에서 어렵지 않게 발견된다. 예를 들자면 최찬식의 『추월색(秋月色)』에서는 일본과 영국을 이상협의 『눈물』에서는 일본을, 이해조

의 『모란병(牧丹屛)』에서는 미국을 향해 젊은 신청년들이 속속
유학을 떠나는 모습이 등장하는 것이다.

　이는 『혈(血)의 누(淚)』로부터 십일 년 후인 1917년 발표된, 근
대소설의 효시라 일컬어지는 이광수의 『무정(無情)』에서도 동일
하게 포착되면서, '문명개화'의 이상 속에서 일본 및 서구에 대
한 열정에 사로잡힌 근대 초기 조선의 풍경을 보여주는 하나의
코드로서 외국 유학의 모티프를 자리매김시켜 주게 된다. "광
무 융희 년간은 신학문하면 의례히 해외 선진제국의 유학을 거
의 유행처럼 염두에 두"[1]던 시기였다는 당대 유학에 대한 후대
의 다소 비난 섞인 언급이 신소설의 '관념성'에 대한 후대 논자
들의 비판[2]과 더불어 주의를 끄는 것은 바로 이 때문이다. 그
런 점에서 신소설에 나타난 외국 유학의 모티프 연구는 신소설
의 관념성에 대한 기존의 논의 및 조선의 근대를 이해하는 중
요한 근거로서 제시될 수 있을 것이다.

---

1) 全光鏞, 『新小說研究』, 새문사, 1986, 94면.
2) 개화기 정치소설을 일컬어, "정치소설이라 했지만 실상은 정치소설의 결여형태
　에 지나지 않았다"는 김윤식의 언급(김윤식 · 정호웅, 『韓國小說史』, 예하, 1993,
　28면)이나, 『血의 淚』에 대해 "문명개화의 실상을 인물의 행위의 구체성을 통해
　제대로 제시하지 못한다"는 권영민의 비판은(권영민, 「신소설과 조선보호론의 실
　체」, 이용남 외, 『한국 개화기 소설 연구』, 태학사, 2000, 79면) 동일 맥락에서 이
　해 가능하다.

2. 신소설에 등장하는 공부, 혹은 공부하는 사람들

이인직의 『혈(血)의 누(淚)』는 1906년 『만세보(萬歲報)』에 연재된 작품이다. 신소설의 효시를 이루는 이 작품에서 두 주인공 옥련과 구완서는 오사카의 한 기차 안에서 우연치 않게 첫 대면, 함께 미국 유학을 떠나고 마침내는 결혼에 이르게 된다. 집안간의 약속에 의한 전통적 결혼 형식에 얽매여 있던 여타의 신소설들과 비견할 때 『혈(血)의 누(淚)』의 두 남녀의 자유로운 만남의 형태 및 결혼의 과정은—물론 결혼에 이르게 됨에는 옥련의 아버지 김관일의 요청이 있었다고는 하나—근대적 애정 관계 '연애'의 징후를 상당히 강력하게 내재시키고 있다. 특히 이들 두 사람이 학문을 매개로 하여 연결, 결합되고 있다는 점은 이들의 애정 관계 및 결혼이 '부부유별(夫婦有別)'의 전통적 남녀 관계와는 다른 측면에서 전개됨을 의미해주기도 한다.

그러나 이와 같은 근대적 테마의 반영에도 불구, 『혈(血)의 누(淚)』에는 근대적 세계와 급작스레 대면한 과도기 조선의 모습이 불안정한 형태로 노출되고 있다. 이는 인물들이 겪는 의식의 혼란, 행위의 이율배반성 등을 통해서 어렵지 않게 발견된다 양모의 집을 가출, 무작정 남의집살이를 하러 떠나는 옥련과 미국 유학길에 오른 구완서가 오사카의 기차 안에서 처음 만나는 장면은 그런 점에서 상당히 흥미롭다. 미국 유학을 위해 집을 가출하여 오사카에 도착, 기차를 타고 요코하마를 향해가던 구완서는 옥련을 처음 본 순간, 생면부지임에도 불구하고 추파에 가까운 관심을 나타낸다. 앉을 자리도 없을 정도로 붐비는 삼등 기차 내부의 많은 사람들 틈에서 겨우 열한 살 된 옥련이 열여덟 살의 조선 청년 구완서의 눈길을 끌 수 있었던 것은 무엇 때문일까.

> 옥련이가 대판(大阪)만 떠나서 어디든지 가면 남의 집에 봉공(奉公)하고 있을 터이라 결심하고 자목 정거장까지 가는 기차표를 사서 일번(一番)기차를 타니, 삼등 차에 사람이 너무 많이 들어서 옥련이가 앉을 곳을 얻지 못하고 섰는데, 등 뒤에서 웬 서생이 조선말로 혼자 중얼중얼하는 말이,
> "웬 계집아이가 남의 앞에 와 섰다."
> 하는 소리에 옥련이가 돌아다보다 나이 열칠팔세 되고 얼굴은 볕에 그을러 익은 복숭아 같고 코는 우뚝 서고 눈은 만판 정신기 있는데, 입기는 양복을 입었으나 양복은 처음 입은 사람같이 서툴러 보이는지라. 옥련이가 돌아다보는 것을 보더니 또 조선말로 혼자 하는 말이,
> "그 계집아이 똑똑하다. 재주 있겠다. 우리나라 계집아이 같으면 저러한 것들이 판판히 놀겠지. 여기서는 저런 것들도 모두 공부를 한다 하니 저것은 무엇하는 계집아이인지."[3]

여기서 구완서는 옥련을 본 순간, 갑자기 '똑똑하다', '재주 있겠다'라며 공부를 한 듯한 그녀의 분위기를 칭찬하고 나온다. 그러나 겨우 심상소학교(尋常小學校)를 졸업했을 뿐인 열한 살의 여자아이가 공부를 한 듯한 분위기를 풍긴다면 얼마나 풍길 수가 있겠는가. 특히 은인인 양부(養父) 정상군의(井上軍醫)의 전사, 개가(改嫁)를 위해 사고무친(四顧無親)의 옥련을 버리려는 양모(養母) 이와 같은 충격적 사건들로 인해 자살을 결심할 정도

---

3) 李人稙, 『혈(血)의 누(淚)』(『韓國新小說全集』 卷1), 을유문화사, 1968, 38~39면.

에 이른 절망적 심경과 한 밤에 집을 뛰쳐나온 옥련의 행색을 고려한다면 구완서의 표현은 이례적이라고 할 수밖에 없을 것이다. 구완서에게서 나타나는 이와 같은 시선의 굴절을 이해하기 위해서는 신소설 전반에서 발견되는 '공부'의 의미를 살펴볼 필요가 있다.

신소설에는 신교육을 습득한 인물들이 빈번하게 등장한다. 이인직의 『혈(血)의 누(淚)』·『모란봉(牧丹峰)』, 이해조의 『모란병(牧丹屛)』, 최찬식의 『추월색(秋月色)』·『춘몽(春夢)』·『금강문(金剛門)』, 이상협의 『눈물』 등 다수의 신소설 작품들에서 '공부', 즉 신교육의 습득은 주인공들이 구비해야 할 중요한 덕목으로서 제시되고 있다. "자주독립(自主獨立)을 회복코저 하거든 급급(急急)히 학교(學敎)를 설립하여 교육을 진흥"[4]하여야 한다고 주창한 『대한매일신보(大韓每日申報)』의 논설이나, "남녀간에 갓한 학문으로 한 학교에서 공부하여야"[5] 한다고 주창한 『대한그리스도인회보』의 논설은 국권수호, 남녀평등, 신문명에 대한 열정으로 어우러진 개화기 조선의 상황 속에서 신교육, 혹은 '공부'가 지닌 의미를 충분 설명해준다. "남의 나라 문명 부강한 모습을 보고, 내 나라의 야매 조잔(凋殘)한 이유"[6]를 깨달아 학업에 정진하는 『추월색(秋月色)』의 영국 유학생 김영창, "여자이리도 학문이 없어서는 도저히 될 수 없는 시대인즉"[7] 딸의 외국 유학

---

4) 『大韓每日申報』, 1906.1.6.
5) 로병션, 「혼인론」, 『대한그리스도인회보』, 1899.4.19; 『韓國開化期資料叢書』 1, 國學資料院, 1994, 541면.
6) 崔瓚植, 『秋月色』(『韓國新小說全集』 卷4), 을유문화사, 1968, 38면.
7) 崔瓚植, 『春夢』(『韓國新小說全集』 卷4), 을유문화사, 1968, 321면.

을 유언으로까지 부탁하는 『춘몽(春夢)』의 서판서와 같은 인물들이 신소설에서 어렵지 않게 발견되는 것은 바로 이 때문이다.

'신교육'이 이처럼 신소설의 주된 테마 중의 하나로서 강조되고 있다고는 해도, 작품을 살펴 볼 때 그것이 인물들의 삶과 실질적으로 연계되고 있는 것 같지는 않다. 가령 최찬식의 『금강문(金剛門)』에 등장하는 여학생 김경원은 "청년시대에 공부하는 것을 낙사로 알고 배우기를 싫어 아니하여 밥 먹고 잠잘 때와 부모 공궤하는 시간을 제한 외에는 공부하기에 게으르지 아니" 할 정도로 공부에 열정을 지니고 있다. 그러나 그 공부라는 것이 실제 그녀의 삶 어느 부분에도 효력을 발휘하는 징후는 보이지 않는다. 시부모와의 갈등, 모함으로 인한 곤경, 곤경의 극복 등 삶의 대부분의 순간들에서 '공부'를 한 그녀의 이력은 별반 의미를 지니지 않는다. 말하자면 '공부'와 삶이 기묘하게도 끊임없이 괴리되고 있는 것이다.

이처럼 신소설에서의 '공부'라는 것은 그 중요성에 대한 거듭되는 강조에도 불구, 하이칼라 양복에 파나마모자 혹은 리본을 꽂은 히사시가미 머리처럼 각각의 인물들이 문명개화의 바람을 맞은 신청년임을 증명시켜 주는 하나의 배경적 코드로서의 의미를 벗어나지 못할 때가 많다. 그런 점에서 볼 때, '공부' 혹은 '학문'이 죽음의 한 요인이 되는 『명월정(明月亭)』은 상당히 흥미롭다. 『명월정(明月亭)』에서 여주인공 채홍은 여학생에서 기생으로, 기생에서 다시 첩으로의 신분의 변환을 겪다가 마침내는 자살로 생을 마감하는 비극적 인물로서 묘사되고 있다. 여기서 채홍이 자살이라는 극적 행위를 선택함에는 여학교 사학년 간의 교육, 엄밀히 말하자면 4학년 진급식 날 들었던 '개명부인'의 강연이 결정적 요인으로 자리하고 있다.

지금 학교에서는 좋은 학문을 배와 다 잘하고 또 잘되지 아니할 리가 없을 터이지마는, 집으로 말하면 터는 견고치 못하고 풍마 우세(風馬雨洗)에 견디지 못하여 쓰러지는 폐가 없지 아니하니 개중에 한 말씀 드릴 것은, 괴상하지마는 꾸지람하시고 들으시오 우리가 학문을 배운 이상에는 인격이 착실하여질 것이니, 만일 부모의 구습으로 강제하여 무식한 야만과 혼인을 하려든지 또 남의 첩으로 팔아먹으려든지 하는 경우에는 어찌 하시료.
죽어도 이 유혹에 핍박을 받지 아니하시고자 하시는 이는 일어서시오 (일제 일어서서 박수갈채한다) 아, 여러분 신사와 부인이여, 이 여학생들 다시 보시오 우리 조부모 때부터 여자 교육을 착실히 하셨을 것 같으면 오늘같이 좋은 예식에 이런 말을 하여 어린 뇌수를 흔들 필요가 있습니까. 오늘 이 작정한 것이 문명의 어미될 기초로 축사합니다. 시간이 진하므로 그만둡니다.[8]

위의 강연 내용 특히 전원이 "일제히 일어서서 박수갈채"를 하고 결의를 다짐했던 열렬한 분위기는 죽음에 임해서 채홍이 남긴 유서에서도 동일하게 발견[9]되면서 그녀가 이 날의 이 분위기에 얼마나 깊이 도취되어 있었던가를 충분 감지케 해준다. 여기서 채홍의 심적 정황에 대해 도취라고 표현하는 것은 본처의 따뜻한 보살핌과 아들을 낳음으로 더욱 두터워진 남편 허주사의 애정에도 불구 갑작스레 간단히 자살을 선택해버리는 채

---

8) 朴頤陽, 『明月亭』(『韓國新小說全集』卷6), 을유문화사, 1968, 117면.
9) 채홍은 동생에게 보낸 창가 형식의 유서에서 "야만에게 시집감과 남의 집의 첩되기는 제 부모의 강제라도 봉승하지 않겠다고 손을 들고 일어서서 그 작정을 하던 것을"이라며, 그 날의 그 분위기를 애절하게 상기하고 있다(朴頤陽, 위의 책, 150면).

홍의 행위에 무언가 그녀가 그토록 거부했던 "야만"의 냄새가 강하게 배어 있었기 때문이다. 이는 채홍의 죽음을 가리켜 "학교 교육 받을 때에 육비에 새겨 잊지 아니하고, 또 한번 작정한 말에 절개를 지키려고"[10] 한 의로운 행동으로 추앙한 작품 후기 작자의 변(辯)을 통해서도 동일하게 확인된다.

실제로 채홍은 남편 허주사에게 남긴 유서에서 "남자의 덕은 의에 있고 여자의 덕은 절개에 있나니, 그런고로 여자가 절개가 없으면 금수와 무엇이 다르리요?"라고 하는가 하면, 동생에게 남긴 유서를 통하여 자신이 부모의 원수를 갚기 위해 허주사의 첩이 되었으며 원수를 갚아준 허주사의 은덕을 갚기 위해 그의 아들을 낳은 것이라고 언급하고 있다. 채홍이 이처럼 보은(報恩) 혹은, 효(孝) 절개(節槪)의 의식에 깊이 침윤되어 있음은 첩이라는 자신의 신분에 좌절, 자살에 도달한 그녀의 죽음이 신교육에의 공감, 혹은 남녀평등의 근대적 의식과는 상당한 괴리를 지니고 있음을 의미하는 것이라고 할 수 있다. 말하자면 채홍에게 있어서 '공부', 혹은 신교육은, 개화기 조선의 '풍경'을 새롭게 자각 · 인식시켜 주는 통로로서 작용했다기보다는 '효' 혹은 '정절'처럼 '선험적 개념'의 범주에 귀속되어 있었던 것이다. 그래서인지 신교육을 습득하되, 외국어에 주력하여 마침내 경제적 부를 이루는 허주사의 모습이 채홍에 비해 오히려 생동감 있게 느껴지기조차 하는 것이다.

남녀평등의 제 의식마저 선험적 개념의 범주로 환원, 그에

---

10) 朴頤陽, 위의 책, 151면.

귀속되어 가는 이와 같은 채홍의 모습은 1886년 배재학당 설립 취지에서 아펜젤러가 밝힌 근대교육 이념 —"우리는 통역관을 양성하거나 우리 학교의 일꾼을 기르려는 것이 아니라 자유(自由)의 교육을 받은 사람을 내 보내려는 것이"[11]다 — 이 조선에서 얼마나 정확하게 수용되고 있는가를 드러내고 있다는 점에서 상당히 흥미롭다. 일부일처제 서약파기의 치욕감으로 인해 초개같이 자살을 결행하는 채홍의 행위에서 애처로움과 더불어 관념으로서 근대를 수용할 수밖에 없었던 개화기 조선의 한계를 읽게 되는 것은 바로 이 때문이다. 신소설에서의 '공부', 즉 신교육이라는 것은 이처럼 신풍속의 수준에 머물거나 아니면 선험적 개념으로 환원되어 버리는 등 현실과 끊임없이 괴리를 일으키면서 전개되고 있다. 바로 이 지점의 연장선상에 이인직의 『혈(血)의 누(淚)』의 구완서가 위치해 있다.

구완서가 오사카발(發) 요코하마행(行) 기차 삼등칸에서 열한 살의 옥련을 보고 첫눈에 관심을 나타내었던 것에는 관념으로서 '공부', 즉 신학문을 수용할 수밖에는 없었던 근대 초기 조선 신청년들의 의식의 한계가 중요한 요인으로 자리하고 있었다. 옥련을 향해 "공부하여 학문 지식이 넉넉한 후에 아내도 학문 있는 사람을 구하여 장가들겠다"며 학문에 설내적으로 매달려 있는 구완서의 모습은 이에 대한 하나의 예로서 제시될 수 있을 것이다. 그래서 그는 옥련을 본 순간 절망적 심경에서 집을 뛰쳐나온 옥련의 현실과는 무관하게 그녀를 가리켜 '똑똑하

11) 培材中·高等學校, 『培材80年史』, 1965, 107면

겠다'거나 '재주 있겠다' 혹은 '공부' 운운하고 있는 것이다.

　말하자면 구완서는 옥련을 보고 있었다기보다는 절대절명의 과제로서의 '공부', 신청년의 표식으로서의 '공부', 즉 '관념'으로서의 '공부'를 보고 있었던 것이다. 근대적 학문으로서 '공부'를 추구하고 있음에도 그 '공부'가 주자학적 관념론으로서 인지되고 있는 것이다. 이와 같은 의식의 혼돈이 왜 이 순간 발생했느냐 하는 것은 그가 서 있는 지점이 일본이었기 때문이라고 할 수 있다. 이 점에서 신소설에서 외국 유학의 의미에 대한 고찰은 중요하다.

3. 관념(觀念)으로서의 외국 유학

　『혈(血)의 누(淚)』에서 옥련에 대한 구완서의 관심은 옥련을 일본인으로 착각한 그의 오해에서 비롯되고 있다고 해도 과언은 아닐 것이다. 이는 추파와도 같은 자신의 독백에 조선말로 화답하는 옥련을 보고 놀라는 구완서의 태도에서도 나타난다. 일곱 살에 일본에 건너가, 일본인의 양녀가 되어 심상소학교(尋常小學校)를 졸업한 옥련의 경력을 돌아본다면 이와 같은 구완서의 오해는 상당 부분 일리가 있기도 하다. 이 부분, 옥련에 대한 구완서의 오해가 흥미를 끄는 것은 처음 본 옥련에 대한 그의 평가의 상당 부분이 바로 이로부터 연유되고 있기 때문이다. 물론 구완서가 옥련을 처음 대면하고서 옥련의 현실적 상황에 맞지 않게 '공부를 했'음직한 분위기를 언급하고 나오는 것에는 근대적 교육 '공부'를 주자학적 '관념'론으로서 수용할 수밖에 없었던 조선 청년 구완서의 한계가 결정적 요인으로 자리하고 있었다. 그와 더불어 지적되지 않을 수 없는 또 하나의 중요한 요소가 처음 일본을 대면한 구완서의 시선이다. 이 점에서 일곱 살의 나이로 양부(養父) 정상군의(井上軍醫)의 집을 찾아 일본에 도착, 오사카의 번화한 풍경을 경이로움 속에서 대하는 옥련의 모습은 중요하다.

"배 돛대가 삼 대 들어서듯"한 항구, "입으로 연기를 확확 뿜으면서" 지네 같이 기어나는 기차, 구름 속에 들어간 듯한 저자거리의 이층 삼층집, "천둥 지동하듯 구르며 풍우같이 달아나"는 배들, 옥련은 "모두 처음 보는" 이 광경들을 마주하면서 일곱 살의 여자아이다운 흥미로움을 나타낸다. 옥련이 일본의 대표적 상업도시 오사카의 근대적 풍경을 이처럼 어린아이다운 천진난만함 속에서 받아들일 수 있었다면 구완서의 경우는 문제가 조금 다를 수밖에 없다. 조선의 후진성 극복이라는 대의명분 아래 집을 가출, 미국 유학을 떠나는 길인 열여덟 살의 구완서로서는 일본의 신진적이고도 근대적 풍물들을 대함에 있어결코 일곱 살짜리 여자아이처럼 저항감 없이 담백할 수는 없었던 것이다. 1905년 일진회(一進會) 선발 유학생으로 도일(渡日)했던 이광수가 몇 년을 지낸 후 조선으로 돌아와 적은 조선에 대한 다음의 느낌은 이 점에서 주목할 만하다.

그때에 내가 부산 역에서 차를 타려 할 때에 역원이 나를 보고 그 차에 타지 말고 저 찻간에 오르라고 하기로, 연유를 물었더니, 그 찻간은 조선인이 타는 칸이니 양복 입은 나는 일본사람 타는 데로 가라는 것이었다. 나는 전신의 피가 거꾸로 흐르는 분격을 느꼈다. 나는

　　"나도 조선인이오"

하고 조선인 타는 칸에 올랐다. 때는 삼월이라 아직도 날이 추워서 창을 꼭꼭 닫는 찻간에서는 냄새가 났다. 때문은 흰옷을 입은 동포들이었다. 그때에는 머리 깎은 사람도 시골서는 흔치 아니하였고, 모색 옷을 입은 사람은 더구나 없었다. 실로 냄새는 고약하였다. 그리고 담뱃재를 버리고, 자리 싸움을 하고, 침을 뱉고, 참으로 울고 싶었다. 나는 이 동포들을 다 내 책임이라고 생각하였다. 그러고는 내가 할 수 있는 대로는 말로 몸으로 그들을 도우려고 애를 썼다.[12]

　　일본의 근대적 풍물과 문명개화의 의식에 침윤, 조선으로 돌아온 열여덟·열아홉 살의 청년 이광수가 느끼는 이와 같은 깊은 자괴감은 열여덟 살의 구완서가 일본의 근대적 풍물을 대면하면서 느끼게 될 감정이 무엇이었던가를 예측케 해준다. 일본인으로 착각한 옥련과의 첫 대면 순간, 급작스레 옥련을 '공부한 여성'으로 결정해 버리는 구완서 판단의 조급함에서 문화적 균형감을 상실한 조선 청년의 초조감을 느끼게 되는 것은 바로 그 때문이다. 그런 점에서 구완서의 첫 인상에 대해 "양복을 입었으나, 처음 입은 사람처럼 서툴러 보"인다고 느끼는 일본화된 옥련의 시선이 오사카 거리를 첫 대면한 구완서의 위축된 시선으로 쉽게 연결됨은 일견 당연한 일이라고 할 수 있다: 물론 여기에는 관비유학생(官費留學生)으로 동경정치학교(東京政治

---

12) 李光洙, 「나의 告白」, 『李光洙全集』 第13卷, 三中堂, 1964, 194~195면.

學校)에서 공부했던 이인직의 개인적 경험이 섬세하게 반영되어 있었음은 물론이다.

이처럼 '문명개화'의 열풍 속에서 호기 있게 가출, 미국을 향해 가는 구완서 행보의 변모, 엄밀히 말하자면 초조함과 조급함 속에서 점차 위축되어 가는 구완서의 모습은 근대 초기 조선에서 발생한 외국 유학의 실체를 보여준다는 점에서 흥미롭다. 신체검사·작문·면접시험 등을 거쳐 관비유학생으로 선발되는 등 정규적 코스를 밟아 유학을 떠났던 이광수조차 "처음 동경에 유학을 갈 때에는 세계에 이름난 사람이 되리라는 막연한 생각밖에 없었"13)다며 유학의 피상성을 실토하고 있음은 가출의 형태로 급작스레 이루어진 구완서의 유학의 불안정성을 조심스레 드러내주는 것에 다름 아니라고 할 수 있다. 미국 유학을 겨냥하면서 영어는 물론 경유국 일본에 대한 지식조차 없이 무작정 '유학'을 하겠다고 나서는 이와 같은 구완서의 불안정한 모습은 『모란병(牧丹屛)』·『원앙도(鴛鴦圖)』·『금강문(金剛門)』·『해안(海岸)』·『춘몽(春夢)』 등 외국 유학을 다룬 많은 신소설에서 동일하게 발견되면서 근대 초기 조선에서 발생한 외국 유학 풍조의 일반적 징후로 연결되어 간다.

물론 조선 실업계의 거물이 되겠나는 의지 아래 동경고등상업학교(東京高等商業學敎) 입학시험을 보고, 일본 유학을 떠나는

---

13) "처음 東京에 갈 때에는 世界에 이름난 사람이 되리라는 漠然한 생각밖에 없었다. 十四歲의 少年일뿐더러 그때 朝鮮에는 이러한 少年에게는 무슨 具體的 野心을 줄 만한 刺戟이 없었기 때문이다"라는 이광수의 언급은, 「血의 淚」의 구완서를 비롯 당대 신청년들의 유학의 피상성을 충분 감지케 한다(李光洙, 「多難한 半生의 途程」, 위의 책, 398면).

『눈물』의 조필환이라든가 조선 여자계의 선진(先進) 인물이 되라는 부친의 유언을 받들어 일본어 독본을 구해 일본어를 섭렵, 일본 유학을 떠나는『춘몽(春夢)』의 옥선의 경우처럼 명확한 목표와 체계 속에서 진행되는 유학의 형태가 신소설에서 발견되지 않는 것은 아니다. 그러나 다수의 신소설에서의 유학은『혈(血)의 누(淚)』의 구완서의 경우처럼 좀 더 무모한 형태, 말하자면 열여덟 살 소년의 낭만적 가출과 같은 분위기 속에서 진행되고 있다. 최찬식의『추월색(秋月色)』에서 불경이부(不更二夫)의 포기를 강요하는 아버지에 대항, 집을 가출한 여주인공이 갑작스레 일본 유학을 결행하는 다음의 장면은 그런 점에서 주목을 요한다.

> (그사람) 선창을 물으면 배타고 어대를 가는 길이야?
> (정임) 동경까지 갑니다.
> (그사람) 집은 어대이고?
> (정임) 서울이야요
> (그사람) 동경은 무엇하러가?
> (정임) 유학하러요
> (그사람) 유학이고 뭐고 저렇게 큰 처녀가 어찌 길도 모르고 혼자 나섰어.
> (정임) 지금같이 밝은 세상에 처녀말고 아무라도 혼자 나온들 무슨 관계 있습니까?[14]

집을 가출한 후 돌발적으로 일본 유학을 결정, 관부 연락선 선착장을 찾는 순진무구한 여주인공 정임과 그녀를 유인, 술집에 팔려는 색주가(色酒家) 간의 코믹하다고 할 수밖에 없는 이

---

14) 崔瓚植,『秋月色』(『韓國新小說全集』卷4), 을유문화사, 1968, 28면.

대화 광경은 근대 초기 조선에서 유행한 외국 유학의 한 단면을 절묘하게 포착, 묘사해주고 있다. 여기서 유학을 떠나는 정임의 상황은 색주가(色酒家)의 힐난 섞인 조소를 받을 정도로 그 내실이 초라하다. 집에서 훔쳐 나온 몇 푼 되지 않는 돈, "안방에서 대문 밖도 자세히 모르고 지내"는 것과 같은 시속물정과는 거리가 멀었던 생활 방식, 일본에 대한 지식의 전무(全無)함, 색주가의 꼬임에 아무 의심 없이 빠져 인신매매의 극단적 상황까지 걸려드는 천진무구함, 일견 『혈(血)의 누(淚)』의 구완서를 상기시키기도 하는 무모함이 정임의 유학에서도 역시 발견되고 있다.

집을 가출, 영어 하나 모르면서 미국 유학을 나섰던 구완서처럼 『추월색(秋月色)』의 정임 역시 집을 가출, 옆집 나들이를 가듯 일본 유학을 떠나고 있는 것이다. 물론 구완서의 경우 '학문'을 추구한다는 명목이 있기는 하다. 그러나 그 학문이라는 것이 단지 말 그대로 '학문'으로만 명시될 뿐 아무런 명확성을 지니지 못한다는 측면에서 명목이 부재하기는 정임과 별반 다를 바가 는 것이다. 흠모하던 여인의 추문을 듣고 홧김에 일본 유학을 떠나는 『모란병(牧丹屏)』의 수복, 며느리에 흑심을 품은 아버지의 성화로 갑작스레 유학을 떠나는 『해안(海岸)』의 대성, 정혼 상대의 자살 소식에 충격, 바람을 쐴 겸 유학을 나서는 『금강문(金剛門)』의 이정진, 그리고 외국 유학의 아니라고 하더라도 상처(喪妻)하고 홧김에 서울로 공부하러 온 『금강문(金剛門)』의 구소년. 다수의 신소설에서 유학은 대다수가 명확한 목표 없이 이처럼 순간적 기분에 의해 발생된다. 그렇다면 이 시기의 외국 유학이 이와 같은 비현실적 정황들로도 달성이 가능했을까. 1905년 일진회 유학생으로 선발되어 도일(渡日)했던 이광수의 유학 과정은 이 점에서 중요한 정보가 될 수 있다.

> 그때 나는 홍운紅雲같이 빛난 이상을 가지고 도쿄를 갔습니다. 임규林圭씨 등과 함께 도카이 의숙東海義塾이라는 곳에 들어가 국어를 배우고 다시 영어와 역사 등을 배웠지요 약 사 개월 간 준비한 후에 다이세이 중학 1학년에 입학했습니다. 학비로는 한 달에 20원씩을 받았는데 그때만 해도 호랑이 담배 먹던 시절이라 도쿄에서도 하숙마다 대개 석유 불을 켜고 밥값과 방세를 합하여 6원이면 족하더군요 그래서 다이세이 중학에서 1학년을 마치고 메이지 대학 중학부에 1학급을 뛰어 3학급에 입학했지요 그러나 파탄은 또 오고야 말았습니다. 일진회에서 학비를 보내지 못하게 된 까닭입니다. 참말 전도가 딱하더군요. 높은 이상을 가졌던 만큼 앞이 캄캄해집디다. 그때 함께 온 학생들은 비분강개한 맘을 품고 모두 단지斷指혈서를 하였습니다. 그러나 나는 단지는 하지 않았습니다. 그 소동이 한국 학부의 동정을 얻게 되어 중학을 졸업하기까지 이 년 간 20원씩 학비를 보내 어주었습니다.[15]

예비학교인 도카이 의숙에서 일본어 및 여타의 과목들을 수학한 후 정규 중학생으로 입학한 이와 같은 이광수의 이력이라든가 유학생감독부강습소에서 1년 간의 예비 수학을 마친 후 메이지학원에 입학한 주요한의 이력 그리고 전문학교 유학생의 한달 생활비를 25환으로 명시한 『대한유학생학회보(大韓留學生學會報)』의 기록[16]은 1910년을 전후한 조선인의 일본 유학이 즉

---

15) 李光洙, 「나의 40 半生記」, 앞의 책, 18면.
16) 『大韓留學生會學報』 창간호의 「留學生一個月學資金槪算表」에 의하면 학비 및 식비, 방값, 용돈 등을 포함한 유학생 한달 총 생활비가 25환으로 산출되

흥적 기분만으로 성사되기는 어려운 것이었음을 드러내준다. 특히 일진회(一進會)의 학비 중단으로 일시 귀국, 학비 문제가 해결되고서야 다시 도일(渡日), 학업을 계속했던 이광수의 유학 과정이라든가 와세다대학 유학을 위해 도일하기는 했으나 학비 문제로 귀국하지 않을 수 없었던 나도향의 유학 과정은 유학 생활의 기본으로서의 '돈'의 문제를 절실히 고려케 하는 것이다. 돈 몇 푼 없이 돌발적으로 유학을 결정한다거나 조선에서의 중학 과정 수학의 학력으로 갑작스레 대학에 입학, 승승장구하여 우등 졸업을 하는 것과 같은 다수의 신소설에서의 외국 유학 과정이 당황스러울 수밖에 없는 것은 바로 이 때문이다.

이 점에서 볼 때 일본어를 전혀 모르는 상태에서 동경에 도착, 여관 여주인에게 말을 배워 일곱 달 만에 여자 대학에 입학한 『추월색(秋月色)』 정임과 워싱턴에 도착, 2년 간 어학공부를 한 후 겨우 중학교에 입학하는 『혈(血)의 누(淚)』의 구완서 간에는 큰 차이가 상정되지 않을 수 없다. 특히 첫 대면한 옥련을 따라 자신의 목적지도 아닌 곳에 무작정 내린다든가 처음 만난 사이임에도 급작스레 옥련에게 학비 조달을 약속, 동반 유학을 권유하는 구완서의 위축된 모습은 스스럼없이 외국 생활에 적응해 가는 정임의 모습을 회화화시킬 정도로 현실성을 확보하고 있다. 그러나 이와 같은 차이에도 불구, 유학 첫 출발 때 구완서에게서 나타났던 불명료한 동기의 반복, 예를 들자면 '학문', 혹은 '공부'를 열렬히 주창하면서도 그 학문의 실질적 내용이 한

고 있다. 斗山生, 「留學生一個月學資金槪算表」, 『大韓留學生會學報』 第一號, 90~91면.

번도 드러나는 적이 없었던 기묘함이 유학 과정에서도 동일하게 반복되면서 구완서의 유학 역시 여타의 신소설들의 외국 유학과 동일한 범주로 묶이게 된다. 다수의 신소설에서 '공부'의 목적으로 등장하는 '문명강국 건설', '여자계 선도'와 같은 실체 없는 관념적 용어들이 『혈(血)의 누(淚)』에서의 '학문' 혹은 '공부'의 내용 역시 대체하고 있는 것이다. 『혈(血)의 누(淚)』에서 발견되는 이와 같은 내용이 없는 '공부'의 형태는 구완서, 나아가서는 근대 초기 신청년들의 외국 유학 및 '문명개화'에 대한 열정의 실체를 짐작케 한다. 부모의 명을 거부하고 가출, 유학을 나선 구완서의 모습에서 평등 혹은 자유의 의식보다는 오히려 절대적 규범으로서의 충(忠)·효(孝)의 자리를 단지 '문명개화'로 바꿔치기했을 뿐이라는 불쾌감이 느껴지는 것은 바로 그 때문이다. 그런 점에서 새로운 애정 형식 '연애'의 이입에 직면, 형식으로서의 '연애'를 먼저 설정, 그로부터 애정의 감정을 형성시켜 나가려던 근대 초기 조선의 기묘한 모습이 이 지점에서 다시금 떠올려지는 것은 당연한 일이라고 할 수 있는 것이다.

4. 환영의 근대

『혈(血)의 누(淚)』에서 구완서는 기차에서 첫 대면한 옥련을 따라 자신의 목적지를 한참 남겨둔 자목에서 급작스레 내려서는 금방 만났을 뿐인 옥련에게 학비 조달을 약속하며 동반 미국 유학을 권유한다. 구완서 자신의 언급을 빌자면 여기에는 옥련에 대한 같은 조선인으로서의 연민, 그리고 그와 더불어 조선을 문명강국으로 건설하고자 하는 개화기 청년의 열정이 중요한 요인으로 자리하고 있었다. 그러나 옥련과 관련된 구완서 행위의 돌발성은 그와 같은 요인만으로 설명되기에는 다소 미흡하다. 옥련이 조선인인 것을 확인한 순간 갑작스레 옥련을 따라내리는 구완서의 모습에는 선각자로서의 위용과는 다른 심적 불안함이 읽혀지고 있었던 것이다. 특히 미국 워싱턴에 도착, 열한 살의 옥련에 의지해서 우왕좌왕하는 열여덟 살 구완서의 모습에서는 '야만'의 상태를 벗어나지 못한 조선인의 문화적 열등감 및 처음 이국에 도착한 자들이 지닌 두려움이 충분 나타나고 있었던 것이다.

그러나 이는 구완서에 한정된 상황일 뿐 처음 미국 땅을 밟은 옥련에게서는 그와 같은 징후가 별달리 발견되지 않는다. 워싱턴에 도착, 형상이 다른 미국인들을 대면, 잠시 '무섭다'는 감정을 나타낸 것을 제외하면 옥련의 경우 별반 내적 갈등 없이 이국 생활에 적응해간다. 구완서가 언어 문제에 걸려 이 년여의 공부 끝에 중학에 입학할 동안 그녀는 타고난 총명함과 언어감각으로 1년 만에 영어를 습득, 고등 소학교에 입학하는가 하면 학교를 우등 졸업, 신문에까지 실리게 되는 것이다. 그런 점에서 우등 졸업하는 옥련에게 "계집의 재주가 사나이보다 나은 것"이라는 구완서의 감축의 말은 인사치레의 빈말이 아닌 말 그대로 "백기를 들고 항복"할 수밖에 없었던 구완서의 진심어린 탄복이었다고 할 수 있다.

전통적 남녀 관계를 고려할 때 다소 당황스럽다고 할 수 있는 이와 같은 상황, 즉 구완서와 옥련 간의 능력의 격차는 '남녀평등' 혹은 여성의 지위 향상을 주창한 당대의 움직임으로부터 비롯된 바 크다고 할 수 있다. 1886년 이화학당 설립, 1898년 첫 여성 단체 〈순성회(順成會)〉 창립, 1908년 첫 여성잡지 『여자지남(女子指南)』 창간, 그리고 남녀평등 및 여성의 교육에 대한 독립신문을 비롯한 유력 일간지들의 지속적 요청 등으로 이어지는 사회적 분위기가 구완서와 옥련 간의 관계 정립 및 옥련의 인물 형상에는 큰 비중을 차지하고 있었던 것이다. 불경이부(不更二夫)의 윤리 준수를 위한 것이라고 할지라도, 부모의 명을 거역 가출, 일본 유학으로 방향을 돌려버리는 『추월색(秋月色)』의 여주인공 정임의 행위의 파격성이라든가 첩이라는 신분에 좌절 자살에 이른 『명월정(明月亭)』의 채홍의 행위의 극단성은 바로 이와 같은 당대 분위기를 통해서 이해될 수 있다. 그렇다고는 해도 구완서와 옥련의 관계에서 발견되는 심적 정황의 미묘한 차이는 대사회적 요소만으로는 쉽게 설명되지 않는다. 옥련에게 혼인을 요청하는 구완서 모습 그리고 이에 대한 옥련의 태도를 묘사한 다음의 장면은 두 사람 간의 심적 균형감의 차이를 읽을 수 있는 하나의 단서가 된다.

이애 옥련아, 어 ― 실체(失體) 하였구나. 남의 집 처녀더러 또 해라 하였구나. 우리가 입으로 조선말은 하더라도 마음에는 서양 문명한 풍속이 젖었으니, 우리는 혼인을 하여도 서양 사람과 같이 부모의 명령을 좇을 것이 아니라, 우리가 서로 부부될 마음이 있으면 서로 직접하여 말하는 것이 옳은 일이다. 그러나 우선 말부터 영어로 수작하자. 조선말로 하면 입에 익은 말로 외짝해라 하기 불안하다.

　하면서, 구씨가 영어로 말을 하는데, 구씨의 학문은 옥련이보다 대단히 높으나 영어는 옥련이가 구씨의 선생 노릇이라도 할 만한 터이라. 그러나 구씨는 서투른 영어로 수작을 하는데, 옥련이는 조선말로 단정히 대답하더라.[17]

여기서 구완서는 옥련의 아버지 김관일의 갑작스런 요청에 의해 옥련에게 혼인을 권하고 있다. "아내도 학문이 있는 사람을 구하여 장가들겠다"는 구완서 자신의 혼인에 대한 관견을 돌이켜 본다면 미국 유학생 옥련과의 혼인은 일견, 외형상으로는 남녀평등의 근대적 의식에 상당히 부합해 있는 듯 보인다. 특히 조혼을 가리켜 "짐승의 자웅같이 아무것도 모르고 음양배합의 낙만"아는 것으로 비판하는 구완서의 모습은 성례(成禮)는 "학문이 유여한 후"에 하겠다는 옥련의 의지와 연결, 정신성 위주의 남녀 애정 관계를 지향했던 근대적 애정 형식 '연애'의 징후를 상당히 강하게 느끼게 한다. 뿐만 아니라 함께 유학 생활을 하면서 '야만 조선 탈피', '문명강국 건설'이라는 동일한 이상을 겨냥, 유대감을 키워 가는 옥련과 구완서의 동지적(同志的) 관계는 이들의 관계가 전통적 남녀 관계에서 이미 탈피해 있음을 의미하기도 한다.

　그러나 이와 같은 여러 가지의 장치에도 불구, 옥련과 구완서의 관계는 자율성·정신성·평등성에 기초한 근대적 애정 관계로 결정 내리기에는 상당히 불안정한 경향을 많이 지니고 있

---

17) 李人稙, 『혈(血)의 누(淚)』(『韓國新小說全集』 卷1), 을유문화사, 1968, 49~50면.

다. 애정의 흔적을 찾을 수 없는 이들의 관계, 예를 들자면 "조선 부인교육 할 마음이 간절하여 구씨와 혼인을 맺는"다는 옥련, 그리고 여성의 학문 유무(有無)를 결혼의 전제 조건으로 설정, 그에 따라 옥련과 혼인을 결정하는 구완서 간의 결합은 전근대적 강압 결혼만큼이나 '야만'의 냄새를 강하게 풍기고 있다. 특히 옥련과의 혼인이 옥련 부(父) 김관일의 요청에서 비롯된 보은(報恩)의 의미를 강하게 내포한 강압 결혼임에도 불구 옥련의 의사를 묻는 외형적 절차를 밟으면서 스스로 선진적 개화인이라고 착각하는 구완서의 모습은 풍속으로서 근대를 경험할 수밖에는 없었던 조선 청년 구완서의 한계를 여실히 드러내는 것에 다름 아니라고 할 수 있다.

그런 점에서 혼인의 서약과 관련, 옥련과 구완서 양자간에 발견되는 미묘한 태도의 차이는 주목할 만하다. 자유연애에 기반한 혼인은 선진적 서양의 풍속이므로 혼인의 서약을 영어로 하자며 서툰 영어를 내어 뱉는 구완서에 비해 "조선어로 단정히" 대답을 하는 옥련의 모습은 쉽게 지나칠 수 없는 많은 의미를 내포하고 있었던 것이다. 조선어를 내어 뱉는 순간 남존여비의 전근대적 습성을 곧바로 노출시켜 버리는 구완서의 모습이 언어와 삶 간의 긴밀한 반응 관계를 여실히 드러내고 있다고 한다면 별반 실수 없이 조선어를 담담하게 사용하는 옥련의 태도는 어디서부터 비롯되고 있는 것일까. 특히 '야만' 조선으로부터 탈피하여 문명개화의 의식을 몸에 익히기 위해 언어조차도 영어로 바꾸는 등 우왕좌왕하는 구완서의 혼란스러움에 비해 시종일관 침착함을 유지하는 옥련의 모습은 이들 의식의 격차를 드러내고 있는 것이기도 한 것이다. 옥련의 우등 졸업을 축하하는 구완서와 옥련 간의 다음의 대화는 이 점에서 중요하다.

(구) "네 졸업은 감축한다. 허허, 계집의 재주가 사나이보다 나은 것이로구나. 너는 미국 온 지 일 년 만에 영어를 대강 알아듣고 학교에까지 들어가서 금년에 졸업을 하였는데, 나는 미국 온 지 두 해만에 중학교에 들어가서 내년이 졸업이라. 네게는 백기를 들고 항복 아니 할 수가 없다"
옥련이가 대답을 하는데, 어려서 일본에서 자라난 사람이라 말을 하여도 일본 말투가 많더라.
"내가 그대의 은혜를 받아서 오늘 이렇게 공부를 하였으니 심히 고맙소"
하니 일본 풍속에 젖은 옥련이는 제 습관으로 말하거니와, 구씨는 조선서 자란 사람이라 조선 풍속으로 옥련이가 아이인고로 해라를 하다가 생각한즉 저도 또한 아이이라.
"허허허, 우리들이 조선 사람인즉 조선 풍속대로만 수작하자. 우리 처음 볼 때에 네가 나이 어린고로 내가 해라를 하였더니 지금은 나이 열여섯 살이 되어 저렇게 체대(體大)하니 해라하기가 서먹서먹하구나"
(옥) "조선 풍속대로 말하자 하시면서 아이를 보고 해라하시기가 서먹서먹하셔요"[18]

여기서 나타나듯 구완서는 옥련에게 하대(下待)를 하는 무례를 범했다가는 예의를 갖춘 옥련의 화답을 듣고 상당히 무안함을 느낀다. 그래서 그는 옥련에게 서로 하대(下待)할 것, 즉 "조선의 풍속대로 말하자"고 제의하는가 하면 곧장 이를 번복하는 듯한 표현을 하는 등 이율배반적 태도를 혼란스럽게 표출하는 것이다. 동일한 조선어임에도 불구, 옥련과 구완서 간의 대화에서 나타나는 이 기묘한 언어의 불일치는 옥련이 "일본 풍습에

---

18) 李人稙, 『혈(血)의 누(淚)』(위의 책), 43~44면.

젖은" 일본화된 조선인이라는 점에서 기인된 바 크다고 할 수 있다. 일곱 살에 일본으로 건너가 일본인 가정에서 소학교(小學校) 과정을 마친 옥련의 이력은 옥련이 조선보다는 일본의 풍습에 익숙해 있으며 그녀에게 있어 조선어는 모국어라기보다는 오히려 외국어에 가까웠을 것임을 충분 감지케 해준다. 일본 말투라든가 몸에 익은 일본 풍습 등 일본화된 옥련의 분위기에 대한 작품 내의 지적은 이를 일깨워주는 것에 다름 아니었던 것이다.

그러므로 옥련이 조선어를 사용하더라도 구완서처럼 조선적 습성을 급작스레 노출시키지 않을 수 있었던 것에는 그녀의 조선어가 이처럼 일본화된 조선어였다는 점, 즉 조선어와 옥련 간의 거리감이 크게 작용했다고 할 수 있다. 이는 곧 옥련을 바라보는 구완서의 시선 나아가서는 옥련과 구완서 간의 심적 불균형의 기원에 대한 설명이 되기도 한다. 일본식의 예의를 갖추는 옥련을 향해 구완서가 "우리들이 조선 사람인즉 조선풍속대로만 수작하자"고 제안할 때 구완서의 의식 속에서 이미 옥련은 조선인이 아닌 일본인이었던 것이다. 일본 혹은 서구에 대해 동경과 열등감의 이율배반적 감정으로 가득 차있던 구완서가 일본인 옥련과의 관계에서 어떠한 심리를 나타내었을까는 충분 이해가 가고도 남는 것이다. 물론 여기에는 일본인 아내와 사는 조선인 남편의 고단한 삶을 그린 「빈선랑(貧鮮郞)과 일미인(日美人)」의 작가이기도 했던 이인직의 일본에 대한 위축된 시선이 깊게 개입되어 있었다.

이처럼 심적 강인함과 능력의 탁월함을 두루 갖춘 이상화된 옥련의 형상이 구완서 나아가서는 일본과 서구를 바라보는 이인직의 시선으로부터 조립된 것이라는 점은 '문명개화'에 대한 그들의 의식의 정도를 가늠케 한다. 홀홀 단신 여자의 몸으로 평양에서 부산까지 여행하고는 그것을 한마디로 '개화'했다고 표현하는 옥련 어머니의 개화에 대한 인식의 정도 그 수준에서 이들의 의식 역시 별반 벗어나지 못하고 있었던 것이다. 이와 같은 이인직의 태도가 다수의 신소설들, 예를 들자면 혼인은 신식으로 하고 일부다처제를 행하는 최찬식의 『금강문(金剛門)』이라든가 정절에 대한 흠모로 처음 본 여자에게 혼인을 신청하면서도 형식은 근대적 외형을 본뜨고 있는 이해조의 『모란병(牧丹屛)』에서 어렵지 않게 발견됨은 근대적 세계에 대한 조선의 경험이 과연 실재한 것이었던가를 다시 한번 고려케 하는 것이다.

5. 결론

개화기 신소설은 드러난 명칭과는 달리 주제의 측면에서 전근대적 윤리와 신시대의 의식이 혼재된 양상을 강하게 드러내고 있다. 강압 결혼과 일부다처제가 강력하게 긍정되고 있는가 하면 자율성, 정신성에 기반한 애정 관계, 그리고 일부일처제가 이상적 남녀 관계로 제시되고 있다. 신소설에 나타난 이 이율배반적 의식의 양립은 신소설 자체의 결함이었다기보다는 개화기 조선이 빠져 있던 딜레마를 반영한 것에 다름 아니었다고 할 수 있다. 문명개화라는 외적 표지를 쫓아 일념(一念)으로 뛰어가는 개화기 신청년들의 모습에서 내면의 자유로움보다는 절대적 규범에 자신을 의탁한 기묘한 수동성을 느끼게 되는 것은 바로 그 때문이다. 1906년 발표된 이인직의 『혈(血)의 누(淚)』는 조선에서의 문명개화를 둘러싼 이와 같은 전개 과정을 읽을 수 있는 좋은 자료로서 제시된다.

『혈(血)의 누(淚)』에서 열여덟 살의 청년 구완서는 경제적 준비가 없음은 물론 영어 한마디조차 불가능한 상태에서 단지 유학을 위해 미국을 향해 나선다. 이처럼 무모하다고 표현할 수밖에 없는 구완서 행위의 돌발성은 '문명개화'에 대한 그의 광적(狂的)인 열정에서부터 비롯되고 있다. 여기서 '문명개화'를 향한 구완서의 열정을 '광적(狂的)'이라는 용어로서 표현하는 것은 불경이부(不更二夫)의 전근대적 윤리처럼 '문명개화'의 제 의식 역시 그의 삶을 지배하는 절대적 규범으로 변질되고 있기 때문이다. '신학문', 즉 '공부'에 대한 구완서의 근거 없는 집념과 내용 없는 유학의 형태 등 실체를 지니지 못한 유학의 과정은 구완서 혹은 개화기 청년들의 이와 같은 '문명개화'에 대한 열망의 실체를 보여주는 것이다. '연애'의 형식을 먼저 수용, 그로부터 사랑의 감정을 불러일으켜 가는 것과 같은 근대적 문물들과 대면, 개화기 조선에서 발생한 가치의 기묘한 전도 현상이 여기서도 동일하게 발생되고 있는 것이다.

『혈(血)의 누(淚)』를 비롯하여 다수의 신소설에서 발견되는 이와 같은 관념으로서의 '공부' 혹은 실체를 지니지 못한 외국 유학의 형태는 『혈(血)의 누(淚)』로부터 십 년 후 발표된 이광수의 『무정(無情)』을 비롯하여 1920년대에 발표된 김동인의 「마음이 옅은 자(者)여」, 나도향의 『환희』 등에서 여전히 동일하게 발견되면서 조선의 근대를 특징짓는 중요한 징후로 자리하게 된다.

제 2 장

근대적 공간과 '연애(戀愛)'의 등장

이광수, 『무정(無情)』

1. 서론

1917년 발표된 이광수의 『무정(無情)』에는 주인공 이형식이 사이비 선각자 배명식에게 배명식이 한번도 들어본 적이 없는 페스탈로찌와 엘렌케이[1]라는 두 서양사상가에 대해 질문함으

---

1) 엘렌 케이는 근대 스웨덴이 낳은 저명한 부인운동가이고 교육이론가이다. 일본에서는 1911년 『太陽』 잡지에 엘렌케이가 처음 소개된 이래 일본 여성운동의 선구자적 위치를 지닌 『靑鞜』에서는 1913년부터 그녀의 명저 『戀愛와 結婚』을 번역해서 싣기 시작한다. 이후 한국에서는 1921년 『開闢』을 통해 첫 소개되고 있다. 이광수의 『無情』의 경우 엘렌케이라는 이름이 두 번이나 등장, 이광수 역시 엘렌케이에게 많은 관심을 갖고 있었던 것으로 보이는데, 『無情』의 발표연도가 1917년인 점을 감안하면 일본의 번역으로부터 엘렌케이에 대한 개략적 정보를 얻었을 가능성이 많다.

로써 배명식이라는 인물의 무지와 허위의식을 조소하는 장면이
나온다. 당대 사회 내에서 페스탈로찌와 엘렌케이가 점했던 위
치, 근대적 교육과 근대 연애론의 상징적 인물로서의 그들의 위
치를 고려할 때 이와 같은 이형식의 태도에는 당대 최고의 지
식인으로서의 지적(知的) 자만심뿐 아니라 근대를 인식하는 그
의 시각 역시 함께 내재되어 있었다고 할 수 있다. 독단적으로
교권(敎權)을 휘두를 뿐만 아니라 조강지처를 버리고는 여학생
과 혼인, 기생과의 오입 등 일부다처제를 자행하고 있는 작중의
배명식이라는 인물에게 엘렌케이와 페스탈로찌를 묻는 순간 이
형식은 이미 그와 자신 사이에 전근대적 세계와 근대적 세계
간의 무궁대의 거리감을 상정시키고 있는 것이다.

　이처럼 『무정(無情)』에서 이형식은 실용적이고 자율적인 교육
과 자유연애, 이 두 가지 렌즈를 통하여 근대를 인식하고 있다.
이 두 요소 중 교육과 근대의 관계는 작품에서 이형식 혹은 나
머지 인물들의 언급을 통하여 직접적으로 설명, 명시되고 있지
만 자유연애의 경우는 이형식을 비롯해서 박영채 · 김선형 · 신
우선 그리고 멀리는 배명학에 이르기까지 모든 등장인물들이
빈번하게 노출시키는 의식의 혼란 등 삶의 전 과정을 통해서
그려지고 있기 때문에 그 맥락을 파악하기에 상당히 많은 어려
움이 있다. 여기에는 '연애(戀愛)'라는 용어가 1910년대를 전후
하여 일본으로부터 수입된 용어라는 점,[2] 『무정(無情)』이 창작

---

2) 1919년 『學之光』에 발표된 「舊곽을 버셔요!(一)」(桂麟常, 『學之光』, 1919.8)에
　서는 '연애'라는 용어가 동경 유학생들에 의해 유입된 신외래어라는 점이 언급
　되고 있다.

된 1910년대에는 '연애(戀愛)'에 내재된 근대적 의식이 뿌리를 내릴 만한 기본적 토양이 사회적으로 아직껏 충분히 마련되어 있지 않았다는 점 등이 주된 요소로서 지적될 수 있다. 그런 점에서 『무정(無情)』의 인물들이 겪는 사랑의 갈등·좌절·실현의 제 양상들은 근대 초기 조선의 풍경을 읽어낼 수 있는 좋은 자료가 될 것이다. 이는 다수의 평론들에서 지속적으로 표명되어 온 근대에 대한 이광수의 지향이 그의 의식 속에서 실질적으로 어느 정도 확보되고 있는가에 대한 고찰의 기회가 되기도 한다. 이를 위해 먼저 '연애(戀愛)'에 대한 이광수의 논의를 살펴보도록 하겠다.

2. 「혼인(婚姻)에 대(對)한 관견(管見)」과 연애론의 성립 과정

1912년 발표된 이상협의 『눈물』에는 남녀의 애정 관계를 당시로는 생소했던 '연애'라는 용어로서 표현, 다시 그 '연애'를 순결·신성한 연애, 추잡·비루한 연애로 이원화시킨 후[3] 전자를 상위에 두는 언급이 잠시 등장한다. 이와 같은 태도는 이광수의 『무정(無情)』을 거쳐 김동인의 「마음이 옅은 자(者)여」에 이르면 훨씬 명료하게 정리된다. 신성과 순결 그리고 추잡과 비

---

3) 李相協, 『눈물』, 을유문화사, 1965.

루라는 다소 의미가 모호했던 용어들이 정신성과 육체성이라는 보다 명징한 용어로 대치되는 것이다. 이처럼 남녀의 애정 관계를 정신성과 육체성으로 이원화시킨 후 전자의 우위성을 역설하는 태도는 이를 양자의 구별 없이 일원화시켜 파악하던 1910년대 조선의 분위기에서는 낯설고 이질적인 것이었다. 여기에는 '연애'라는 용어가 우리 고유의 토착어가 아니라 당대 신여성들이 애용했던 히사시가미라는 헤어스타일처럼 이 시기를 전후하여 일본으로부터 수입된 것이라는 점이 중요한 원인으로서 제시된다.

일본에서 '연애(戀愛)'라는 용어는 1870년 영어 '러브'의 번역을 위해 생성된 신조어이다. 남녀간의 애정을 지칭하는 '연(戀)' '정(情)', 혹은 '색(色)' 등의 용어가 일본에 있었음에도 '러브'의 번역을 위해 '연애(戀愛)'라는 신조어가 생성되었던 것에는 '러브'라는 용어에 내재된 의식의 새로움이 결정적 원인으로서 작용하고 있다. 남녀 관계의 정신화 · 영화(靈化) 강조, 평등한 인간 관계 지향 등의 근대적 의식이 바로 그것이다. 이처럼 새로운 세계의 의식을 담은 이 '러브'라는 용어를 기존 세계의 의식을 담은 연(戀) · 정(情) · 색(色) 등의 용어로 번역해낼 수 없었음은 당연한 일이었다고 하겠다. 이 분위기 속에서 생성된 것이 '연애(戀愛)'라는 용어이다. "진정한 영혼의 결합에서 발한 애(愛)",[4] "깊이 영혼(soul)에서부터 사랑한다"[5]라는 언급에서도 나타나듯 이와모토 요시하루(嚴本善治) 등 당대의 주도적 연애론

---

4) 嚴本善治, 「婦人の地位」, 『女學雜誌』, 1885.8, 3면.
5) 嚴本善治, 「俗間の姬百合」, 『女學雜誌』, 1890.10, 31면.

자들이 '영혼의 사랑'에 강력하게 집착했던 것은 바로 이 때문이다. '연애(戀愛)'라는 용어를 둘러싼 이와 같은 의미는 용어 '연애'와 더불어 1910년을 전후하여 조선으로 이입된다.

한국 문학에서 '연애'라는 용어는 1912년 이상협의 『눈물』을 거쳐 이래 이광수의 『무정(無情)』이 발표된 1917년을 전후하여 『학지광(學之光)』·『청춘(靑春)』 등의 잡지들을 중심으로 본격적으로 등장하기 시작한다. 여기에는 1910년을 넘어서면서 조선 곳곳에서 활발하게 진행되어 온 조혼·축첩 폐지, 여자 교육과 지위 향상에의 촉구와 같은 일련의 '사상대개혁'6) 작업이 중요한 토대로서 작용하고 있다. 남녀 애정 관계에 있어서 '영혼의 결합', 즉 정신적 가치에 중점을 둔 '연애'가 여성의 지위 향상, 일부일처제 준수를 통해 평등한 인간 관계를 사회적으로 도모하고 있었다면 1910년을 전후하여 조선사회에서 진행된 이상의 대개혁 역시 동일한 것을 지향하고 있었던 것이다.7) 이와 같은 연애론의 중심적 위치를 차지하고 있는 것이 이광수이다. 이광수의 「혼인(婚姻)에 대(對)한 관견(管見)」은 '연애'의 제 의미 및 '연애'의 사회 개혁적 측면을 엿볼 수 있는 좋은 자료가 된다.

6) 1915년 『學之光』에 발표된 「思想改革論」에서는 신생활을 구축을 위해서는 조선사회에 일내의 신사상이 필요하며 이를 위해서 조선사회에 일내의 孔敎의 타파, 자유연애의 고취 등과 같은 사상 대개혁 작업을 제기하고 있다(宋鎭禹, 「思想改革論」, 『學之光』, 1915).

7) 1910년대 자유연애라는 용어가 지닌 사회적 의미에 대해서는 박영희의 이광수 『無情』에 대한 한 고찰에서도 동일하게 발견된다. 박영희는 『無情』이 발표된 시대는 "數 百年동안의 儒敎道德에 눌려서 …… 女子는 男子의 奴隸와 같고 靑年은 父老들의 奴隸와 같이 自主的 自由性이 없었던 시대로, "그때의 자유연애라는 것은 자유연애 그것이 벌써 옛 도덕에 대한 항쟁이며 옛 사회에 대한 투쟁이었다"고 언급하고 있다(朴英熙, 「現代韓國文學史(三)」, 『思想界』, 1958.9, 46면).

이광수는 혼인풍습의 개량을 논한 「혼인(婚姻)에 대(對)한 관견(管見)」에서 '연애'야말로 "개인(個人)의 행복(福)중에 최대(最大)한 행복(幸福)"이라고 전제한 뒤 '연애'를 건강·정신력·경제력·충분한 발육으로 열거되는 혼인의 조건 중 가장 기본적 조건으로서 제시하고 있다. 즉 조혼, 강압 결혼과 같은 구시대 혼인의 풍습을 타파할 수 있는 해결책으로서 '연애'가 제시되고 있는 것이다. '연애'에 대한 다음의 언급은 '연애'가 이처럼 사회적 구습타파의 중심위치에 놓여질 수 있는 이유에 대한 설명이 된다.

> 戀愛의 근거는 男女 相互의 個性의 理解와 尊敬과 따라서 相互間에 닐어나는 熱烈한 引力的 愛情에 잇다하오. 母論 容貌의 美, 音聲의 美, 擧動의 美등 表面的 美도 愛情의 重要한 條件이겟지오마는 理知가 發達한 現代人으로는 이러한 表面的 美만으로는 滿足하지못하고 더 깁흔 個性의美 —卽 그의 精神의 美에 恍惚하고사 비로소 滿足하는것이지오 外貌의 美만 取하는것은 아마 動物的 又는 原始的 愛겟지오 進化한 戀愛의 特徵은 熱烈한 感情의 引力과 明晳하고 冷靜한 理知의 判斷이 平行하는데 잇다하오 가장 잘 敎育 바든— 卽 가장 健全하게 發育한 靑年男女의 戀愛는 이러한 것인가 하오.8)

여기서 '연애'는 원시적이고 동물적인 사랑과는 구별되는 '냉정한 이지의 판단이 평행'해 있는 '진화'된 애정의 형태로서 정의되고 있다. 즉 '연애'라는 것은 '고상한 정신 생활을 가진 자'의 '영적(靈的) 요구'로 이루어진 '문명적' 애정이라는 것이다.9) 이처럼 이광수가 '연애'에 내재된 정신적 가치 우선의 태

---

8) 李光洙, 「婚姻에 對한 管見」, 『學之光』, 1917.4, 376~377면.

도를 '진화' 혹은 '문명'이라는 용어를 써가면서까지 강조하는 것은 그것이 곧 '남녀 상호의 개성의 이해와 존경'에 기반한 평등, 자유로운 남녀 관계 형성의 기본이 되기 때문이다. 「혼인(婚姻)에 대(對)한 관견(管見)」에서 이 논지에 이어 남녀의 영적(靈的) 결합의 기본 조건으로서 여자의 교육 문제가 논의되는 것은 '연애'의 정신성과 평등하고 자율적인 남녀 관계의 성립, 이 양자간의 이와 같은 밀접한 연관성을 설명해주는 것에 다름 아니라고 할 수 있다. 부부 관계와 매음의 차이에 대한 이광수의 다음의 언급은 그 점을 정확히 명시하고 있다.

> 사람과 사람과의 結合이라 하면 全身全靈의 結合을 意味하되 男性과 女性의 結合이라 하면 다만 男女 生殖器의 結合에 不過할 것이외다. 夫婦와 賣淫과의 차이가 어데 잇나요? 夫婦라함은 肉的結合 외에 靈的結合을 意味호대 賣淫이나 野合은 다만 肉的結合을 意味할뿐이외다. 이 意味로 보아 나는 靈的結合이 없는 夫婦는 이미 夫婦가 아니오 野合이라 합니다. 우리나라의 夫婦關係는 實로 영원히 契約한 野合關係라 합니다.
> 그럼으로 婚姻을 神聖하게 하라하면 ― 婚姻으로하여금充分이 그 意義와 使命을 發揮케하랴면 男子와 平行할만한 女子의 敎育이 必要하다 합니다.[10]

영적(靈的) 결합이 부새한 님녀 관계를 매음(賣淫) 혹은 야합(野

---

9) 이와 같은 이광수의 견해는 인간 문명의 단계를 야만(野蠻) · 반개(反開) · 개화(開化)의 삼단계로 분리하고, 남녀간의 애정 역시 色 · 癡 · 愛의 삼단계로 나누어 대응시킨 후 역사 발전과 남녀애정의 완성을 각각 '개화'의 시대와 "진정의 영혼의 결합에서 발한 愛"에서 찾고 있던 일본 연애론의 선두주자 嚴本善治의 진화론적 태도와 상당히 닮아 있다고 하겠다(嚴本善治, 「婦人의의地位」, 『女學雜誌』, 1885.8, 3면).
10) 李光洙, 앞의 글, 378~379면.

合)이라 전제한 후 영적(靈的) 결합의 부재에서 출발한 조선의 모든 부부 관계를 야합(野合)의 관계로 규정해버리는 이 논지는 '연애'에 내재된 사회 개혁적 측면을 충분히 드러내고 있다. "여성(女性)을 인(人)으로 잡았는 고(故)로 연애(戀愛)가 생"[11]겼다는 『학지광(學之光)』의 논설의 언급처럼 '연애'의 실현에는 남성과 사회적 정신적으로 대등한 관계를 형성할 수 있을 만큼의 여성의 교육이 필수적 조건으로서 전제되어 있었다. 즉 '연애'에는 "여성을 이해한 고(故)로 남녀평등으로 되"었던 "총명한 외국사람"[12]의 의식 환언하자면 근대적 의식이 기저를 이루고 있었던 것이다. 그러므로 이와 같은 '연애'로 결속된 부부 관계가 남성 중심적 일부다처제(一夫多妻制)를 거부하고 일부일처제(一夫一妻制)를 지향하게 됨은 당연한 결과였다고 하겠다. 이광수가 「혼인(婚姻)에 대(對)한 관견(管見)」의 마지막 논지로서 여성의 정조 문제와 더불어 남성의 정조 문제를 함께 언급하는 것은 바로 이 때문이라고 하겠다.

이광수는 이 논지에서 "정조(貞操)는 부부쌍방(夫婦雙方)이 생존(生存)하는 동안에 논(論)할바"라면서 '불경이부(不更二夫)'의 의미를 지녔던 조선의 전통적 정조 개념을 비판한 후 여성의 재가(再嫁) 허용과 더불어 남성의 정조 역시 함께 요구하고 있다. 남자가 여자에게 정조를 구하는 것처럼 여자 역시 남자에게 정조를 구함은 당연하며 그 실질적 결과로서 나타나는 것이 바로 일부일처제라는 것이다. 이처럼 식민지라는 한정된 상황 속

---

11) 桂麟常, 「舊殼을 버셔요(一)」, 『學之光』, 1919.8, 52면.
12) 桂麟常, 위의 글, 52면.

에 갇혀 있던 이광수에게 있어서 자율적 인간으로서의 개인적 자각에 기반한 '연애'야말로 조혼, 강압 결혼, 남존여비 등으로 점철된 전근대적 세계의 문을 열 수 있는 가장 중요한 열쇠였다고 할 수 있다.

3. 사제지간의 애정 관계 형성과 그 의미

1917년 발표된 이광수의 『무정(無情)』은 당대 신청년들의 뜨거운 관심과 호응을 받는다. 여기에는 이 작품이 소설로서는 처음으로 '연애'를 주된 테마로 다루었다는 점이 결정적 원인으로서 작용하고 있었다. 동경 유학생들에 의해 유입된 '연애'는 당시 조선사회 전반에서 일기 시작했던 구습(舊習)에의 비판, 특히 여성의 지위 향상에 대한 지속적 관심과 맞물려 "유행하는 독감모양으로 연애전염병"[13]을 조선사회 전역(全域)에 퍼뜨리고 있었다. 김동인의 다음의 글에서는 조선사회의 그와 같은 풍속의 한 단면을 엿볼 수 있다.

당시의 청년들은 1년에 한 두 번씩 발행하는 『靑春』을 얼마나 기다렸으며 거기 실은 春園의 소설을 얼마나 애독하였을까? 조선의 四面에서 이혼 문제가 일어났다. 自由戀愛에 희생된 少女로 신문 삼면을 흥성스럽게 하

---

13) 바―보, 「戀愛는 神聖한가」, 『靑年』, 1921.5, 23면.

였다. 동시에 해방된 여성들의 拒婚同盟이 각처에 있었다. 不敬不老와 宗教盲信 排斥이 없는 곳이 없었다.[14]

'연애'가 이처럼 이혼·거혼(拒婚) 등 급진적인 행위를 수반하면서 1910년대 조선사회에 뿌리를 내리게 된 것에는 전통적 가족제도에 대한 사회적 불신이 결정적 요인으로 작용하고 있었다. 이화학당을 비롯하여 여학교가 연이어 설립되고, 기독교가 전국적으로 전파되어 예배당에서 남녀가 동석, 동등한 자격으로 예배를 보는 것이 드물지 않은 풍경[15]으로서 등장하는 등 일련의 사회적 변화가 사회 전반에 걸쳐 발생하고 이로 인해 가족제도뿐만 아니라 남녀 애정 관계에 있어서도 새로운 형태가 요구되게 된다. 『무정(無情)』은 사회 전반에 불어닥친 이 변화의 모습을 '연애'라는 하나의 렌즈를 통하여 파악해간다.

이 작품은 동경 유학에서 돌아와 교편을 잡고 있던 이형식이 조선의 세력가이면서 선각자였던 김장로의 딸 선형의 영어 가정교사로 초빙되어 김장로의 집을 찾아가면서 시작된다. 이형식은 이곳에서 정신여학교를 졸업, 미국 유학을 앞두고 있는 김장로의 외동딸 선형과 첫 대면을 하게 된다. 이 만남은 이형식을 사위로서 심중에 둔 김장로의 의도에 의해 계획적으로 주선된 것이라는 점에서 전통적인 강압 결혼의 예후를 강하게 내포

---

14) 金東仁, 「韓國近代小說考」, 『金東仁 文學全集』 12, 大衆書館, 1983, 463면.
15) 이 부분에 대해서는 이광수도 기독교가 조선에 끼친 영향을 논하는 논설에서 동일하게 논한 바 있다. 즉 "갓히 會堂에 出席하야 갓히 讚頌을 부르게되매 上帝의 앞에 平等한 子女라는 思想을 엇게됨은 耶蘇敎의 德이외다"라는 부분이 그것이다(孤舟, 「耶蘇敎의 朝鮮에 준 恩惠」, 『青春』, 1917.7, 16면).

하고 있으나 두 남녀가 사제지간의 관계로 시작된다는 점에서는 새로운 형태의 애정 관계를 예감하게 한다. 사제지간의 애정 관계 형성이라는 모티프는 『무정(無情)』에서 처음 등장한 것이지만, 남녀의 애정에 있어 학문, 즉 정신적 요소가 매개로 등장하는 경우는 1906년 발표된 이인직의 『혈(血)의 누(淚)』에서 이미 제시된 바 있다.

『혈(血)의 누(淚)』의 두 주인공 옥련과 구완서는 오사카발(發) 요코하마행(行) 기차 속에서 우연히 만나게 되는데, 그 만남의 계기가 되는 것이 '공부'를 했음직한 분위기를 띤 옥련의 모습이다. 그리고 구완서가 오갈 데 없어진 옥련을 함께 미국 유학에 데리고 떠나면서부터 '공부'는 이들 두 인물 간의 애정의 진행에 있어서는 물론, 결혼의 절대적 요인으로 작용하고 있다. "공부하여 학문 지식이 넉넉한 후에 아내도 학문 있는 사람을 구하여 장가들겠다"는 구완서의 언급은 여성의 교육을 혼인의 조건으로 제시하고 있다는 점에서 주목할 만하다. 우연의 빈번한 중첩 속에서 갑작스럽게 전개되는 옥련의 미국 유학 역시 구완서의 이러한 언급, 넓게는 새로운 가족제도와 여성의 지위 향상에 대한 시대적 요구와 깊은 연관을 지니고 있다. 학문을 매개로 자율적인 애정 관계를 형성, 결혼의 조건으로서도 학문을 중심에 두고 있는 『혈(血)의 누(淚)』의 구완서와 옥련의 모습은 당시 풍속으로는 낯설었던 파격적이고도 새로운 애정관 및 혼인관을 표현하고 있다. 그 새로운 애정관이란 이인직이 작품을 통하여 직접 명시하고 있지는 않지만 남녀평등을 지향하며 일본으로부터 이입되기 시작한 정신적 가치 절대적 중시의 '연애'에 다름 아니다.

『혈(血)의 누(淚)』에서 이인직이 취하는 이와 같은 태도는『무정(無情)』의 이광수에게서도 동일하게 발견된다. 이광수가 『무정(無情)』의 두 주인공 이형식과 김선형을 동경 유학생 출신의 교사와 미국 유학을 준비하는 여학생[16]이라는 당시로서도 드문 사제지간의 관계로서 설정, 애정의 관계를 형성케 할 때 여기에는 정신성을 중요시한 '연애'의 이상(理想)이 내재되어 있었다. '연애'의 정신성 중요시의 태도란 것이 "神聖한 戀愛라고 秤하는 것은 自覺한 戀愛"[17)라는 『청년(靑年)』의 논설에서 나타나듯 독립된 개체로서의 개인적 자각을 기저에 둔 것이라고 할 때 이형식, 특히 김선형은 이 점을 충족시키기에는 많은 문제점을 내포하고 있는 듯 보여지기도 한다. 김선형의 경우 이형식과의 만남은 그녀의 의지와는 무관하게 이형식을 사윗감으로서 마음에 둔 아버지 김장로의 의도에 따라 이루어진 것이다. 결혼의 결정 역시 "아버지가 하라고 하시면 그만이지"라는 언급에서도 나타나듯 아버지의 결정을 따른 전통적 강압 결혼의 형태를 취하고 있다.

이처럼 김선형은 미국 유학을 준비하고 있는 신여성이라는 외관과는 달리 전통적 사고에 깊이 젖어 있는 인물로서 이광수가 지향하고 있는 자율적인 애정, 즉 자유연애의 히로인으로 설

---

16) 연애의 성립과 여학생의 등장에 관해서는 정혜영, 『연애에의 동경과 좌절』(한국현대소설학회, 『다매체 환경과 소설의 위상』, 한국현대소설학회 제13회 연구발표대회, 1999.6)을 참조하기 바람.

17) 尹槿, 「性慾과 戀愛」, 『靑年』, 1911.12, 44면.

정되기에는 많은 문제를 노출시키기도 한다. 그러나 김선형의 시대가 신문명이 이입되기 시작한 근대 초기였다는 점, 평양 명기 부용을 어머니로 두었다는 선형의 신분에서도 나타나듯 여학생의 대부분이 첩 혹은 기생의 딸[18]들이었을 정도로 보수성이 강력하게 힘을 떨치고 있던 시기였다는 점을 고려하면 이와 같은 김선형의 모습은 우연히 만난 구완서를 따라 무작정 미국 유학을 떠나던 『혈(血)의 누(淚)』의 옥련에 비해 오히려 시대적 리얼리티를 확보하고 있다. 이광수는 이처럼 김선형을 시대적 범위 안에서 생성, 성장시켜 간다. 사제지간이라는 김선형과 이형식의 관계 역시 '연애'의 정신성을 확보하기 위한 설정이었음과 더불어 실생활 속에서 남녀간의 '자유연애'가 아직은 많은 제약을 받았던 당대의 완고성을 고려한 배려였다고 할 수 있다. 부모의 명에 따라 혼약을 약속하기는 하지만 두 사람의 성례는 공부가 끝나는 오 년 후로 잡히는 것 역시 결혼에 이르기까지의 시간적 유예를 확보함에 의해 시대적 현실성의 범위 내에서 '연애'의 제 이상을 실현해가기 위해서이다.

성례(成禮)에 이르기까지 오 년 간의 시간적 유예는 남존여비와 강압 결혼 등으로 점철되어 가던 『무정(無情)』을 근대적 세

---

18) 1886년 설립된 한국 최초의 여학교 이화학당의 첫 학생이 정부 관리의 소실이었다는 점, 그리고 김동인의 『金姸實傳』에서 평양 최초의 여학교인 진명학교에 대한 다음의 언급은 이에 대한 실증적 근거가 된다. "내외를 그다지 엄히 지킬 필요를 느끼지 않는 기생의 딸 혹은 소실의 딸들이 이 학교에 모여들었다. 이렇게 되기 때문에 더욱이 여염집의 딸들은 이 학교를 천시하고, 드디어 그 칭호까지도 진명학교라 부르지 않고 기생학교라 부르게까지 된 것이다."(金東仁, 『金姸實傳』『金東仁文學全集』4), 三中堂, 1976, 178면)

계로 이끌어내는 데 중요한 역할을 한다. 김선형과 이형식의 혼인결정은 '개인적 자각'에 기반한 자율적 애정 선택이라는 '자유연애'의 기본적 취지와는 별반 관계없이 내려지고 있다. 선형의 측에서 보면 형식에 대해 호감은커녕 오히려 멸시의 마음을 안고 있으면서도 오로지 아버지의 명령에 대한 복종이, 이형식의 측면에서 보면 선형의 외모에 대한 호감과 신분상승에의 강렬한 욕망이 결혼의 주된 이유가 되고 있다. 그러므로 혼약이 결정된 순간부터 김선형은 이형식의 보잘것없는 외모와 초라한 이력을 반복해서 생각하고, 이형식은 김선형의 애정을 확보하기 위해 끊임없이 번민한다. 김선형을 지각이 없는 어린애로서 자신을 전인격적인 인간으로서 설정하는 이형식의 과잉된 자기의식과 이형식의 외모에 끊임없이 집착하는 김선형의 히스테리컬한 반응은 이들의 혼약이 사랑에 기반해 있지 않음을 명확히 명시해준다. 이처럼 『무정(無情)』이 여학생을 히로인으로 설정, 자유연애를 지향하면서도 시대적 한계로 인해서 정신적 교류의 부재, 남존여비의 극단화 등 전근대적 혼인제도의 폐해를 그대로 답습하고 있다면 이와 같은 내적 파탄을 막기 위해 제안된 것이 성례에 이르기까지의 오 년 간의 시간적 유예다.

성례가 육체적 결합의 의미를 내포하고 있음에 유의할 때 성례의 유보, 즉 오 년 간의 시간적 유예는 이형식과 김선형을 육체적 결합의 유보 속에서 정신적 교류로 자연스럽게 연결시켜 간다. 선형과 형식의 박사학위 취득 시한(時限)인 오 년이라는 기간은 "공부하여 학문 지식이 넉넉한 후에 아내도 학문 있는 사람을 구하여 장가들겠다"는 『혈(血)의 누(淚)』의 구완서의 언급, 즉 정신성과 평등에 기반한 남녀 관계를 새삼 떠오르게 한다. 자기를 사랑하는지를 묻는 이형식의 물음에 김선형이 내어비친 다음의 심적 혼란은 그런 의미에서 주목할 만하다.

> 선형도 하도 뜻밖의 질문이라 눈이 둥그레진다.
> 더욱 무서운 생각이 난다. 실로 아직 선형은 자기가 형식을 사랑하는가 않는가를 생각하여 본 적이 없다. 자기에게는 그런 것을 생각할 권리가 있는 줄도 몰랐다. 자기는 이미 형식의 아내다. 그러면 형식을 섬기는 것이 자기의 의무일 것이다. 아무쪼록 형식이가 정답게 되도록 힘은 썼으나, 정답게 아니 되면 어찌하겠다 하는 생각은 꿈에도 한 일이 없었다. 형식의 이 질문은 선형에게는 청천벽력이었다.[19]

김선형은 이형식으로부터 사랑의 확인을 강요당하자 기생 취급을 받은 듯한 불쾌감을 느끼다가 급기야는 '제 지아비를 정성으로 사랑하게 하여주옵시오'라고 신에게 기도를 드리는 상황에까지 달하게 된다. 김선형이 연출하는 이 희극적인 상황은 섬김과 사랑, 양자에 대한 인식의 무차별화에서 비롯되고 있다. 김선형의 경우 기독교도로서 성경을 통하여 지아비에 대한 사랑의 개념을 습득, 그 교리를 엄숙히 머리에 넣고는 있으나 정신성과 평등에 기반한 그 낯선 사랑의 개념이 지아비에 대한 섬김의 의무로 형성된 세계 속에서만 살았던 그녀의 의식 속에서는 전혀 납득되지 않고 있었던 것이다. 말하자면 김선형의 의식 속에서는 '연애'가 의미한바 정신성에 기반한 사랑의 개념이 전혀 형성되어 있지 않았던 것이다.

---

19) 李光洙, 『無情』(『李光洙全集』第1卷), 三中堂, 1962, 250면.

김선형의 이 상황은 서양식으로 집을 꾸미고 기생출신의 첩을 본처로 앉히며 자식의 결혼에 대해 아내와 의논하기는 하지만 평등 개념이 무엇인지 이해조차 하지 못하고 있는 김장로에게서도 동일하게 나타난다. 이형식이 갑자기 건넨 사랑이라는 용어로 인해서 불쾌감과 당황을 느끼던 김선형은 급기야는 "머리가 소란하여 더 생각할 수"가 없는 혼란된 상황에 이르게 된다. 섬김과 사랑의 무차별화에서 차별화로의 전이, 즉 자각이 그녀의 의식 속에서 발생하기 시작하는 것이다. "말도 많이 듣고, 서로 생각도 통하여짐을 따라" 형식에 대한 애정이 생기기 시작한다는 선형의 언급에서도 나타나듯 조금씩 일어나기 시작하는 김선형과 형식 간의 정신적 교류는 그런 의미에서 주의를 요한다.

김선형의 갈등과 혼란 그리고 자각의 과정을 통해 규명되는 '연애'의 제 의식은 이형식이 겪는 동일한 갈등과 혼란, 자각에 이르는 과정을 통해 훨씬 명료하게 정리된다. 김선형을 혼란의 소용돌이 속으로 몰아넣었던 사랑의 진위에 대한 이형식의 질문은 부모의 결정에 따라 조혼 후 애정 없는 결혼 생활을 영위하고 있는 친구 병국의 번민어린 편지에서 비롯된다. '영육(靈肉)을 합한 전인격적(全人格的) 사랑'이라는 이상과 육체적 교섭밖에 없는 결혼 생활이라는 현실, 이 양자 사이에서 갈등·번민하는 병국의 편지를 접한 후 이형식은 선형과의 혼약이 진실로 사랑에 기초해 있는지 아닌지 회의하기 시작한다. 사제지간의 혼약이라는, 정신성을 강하게 풍기고 있는 관계의 외관과는 달리 이형식은 김선형과 자신의 혼약이 실제로는 부모의 명령에 대한 복종과 색(色)에의 일시적 도취와 같은 전근대적 요소들에 기반해 있음을 깨닫게 된다. 김선형과 자신의 애정 관계가 왜 '자각'된 '연애'로 연결되지 못했는가를 밝히는 이형식의 다음의 언급은 '연애'의 제 의식에 대한 설명이 됨은 물론 한 개인의 애정사가 시대성을 확보해 가는 부분이기도 하다.

> 그의 사랑은 아직 진화(進化)를 지나지 못한 원시적 사랑이었다. 마치 어린애끼리 서로 정이 들어서 떨어지기 싫어하는 것과 같은 사랑이요, 또는 아직 문명하지 못한 민족들이 다만 고운 얼굴만 보고 곧 사랑이 생기는 것과 같은 사랑이었다.
> 다만 한 가지 다름이 있다 하면 문명하지 못한 민족의 사랑은 곧 육욕(肉慾)을 의미하되, 형식의 사랑에는 정신적 분자(精神的分子)가 많았을 뿐이다. 그러니 형식은 다만 정신적 사랑이라는 이름만 알고 그 내용을 알지 못하였었다. 진정한 사랑은 피차에 정신적으로 서로 이해하는데서 나오는 줄을 몰랐다.
> 형식의 사랑은 실로 낡은 시대, 자각(自覺)없는 시대에서 새시대, 자각있는 시대로 옮아 가려는 과도기(過渡期)의 청년이 흔히 가지는 사랑이다. 자기의 사랑이 이러한 사랑인 줄을 깨닫는다 하면 형식의 전도에는 대 변동이 일어나지 아니치 못할 것이다.[20]

이형식은 전통적 규범에 의해서만 남녀 관계를 인지했던 김선형과 정신적 사랑 운운하기는 했으나 결국 '색(色)'에 취한 사랑에밖에 이르지 못했던 자신 간에는 정도의 차이만 있을 뿐 '문명적 사랑', 즉 연애의 근대적 의식을 전혀 이해치 못했음에는 동일하다는 자각에 이르게 된다. "균질 공간 또는 시민사회에서만 가능"[21]한 '연애'의 제 의식이 봉건적이고 위계적인 질

---

20) 李光洙, 위의 책, 273면.
21) 柄谷行人, 박유하 역, 『일본 근대문학의 기원』, 민음사, 1997, 85면.

서의 공간에 살고 있었던 김선형에게 형성되어 있지 않다면 그역시 마찬가지라는 인식, 즉 시대적 한계성을 이형식이 인지하기 시작하는 것이다. 그 결과 그는 김선형의 스승의 입장에만 서있던 기존의 태도를 수정, 자신을 김선형과 동일한 어린애로 위치시킨다. 그와 더불어 김선형의 외모만 알 뿐 내면에 대해서는 무엇하나 아는 것이 없다는 점을 반성해간다. "사물에 앞서 존재하는 개념 또는 형상적 언어"가 무화되고 "내면이 내면으로 존재하기 시작하"22)는 '지각양태'의 '구체적인 역전', 말하자면 당대 연애론자들이 중시했던 '자각'이 이형식의 의식 속에서 일어나기 시작하는 것이다. 이 역전에 의해서 이형식은 비로소 "이름만 알고 그 내용을 알지 못하였었"던 정신적 사랑의 의미, 혹은 평등한 인간관에 기반한 '연애'의 진정한 '내용'에 조금씩 접근해가기 시작한다.

이처럼 이형식과 김선형 두 사람이 '연애'의 제 의미에 접근하면 접근할수록 조혼, 강압 결혼, 남존여비 등 일상적이고 보편적인 것으로 용인되어 온 당대의 익숙한 삶의 형태가 하나씩 낯설은 '풍경'으로 창출되기 시작한다. 일부일처주의에 대한 이형식의 지향은 조혼(早婚) 후 기생놀음으로 일관하는 신우선이란 인물에 의해 표상되는 당시로서는 일반적이고 보편적이었던 일부다처의 혼인관습의 부당함을, 이형식과의 대화를 통해 평등한 인간 관계를 형성해가는 김선형의 모습은 신우선의 아내로 표상되는 소외된 당시 여성들의 비극적 삶을 관심의 지평 속

---

22) 柄谷行人, 박유하 역, 위의 책, 82면.

으로 떠오르게 해준다. 이 지점으로부터 '연애'는 시대 개혁적 의미를 띠게 된다. 김선형과 이형식이 '연애'의 실현을 통해 '연애'의 시대 개혁적 의미를 확인시켜 주었다면 사랑의 좌절을 통해 '연애'의 시대개혁적 의미를 확인시켜 주는 한 축이 있는데 바로 영채다.

4. 처녀성 상실의 이중적 의미

『무정(無情)』에서 이형식은 영어교습을 위해 김선형과 첫 대면한 바로 그 날, 은인의 딸인 영채와 십여 년만의 재회를 한다. 서양식으로 장식된 집에서 정갈한 모습을 한 여학생 선형과 사제지간의 첫 인사를 나누고 돌아온 이형식에게 영채는 갑작스레 출현, 과거의 눈물겨운 고생담을 울음과 함께 쏟아놓기 시작한다. 이형식과의 애정 형성에 있어서 학문을 매개로 삼는 선형과는 달리 영채는 이처럼 구연(舊緣) 혹은 보은(報恩)과 같은 구시대적 정서를 들고 들어오는데 이는 기생이라는 그녀의 사회적 신분과 연결되어 영채의 성향을 결정짓는 주된 요소로 작용한다. 특히 기생이라는 영채의 신분은 여학생 선형에게 '연애'의 히로인 자리를 내어주는 원인이 될 뿐 아니라『무정(無情)』이 내어 건 자유연애의 제 의식을 규명함에 있어 중요한 의미를 형성하고 있다. 먼저『무정(無情)』과 동시대 작품에 나타난 기생의 이미지 고찰을 통하여 기생에 대한 당대의 시선을 살펴보도록 하겠다.

1912년 발표된 이상협의 『눈물』에서 기생 평양집은 정부(情夫)와 공모, 내연(內緣)의 관계에 있던 주인공 조필환의 가정을 파멸로 이끌지만 그녀 역시 다른 기생에게 흥미를 느낀 정부에게 버림을 받는 지경에 이른다. 여기서 평양집이 행하는 악행과 그녀가 겪는 불행 이 모든 요소의 근거는 그녀가 상대 남성들과 맺는 애정 관계가 지극히 가변적이고 육체적이라는 점에서 찾아지고 있다. 이와 같은 평양집의 이미지는 작자미상의 1913년 『연광성(鍊光亭)』을 거쳐 1918년 『을밀대』[23]에 등장하는 기생에게서도 동일하게 나타나고 있다. 이처럼 1910년을 넘어서면서 기생은 풍류의 창출자라는 이전의 이미지를 상실, 오갈 데 없이 불우한 존재로 전락한 모습으로 그려지고 있다. 여기에는 정신적 가치를 존중하고 일부일처제의 준수를 통해 평등한 남녀 관계를 지향했던 '연애'의 제 의식이 결정적 영향을 끼치고 있다.[24] 인간이 다른 동물보다 열등한 점으로서 거짓말과 더불

---

23) 『鍊光亭』(작자미상, 新舊益慧, 1918) 진주집의 경우, 젊어 한 때 좋은 인물을 가지고 있으나 이제는 먹고 살 길이 없어 뚜쟁이를 하거나, 유부녀 유인, 젊은 청년 사기 등을 일삼고 있는 인물이며 『을밀대』(작자미상, 大昌補給, 1918)의 평양집의 경우 동일하게 뚜쟁이를 하다가 돈을 위해 무고한 사람의 살인 모의까지 계획 결국에는 자신이 살해당하게 된다.

24) 1884년, 일본 연애론의 선구적 논자였던 이와모토 요시하루(嚴本善治)의 언급, "예기·창기가 소설의 제재로서 거론되어지게 되면 그 실제의 생활을 묘사함에 의해서 하천한 생활 실태를 명박하게 하고, 사람들, 특히 소녀들에 의해 예·창기에의 혐오감을 촉구하도록 하지 않으면 안 된다"는 1910년대 소설에 나타난 기생의 부정적 이미지를 이해함에 중요한 근거가 된다(嚴本善治, 「理想的佳人」, 『明治文學全集』 32, 築波書房, 1975, 104면).

어 창기제도를 제시했던 이광수의 태도[25])에 비추어 볼 때 『무정(無情)』의 영채 역시 바로 '연애'에 내재한 이와 같은 의식의 연장선상에서 생성되고 있다고 할 수 있다.

『무정(無情)』에서 기생이라는 영채의 신분은 영채 삶의 모든 비극의 원인이 되고 있다. 아버지를 살리기 위해 마지못해 선택한 것임에도 불구하고 오히려 당대 선각자였던 아버지는 기생이라는 딸의 신분에 절망, 자살을 한다. 당대의 권력가 김현수가 영채를 아무런 죄의식 없이 강간하는 것도 보은에 잡혀 주저하면서도 이형식이 결국에는 영채를 버리는 것도 모두 기생이라는 영채의 신분에서 기인하고 있다. 특히 김현수에 의한 정조의 유린이 영채와 이형식을 제외한 주변 누구에게서도 별반 분노 없이 받아들여진다는 점은 기생이라는 영채의 신분을 가장 정확하게 반영하고 있는 것이라고 할 수 있다. 영채의 처녀성 상실은 이처럼 영채 개인에게 가해진 위해(危害)였다기보다는 기생에게 퍼부어진 당대의 비난을 상징하고 있다는 점에서 주목할 만하다.

기생에 대한 당대 사회의 비판적 시각은 영채를 비롯, 영채의 어멈인 퇴기 노파, 영채의 친우 월화·계향 등 작품에 등장하는 모든 기생들의 전락과 죽음을 통해서 나타난다. 이형식에게 오라비의 감정조차 갖게 했던 순수한 모습의 어린 기생 계향은 부호의 첩이 된 후 매독에 걸려 결국 버림을 받으며 명기(名妓)로 이름 날렸던 노파는 영채의 몸을 미끼로 밥을 벌어먹

---

25) 李光洙, 「그의 自敍傳」, 『李光洙全集』 第9卷, 三中堂, 1968, 440면.

을 정도로 전락해 있는 형편이다. 첩·매음·포주 등이 젊은 한 시기를 넘긴 기생의 정해진 미래라면, 그 행로를 벗어나기 위해 안간힘을 섰던 월화의 자살은 기생의 신분에서 그 행로를 벗어날 수 있는 유일한 방법이 무엇임을 보여주고 있다.[26] 기생에 대해 낭만적 시선을 견지하고 있던 전(前)시대와는 달리 『무정(無情)』은 기생을 묘사함에 있어 극도로 사실화된 시선을 견지하는데 이와 같은 시선의 차이는 시대 의식의 편차에서 비롯되고 있다. 정신적 가치의 중요시, 일부일처제 준수를 지향했던 '연애'는 전시대와 구별되는 새 시대의 의식을 설명하기에 가장 적합한 예라고 할 수 있다.

　『무정(無情)』의 사실적 묘사가 시대에 대한 정확한 인식에서 비롯된 것이라면 그 점에서 기생 영채의 '처녀성'은 다소간의 모순을 만들어내고 있기도 하다. 영채의 처녀성은 기생이라는 그녀의 신분에 비추어 볼 때 비현실적 설정일 뿐 아니라 '자유 연애'에 대한 『무정(無情)』의 지향과도 배치되어 있기 때문이다. 김현수에게 겁탈당한 후 울부짖는 영채를 보며 동정은커녕 "저마다 당하는 일"이라며 오히려 핀잔의 마음을 갖는 노파의 태도는 그런 점에서 상당히 많은 의미를 함축하고 있다. "똑같은 남자와 오래 있기보다는 가끔 새로운 남자를 대하는 것이 더 즐"거웠으며, "열아홉 살 적에 적어도 백 명은 남자를 대"했던 노파의 모습이 스무 살 가까이 되어서 처녀성을 상실하고 울부

---

26) 기생이라는 자신의 신분을 비관 결국에는 자살에 이르는 월화의 모습은 1921년 발표된 김동인의 「눈을 겨우 뜰 때」의 기생 금패의 삶에서 동일하게 형상화되고 있다.

짖는 영채에 비해 오히려 프로다운 태도를 보이고 있다면 그 노파의 입장에서 볼 때 기생의 속성과 상반되는 영채의 처녀성이란 것은 상실됨이 당연한 것이었다고 할 수 있다. 이는 영채의 처녀성이란 것이 영채에게 있어서 기생보다는 오히려 박진사의 딸 영채로서 자신을 위치시켜 주는 징표였음에 반해 노파에게 있어서는 기생에 대한 멸시를 의미하는 부담스러운 징표였다는 점에서도 나타난다. 그래서 노파는 겁탈 당한 영채를 보며 이제야 서방을 맞이했다고 안도의 모습을 보이기도 하는 것이다. 영채의 처녀성이 노파의 입장에서 부담스럽고 무용한 것으로 느껴졌듯 그것은 '연애'의 측면에서도 동일하게 받아들여지고 있다.

성례(成禮)에 이르기까지 오 년 간의 유예 기간을 설정, 육체적 교섭을 인위적으로 제어하면서까지 이형식과 선형으로 하여금 정신적 교류를 확보해가게 하던 『무정(無情)』의 태도가 남녀 평등의 근대적 의식과 깊이 연결되어 있었다면 그와 같은 정신성의 보증으로서의 처녀의 순결성[27]이라는 것은 적어도 '교육이 있는' 여자의 몫이었던 것이다. 강연과 같은 엄숙한 공식석상에서조차 공공연한 육체적 희롱을 당한다거나, "춘정을 파는 아름다운 동물로"[28]나 취급당했던 기생이라는 존재기 근대로

---

27) 일본 연애론의 대표적 논자 기타무라 도코쿠(北村透谷)는 「處女の純潔を論する」(『女學雜誌』, 1894.10, 102면)에서 처녀의 순결을 '연애'의 필수적 요건으로서 제시, "餓鬼畜生의 욕정과 싸우는 영묘한 인류로서의 순결"로서 정의하고 있다. 이처럼 '연애'에서 처녀의 순결이라는 것은 남녀 관계의 정신성에 대한 강렬한 지향으로부터 비롯되고 있다.
28) 金東仁, 「눈을 겨우 뜰 때」, 『金東仁 文學全集』 5, 大衆書館, 1983, 153면.

부터 비판적 시선을 받았고 '연애'의 적대적 인물로 규정되었던 것은 바로 이 때문이었다. 여학생이 당대의 히로인으로 등장, 기생이 몰락의 길을 걷게 되는 것에는 '연애'가 전파시킨 이와 같은 '정신성의 보증으로서의 처녀성'이 중요한 역할을 하고 있었다.

이상에 근거할 때 영채의 처녀성 상실은 이미 작품이 창작되는 그 순간부터 필연적으로 결정되어 있었다고 할 수 있다. 기생의 신분으로서 남성들과 정신적 교류를 통해 평등한 관계를 형성하고자 했던 월화의 열망이 자살이라는 형태로 단죄되고 있다면 기생의 신분으로서 정조를 유지하고자 하는 영채의 의지 역시 그에 값하는 피를 흘릴 수밖에 없는 것이다. 그 결과로서 나타나는 것이 바로 처녀성의 상실이다.

영채의 처녀성 상실이 기생에 대한 근대의 부정적 시선에서 기인한 것이라면, 아이러니컬하게도 처녀성을 상실함으로써 영채는 오히려 근대적 세계로 진입하게 된다. 배명학과 김현수에게 처녀성을 겁탈 당한 뒤 죽음을 결심, 평양행 기차를 탄 영채가 우연히 만난 동경 유학생 병욱으로부터 이형식을 사랑하느냐는 질문을 받고 느끼는 다음의 혼란은 그런 의미에서 주목할만하다.

> 사랑하느냐 하는 말에 영채는 가슴이 뜨끔하였다. 과연 자기가 형식을 사랑하였는가······. 알 수가 없다.
> 자기는 다만, 형식이라는 사람은 자기가 찾아야 할 사람, 섬겨야 할 사람으로 알았을뿐이오, 칠팔년래로 일찍 형식을 사랑하는지 생각해 본 적도 없었다. 다만 어서 형식을 찾고 싶다, 어서 만나면 자기의 소원을 이루겠

다, 만나면 기쁘겠다 하였을뿐이다.

그러므로 영채는 멀거니 여학생을 보다가,

"그런 생각은 해 본 적도 없어요 어려서 서로 떠났으니까 얼굴도 잘 기억하지 못하였는데 ……."

"그러면 부친께서, 너는 아무의 아내가 되어라 하신 말씀이 있으니까 지금껏 찾으셨습니다 그려 …… 별로 사모하는 생각도 없었는데 ……."

"네, 그리고 어렸을 때에 정들었던 것이 아직도 기억이 되어요 그때 일을 생각하면 어째 그리운 생각이 나요"[29]

여기서 이형식과의 관계에서 선형이 느꼈던 혼란이 영채에게서도 반복되어 나타나고 있음을 볼 수 있다. 선형의 혼란이 그녀의 의식 속에 근대적 사랑의 개념이 성립되어 있지 않았음에서 비롯되고 있다면 영채의 혼란 역시 동일한 원인에서 비롯되고 있다고 할 수 있다. 기생이 된 상황에서도 영채가 목숨을 걸고 지켜온 정조라는 것은 기실 이형식에 대한 사랑보다는 '불경이부(不更二夫)'의 전통적 정절 개념에 결정적으로 근원하고 있다. 물론, 십 년 만에 이형식을 만난 순간 그 모습에 오히려 실망했다는 영채의 고백처럼 낭만적 첫사랑에 대한 소녀적 환상의 측면이 영채의 감정 속에 없는 것도 아니지만 환상이 깨어지고 난 다음에도 이형식에 대한 일편단심을 포기하지 않는다는 것, 특히 정조를 유린당한 후 자살을 결심한다는 것은 이형식에 대한 영채의 감정이 불경이부·수절 등 전근대적 애정윤리에 의거하고 있음을 나타내는 것이다.

이 점에서 영채라는 인물은 강압 결혼과 불경이부 등 청산되

---

29) 李光洙, 『無情』(『李光洙全集』 第1卷), 三中堂, 1962, 228면.

어야 할 구습(舊習)으로서 제시되었던 전근대적 혼인의 형태를 온전히 재현하고 있는 인물에 다름 아니라고 할 수 있다. 『무정(無情)』내에서 영채의 정조가 이와 같은 의미를 지니고 있다면 영채는 정조의 상실에 의해 그녀의 의식을 형성하고 있던 불경이부의 전근대적 윤리가 붕괴되는 중요한 의식의 역전을 경험, '내면'을 형성케 된다.

이 점은 정조를 상실한 이후 영채가 겪는 내적 외적 변화를 통해 나타난다. 정조의 상실을 계기로 영채는 기생이라는 이전의 신분에서 탈피, 동경 유학이라는 근대적 교육 습득의 기회를 얻는다. 기생에서 여학생으로의 전환이라는 외형적 삶의 급격한 변화는 영채의 내면적 의식의 변화에서도 동일하게 발견된다. 자신은 "독립한 사람이 아니"라 "어떤 도덕률(道德律)의 한 모형에 지나지"않았으며 "자기가 지금껏 유일한 세상으로 알아오던 세상이 기실 보잘것없는 허깨비"에 불과했다는, 자기와 세계에 대한 새로운 자각이 영채의 의식 속에서 싹트기 시작하는 것이다. 여학생이라는 영채의 외적 변화는 바로 영채에게서 발생한 이 의식의 자각으로부터 일어나고 있다. 그리고 이로부터 영채는 전근대적 세계를 탈피, 근대적 세계로 진입하는 것이 가능해진다.

5 결론

『무정(無情)』은 '자각 없는 시대에서 새 시대, 자각 있는 시대로 옮겨가려는 과도기' 조선의 풍경을 '연애'라는 렌즈를 통하여 파악하고 있다. 이 작품은 이인직의 『혈(血)의 누(淚)』에서 다루어졌던 학문을 매개로 한 애정 형태를 계승, 정신성 중시라는 당시 조선에서는 보기 드물었던 남녀간의 새로운 애정 형태를 제시하고 있다. 여학생 선형이 등장, 이형식과 사제지간의 애정 관계를 형성해 가는 모습은 『무정(無情)』이 모색했던 정신성에 기반한 새로운 남녀 관계의 이상적 형태라고 할 수 있다. 『무정(無情)』이 이처럼 정신성에 기반한 남녀 관계를 지향한 것에는 여학생이라는 선형의 신분에서도 나타나듯 여성의 교육을 통한 평등한 남녀 관계 형성이라는 근대적 의식이 결정적 요인으로 작용하고 있었다. 여학생 선형과 기생 영채의 사이에서 갈등·방황하던 이형식이 선형을 택한 것은 '연애'라고 이름하여지는 바로 이 새로운 애정의식에 전적으로 기인하고 있음에 다름 아니다.

『무정(無情)』이 새로운 애정 형태인 '연애'를 표방하고 나섬에는 근대적 세계에 대한 이광수의 강렬한 지향이 중요한 의미를 형성하고 있다. '연애'가 강압 결혼, 조혼과 같은 전근대적 애정윤리의 전면적 붕괴를 필수적 조건으로서 요구한다는 점을 감안할 때 '연애'의 제 의식에 대한 이광수의 모색이 어디로 연결되는지는 충분 짐작 가능하다. 『무정(無情)』에서 이형식이 여학생 선형을 선택하는 결정적 계기가 바로 영채를 찾으러 내려 갔던 평양행, 엄밀히 말하자면 칠성문으로 상징되는 전근대적 세계와의 접촉에서 비롯되고 있음은 이형식, 넓게는 이와 같은 이광수의 의식을 설명함에 중요한 근거가 된다. 이처럼 『무정 (無情)』이 전근대적 세계와 근대적 세계의 경계에서 근대적 세계를 향하여 서서히 몸을 움직여가던 1910년대 조선의 풍경을 '연애'라는 렌즈를 통하여 담을 때 그곳에는 근대를 향한 이광수의 지향이 깊이 내재해 있었던 것이다.

제3장

연애에의 동경과 좌절

김동인, 「약(弱)한 자(者)의 슬픔」과 「마음이 옅은 자(者)여」

1. 서론

1919년 발표된 「마음이 옅은 자(者)여」에서는 '사랑'이라는 용어와 더불어 '러브'라는 용어가 잠시 등장한다. '러브'에 대응하는 '사랑'이라는 우리 특유의 어휘가 있었음에도 주인공은 익숙하지 않은 '러브'라는 영어를 통해서 자신에 대한 상대의 감정을 표현하고 있다. 주인공의 이 태도는 일견 신문화를 흡수한 당시 신청년들에게서 흔히 나타나는 지적 경박성의 한 표출이라고 묵살해버릴 수도 있으나 그렇게 단언해버릴 수만은 없는 측면 역시 함께 갖고 있다. '러브'라는 용어를 입에 올리는 주인공의 태도에는 머리 모양새에서 의상 걸음걸이에 이르기까지 스타일의 새로움 속에서 새로운 시대를 표하고자 한 것과 같은 당시 신여성들이 겪었던 것과 동질의 갈등과 욕망이 들어 있었음을 부정할 수 없기 때문이다.

18세기 말에서 19세기 초에 이르는 개화의 물결 속에서 수입된 신문물 속에는 전기나 기차와 더불어 '연애'라는 용어도 함께 들어 있었다. '연애'라는 용어의 이입은 전통적인 사랑의 개념과는 이질적인 세련된 감정의 형식을 함께 이입시키고 있다. 만나서 그 날 밤에 이 도령과 몸을 섞는 『춘향전(春香傳)』의 춘향과 순결한 처녀성을 결혼까지 가지고 가는 이광수 『무정(無情)』의 선형, 이 두 인물 간의 행위의 단절 뒤에는 바로 '연애'가 가지고 들어온 새로운 사랑의 형식이 있었다고 할 수 있다. 이처럼 '연애'에 이끌려 들어온 새로운 사랑의 형식은 '사랑'이라는 기존의 용어로 표현하기에는 미흡한 구석이 적잖이 있었던 것이다. 「마음이 옅은 자(者)여」에서 김동인이 갑작스레 '러브'라는 용어를 사용한 것은 바로 이 미흡함에서 기인된 결과였다고 해도 과언은 아니다. '러브'라는 낯선 용어를 선택한 작가 김동인의 의식 속에는 '러브'와 '사랑' 간의 메울 수 없는 의미의 차가 존재하고 있었던 것이다.

그러나 김동인이 전통적인 사랑과는 별개의 독립적인 개념으로써 '러브'를 이해하고 있었는가 하면 분명히 그렇지만도 않다. 작품 속에서 주인공은 끊임없이 '러브'와 '사랑'을 혼용하고 '연애'와 '사랑'을 혼용하고 있다. 이 혼용이 급작스런 신문화 이입의 충격 속에 들어 있던 대다수 당대 지식인들에게 공통된 현상이라고 하더라도 중요한 것은 이 혼용의 와중에서 김동인의 의식은 '연애'와 '사랑'의 세계, 어느 쪽에 훨씬 가까워 있느냐 하는 점이다. 그 부분을 밝히는 것은 김동인 의식의 근대성 나아가서는 한국 문학의 근대성을 규명하는 작업이라고 할 수 있다.

2. 연애의 성립의 역사적 배경

자유연애를 다룬 『무정(無情)』에는 주인공 이형식이 평양의 칠성문에 도착하는 장면이 나온다. 근대적으로 청결하게 정돈된 시내와 달리 쓰러져 가는 집들로 이루어진 칠성문을 나서면서 이형식은 우연히 낡은 전통적 탕건을 쓴 노인과 마주치게 된다. 그 노인과의 대면 속에서 이형식이 갖는 다음의 느낌은 근대와 전근대의 경계에 서 있는 당시 조선의 상황을 절묘하게 묘사해준다.

그래서 그는 세상에서 버린 사람이 되고 세상은 그가 알지도 못하던, 또는 보지도 못하던 젊은 사람의 손으로 돌아가고 말았다. 그는 철도를 모르고 전신과 전화를 모르고 더구나 잠행정이나 수뢰정을 알 리가 없다.

그는 대동문 거리에서 오리가 못되는 칠성문 밖에 있으면서 평양성내에서 날마다 밤마다 어떠한 일이 일어나는지도 모른다. 그의 머리에는 선화당이 있을 뿐이요, 도청(都廳)이라는 것을 알지 못한다. 그는 영구히 이 세상이 무엇인지를 깨닫지 못하니, 그는 이 세상에 살아 있으면서 이 세상

밖에 있음과 같다.

　형식과 그 노인은 전혀 말도 통하지 못하고 글도 통하지 못하는 딴나라 사람이다. '낙오자(落伍者), 과거의 사람'이라 하는 생각과 함께 자기가 아무리 새세상 이야기를 하여도 못 알아듣다가 세상을 버린 자기의 종조부를 생각하였다. 그리고 형식은 그 노인에게 대하여 일종 말할 수 없는 설움을 깨달았다.[1]

　칠성문 밖과 안, 걸어 오리도 되지 않는 공간적 거리의 근소함에도 불구하고 이 양자간에 놓여 있는 심연과 같은 시간적 간극, 그것을 이광수는 급격하게 밀어닥친 근대라는 시대가 지닌 거대한 힘에서 찾고 있다. 칠성문 밖으로 상징되는 전근대에 대해 서러울 정도로 향수를 느끼면서도 어쩔 수 없이 칠성문 안의 근대적 세계와 더불어 달려가지 않을 수 없었던 이형식의 갈등은 근대의 물결 속에 들어 가있는 1910년도 전후의 조선의 사회를 절묘하게 드러내고 있다고 할 수 있다. 여기서 도청으로 상징되는 칠성문 안의 이형식의 세계의 대극점에 놓여 있는 것이 선화당으로 상징되는 칠성문 밖의 노인의 세계이다. 기차나 전화를 본 적이 없듯 노인은 이형식이 즐겨 사용하는 '연애'나 '러브'라는 용어 역시 들은 적이 없음도 당연한 일이라 할 것이다. 왜냐하면 '연애' 혹은 '러브'라는 용어 역시 기차나 전화 전신처럼 그가 몸담았던 세계 밖에서 들어온 것이기 때문이다.

　이형식으로 상징되는 당시의 신청년들을 열광시켰던 '연애'라는 용어는 일본으로부터 이입된 것이었다. 그러나 이 용어, 엄밀히 말해서 '연애'라는 용어의 개념은 그 원산지인 일본에

---

1) 李光洙, 『無情』(『李光洙全集』 第1卷), 三中堂, 1962, 146면.

서조차 토착적인 것이 아닌 여러 신문물들과 더불어 서구로부터 이입된 것이었다. 즉 일본에서 '연애'라는 용어는 영어 'love'의 번역을 위해 1870년에 생성된 신조어[2]였다. 『번역어성립사정(飜譯語成立事情)』의 다음의 언급은 '연애'가 1870~90년대에 걸쳐 생성된 새로운 개념이었음을 밝히고 있다.

> '연애'라고하는 것은 무엇인가. '연애'라는 것은 남자와 여자가 서로 사랑하는 것이다라든가 그 외에 여러가지 정의, 설명이 있겠지만, 나는 여기서 '연애'라는 것은 舶來의 관념이라는 것을 말하고 싶다. 그러한 측면에서 '연애'에 관해서 생각해볼 필요가 있다고 생각하는 것이다.
>
> 왜인가. '연애'도 역시 '미'와 '근대' 등과 마찬가지로 번역어이기때문이다. 이 번역어 '연애'에 의해서 우리들은 겨우 일세기정도 전에 '연애'라는 것을 알았다. 요컨데 그때까지의 일본에는 '연애'라는 것은 없었던 것이다.[3]

'러브'에 대응된다고 할 수 있는 정(情)·연(戀)과 같은 용어가 일본어에 있었음에도 '연애(戀愛)'라는 새로운 신조어가 생성되지 않으면 안 되었던 것, 그리고 사랑은 인간 고유의 감정임에도 근대 이전에는 '러브' 곧, '연애'가 없었다는 등 '연애'의 성립 과정에 대한 이상의 논의는 '연애'라는 것이 기존의 전통적인 사랑 곧 연(戀)과는 독립적인 개념이었음을 충분히 시사해주는 것이라고 하겠다. 그러면 도대체 '러브'에 대응되는 용어로

---

2) 일본에서 '戀愛'라고 하는 번역어의 최초의 용례는 대략 1870~1871년에 나온 中村正直의 번역, 『西國立志編』에서였다고 말해진다(柳父 章著, 『飜譯語成立事情』, 岩波新書, 1982, 95면).
3) 柳文 章, 『飜譯語成立事情』, 岩波新書, 1982, 89면.

서의 '연애'란 어떤 개념이었던 것일까. 1885년 『여학잡지(女學雜誌)』에 실린 이와모토 요시하루(嚴本善治)의 「부인(婦人)의 지위(地位)」라는 사설은 이 개념 파악을 위해 하나의 좋은 참고 자료가 될 수 있다. 이 글에서 이와모토 요시하루(嚴本善治)는 인간 문명의 단계를 야만(野蠻)·반개(反開)·개화(開化)의 삼단계로 분리하고 남녀간의 애정 역시 색(色)·치(癡)·애(愛)의 삼단계로 나누어 그에 대응시키고 있다.

> 남자와 여자의 교정(交情)의 양상의 진보도 역시 여러가지 단계가 있다는 것을 알아야 한다. 그것에는 역시 삼단계가 있는데 첫째로 색(色)의 시대 둘째로 치(癡)의 시대 세째로 애(愛)의 시대라고 하는 것이다. 색(色)이라는 것은 동물의 암수가 서로 교접함과 같이 단지 육체상의 정욕이고 치(癡)라는 것은 말하자면 정(情)에서 나온 것이고 애(愛)라는 것은 즉, 진정의 영혼에서 발하는 것임을 알아야 할 것이다.[4]

역사 발전과 남녀 애정의 완성을 각각 '개화'의 시대와 '진정의 영혼의 결합에서 발한 애(愛)'에 두고 있는 이 논지는 시대의 발전 형태와 애정의 성숙 단계를 직접 대응시키는 형태로 진행이 된다. 애정의 저급한 단계인 색(色)은 야만의 시대, 중간 단계인 치(癡)는 반개의 시대, 그리고 애정의 최고 단계인 애(愛)는 개화의 시대와 연결되는 것이다. 결과적으로 개화의 시대로 들어가는 것은 애(愛)의 단계로 들어가는 것이며 그 변화의 와중에서는 이전시대의 모든 시대적 습성들이 야만적인 것이라고 부정되듯 전(前)시대의 애정의 형태 역시 부정된다. 이때 부정된

---

4) 嚴本善治, 「婦人の地位」, 『女學雜誌』, 1885.8, 3면.

전(前)시대의 애정의 형태인 색(色)의 자리를 차고 들어오는 것이 '개화'라는 새 시대에 적합한 새로운 애정의 형태, 즉 정신적 가치의 절대성을 주장하는 '러브'이다. 이 '러브'에 '연(戀)'이라든가 '정(情)'과 같은 전(前)시대의 용어를 사용할 수 없었음은 당연한 일이었다고 할 수 있다.

새로운 애정의 형태를 담아낼 새로운 용어, 그 필요성에서 생성된 것이 '연애(戀愛)'라는 용어이다. 이 시기 지식인들에게 있어서 '연애'야말로 남녀간의 애정의 차원을 넘어 새로운 시대의 새로운 정신의 대변 그 자체였던 것이다. 그러므로 '연애'에 대한 이 시기 지식인들의 찬사 — 예를 들면 고상한 감정,5) 신성한 것이라는 등 — 속에는 '연애', 즉 '러브'의 정신 우위성에 대한 존중과 더불어 새로운 시대에 대한 열광 그리고 새로운 시대의 선구적 개척자로서의 자신들의 입장에 대한 무한한 자부심이 함께 들어 있었음 역시 부정할 수 없다.

"깊게 영혼(soul)에서부터 사랑한다"6)는 이와모토 요시하루(嚴本善治)의 언급에서도 알 수 있듯 '연애'에는 정신과 육체의 구별 속에서 인간을 이해하려한 사고가 내재해 있었다. 이처럼 '연애'가 정신과 육체를 하나로 취급하려한 전(前)시대 애정의 형태를 부정하면서 정신 우위의 사고를 긍정하고 나섰던 것에는 기독교의 영향이 지대했다고 할 수 있다. 유한한 육체의 세

---

5) 연애론이 한창 성립되기 시작하던 1891년 「色情愛情辨」이라는 『女學雜誌』의 寄稿文을 보면 "'러브'는 고상한 감정이고 '러스트'는 열등한 정욕"이라고 정의되어 있다(Y. T, 「色情愛情辨」, 『女學雜誌』, 1891.2, 106면).
6) 嚴本善治, 「俗間の姬百合」, 『女學雜誌』, 1890.10, 26면.

계인 현세에 대한 부정과, 무한한 정신의 세계인 내세에 대한 긍정 속에서 진행되는 단선적 의미에서의 기독교적 사랑의 개념, 그 개념이 '러브', 즉 '연애'를 움직이고 있었다. 당시 연애론의 선구적 주창자였던 기타무라 도오코쿠(北村透谷)이 진정한 가치의 세계로서의 타계(他界)와 그 반대 개념으로서 실계(實界)를 상정, "실계(實界)에서만 추구하는 사상은 고원(高遠)한 사모(思慕)를 낳지 않고 …… 육정(肉情)을 앞세우고 진정의 애정을 뒤로한다"7)고 언급한 후 '진정의 애정'을 '연애'로 정의했을 때 그 기본에 있었던 것은 바로 이와 같은 기독교적 세계관 — '러브'의 근간이었던 — 이었다.

일부일처제에 기반한 남녀 관계와 처녀성의 등장, 남녀간의 정신화·영화(靈化)의 강조 등 전(前)시대에 존재치 않았던 여러 의식들은 바로 '연애'가 지닌 이러한 기원에서 등장한 것이었다. 고백이라는 형식 또는 고백이라는 제도가 고백해야 할 내면 또는 진정한 자기8)라는 것을 만들어내었듯이 '연애'라는 형식 혹은 '연애'라는 제도는 정신적인 사랑과 육체적인 사랑의 구분을 만들어내고 있다. '연애'라는 용어가 수입되면서 처녀성, 정신성과 같은 그에 관련된 여러 가지의 부수적 의식들이 함께 수입되는 것이다.

한국의 경우 최초의 여성 교육기관인 이화학당의 설립(1886), 『성경』의 국문(國文) 완역(1900)과 같은 제반 조건의 성립 속에서 1917년 이광수가 『무정(無情)』을 통하여 자유연애를 주장하고

---

7) 北村透谷, 「他界に對する觀念」, 『北村透谷選集』, 岩波文庫, 1988, 201면.
8) 柄谷行人, 박유하 역, 『일본 근대문학의 기원』, 민음사, 1996, 104면.

나온다. 그러나 이미 1912년『매일신보(每日申報)』에 연재된 이상엽의『눈물』에서 '연애'라는 용어가 빈번하게 등장하고 있고 일본 연애소설『금색야차(金色夜叉)』의 번안인『장한몽(長恨夢)』이 1914년에 발표된다. '연애'라는 용어의 문학 작품 속 등장은 이 시기를 전후해서라고 하더라도 '연애'가 지닌 여러 의식들은 1906년 이인직의『혈(血)의 누(淚)』에서부터 이미 등장하고 있었다.『혈(血)의 누(淚)』의 두 남녀주인공이 모두 유학생인 점, 처음 이 두 인물을 이어준 끈이 학문이며 그 학문을 매개로 해서 이들의 애정이 진행되어 가는 것은 '연애'가 들고 들어온 정신적 가치 중시 태도의 한 표현에 다름 아니었다고 할 수 있다. 또한 첩을 변호한 이인직의『귀(鬼)의 성(聲)』이『매일신보(每日申報)』로부터 '음탕교과서인 춘향전'과 더불어 '국민의 순수한 덕성과 고상한 감정'을 파괴하는 주범으로 신랄한 비난을 받았던 것 역시 동일 맥락에서 이해 가능하다. 1912년 이상협의 장편『눈물』에 이르면 '연애'라는 용어가 순결, 신성과 같은 수식어와 연결되어 등장한다.

> 두 사람의 연애는 순결한 연애요 추잡한 연애가 아니며, 신성한 연애이오 비루한 연애가 아니라. 천지신명에게 대하여도 양심에 부끄러울 바이없으며, 사회공중에 대하여도 타인의 치소를 받을 이유가 없거늘, 다만 슬픈 바는 우리 사회에서 아직도 순결 신성한 연애를 추잡하고 비루한 연애와 같이 여기니, 어찌 옥과 돌이 함께 타는 유감이 없으리요[9]

'연애'를 '순결'과 '추잡', '신성'과 '비루'로 이원화시켜 파악

---

9) 李相協,『눈물』, 을유문화사, 1968, 103면.

한 후 '비루'한 '연애'를 '신성'한 '연애'의 하위에 두는 이상협의 태도는 정신성 중심의 애정만을 '연애'라고 지칭한 일본의 '연애'개념과 다소 차이가 있기는 하지만 육체의 부정과 정신의 긍정이라는 기본적 태도에서는 동일하다고 할 수 있다. 이 태도는 이후 이광수·김동인에게서도 동일하게 나타나고 있다. 그러나 김동인의 경우 표면적으로는 이와 같은 정신성 중심의 '연애'를 지향하지만 그 지향이 작품의 주된 주제로 이어지지는 못한다. 그 부분에 대해 김동인의 처녀작 「약한 자(者)의 슬픔」을 통하여 살펴보기로 하겠다.

3. 여학생의 몰락

「약(弱)한 자(者)의 슬픔」은 1919년 2월 『창조(創造)』에 발표된 김동인의 처녀작이다. 3·1운동을 눈앞에 둔 1919년 2월이라는 발표 연도는 이 작품의 이해에 있어서 시대성을 깊이 고려케 한다. 강엘리자벳트라는 여학생이 조선의 선각자임을 자처하는 K 남작에게 정조를 유린당하고 임신까지 한 몸으로 버려진 후 그에게 법적으로 대항, 자아를 찾아가는 과정은 3·1운동을 앞둔 식민지 조선의 현실과 묘한 연관성을 지니고 있다. 그러나 식민지 현실이라는 한 개의 그물망만으로는 이 작품의 의도를 정확히 포착해내기가 어렵다. 여학생 주인공의 처녀성 상실이라는,

당시로서는 다소 생경한 용어들로 이루어진 이 작품의 테마는 식민지라는 표층적 현실의 기저에 깔려 있는 근대적 세계의 의식과 맞물려 있기 때문이다. 최초의 여성 교육기관인 이화학당의 설립이 1886년인 점을 감안하면 '여학생'의 등장 역시 그 시기를 기점으로 하고 있다고 할 수 있다. 즉 체조기하학 등의 교과 과정이 근대와 더불어 이입된 것이듯 여학생 역시 근대와 더불어 이입된 근대의 부산물이었다. 그러므로 여학생과 처녀성의 문제가 왜 「약(弱)한 자(者)의 슬픔」의 소재로 선택되었는지, 그리고 그 몰락이 어떤 의미를 지니는지는 근대 특히 여학생과의 긴밀한 연계 속에서 형성된 '연애'라는 근대적 제도와의 연관선상을 통해서 이외에는 설명 불가능하다고 할 수 있다. 최초의 신소설 『혈(血)의 누(淚)』를 통하여 여학생 주인공 설정의 의미를 살펴 본 후 그 고찰을 토대로 하여 「약(弱)한 자(者)의 슬픔」의 여학생의 처녀성 상실이라는 테마가 지닌 의미를 규명해보기로 하겠다.

1906년 발표된 최초의 신소설 『혈(血)의 누(淚)』의 두 주인공, 구완서와 옥련은 오사카발(發) 요코하마행(行) 기차 속에서 처음 만난다. 그때 구완서는 유학을 위해 미국으로 향하는 길이었고 갑작스레 거처를 잃게 된 옥련은 목적 없는 여행을 막 시작하려 하고 있는 참이었다. 정거장의 많은 사람들 틈에서 옥련이 구완서의 관심을 끌게 되는 것에는 그녀가 지닌 지적인 측면, 즉 속된 말로 '공부'를 한 듯한 분위기가 결정적 역할을 하고 있다.

그 계집아이 똑똑하다. 재주 있겠다. 우리나라 계집아이 같으면 저러한 것들이 판판이 놀겠지. 여기서는 저런 것들도 모두 공부를 한다하니 저것은 무엇하는 계집아이인지.[10]

멀리서 한 번 언뜻 본 것만으로 옥련을 똑똑하다거나 공부를 한 인간으로 판단해버리는 구완서의 태도에는 다소 황당한 구석이 없지도 않으나 그 황당함의 덕택으로 옥련은 어색하나마 이전 시대 남녀 관계의 히로인의 주된 조건이었던 출중한 용모의 소유자라는 이미지에서 벗어나고 있다. 이 만남 직후 구완서와 옥련의 관계는 '공부'라는 매개를 통해서 진행이 된다. 옥련의 딱한 사정을 들은 구완서가 그녀에게 거처할 곳은 물론 학비를 대어주겠다고 선뜻 제안하는 것도 또한 이 두 사람의 관계가 혼인의 관계로 진행되는 것도 역시 '공부'라는 것에 절대적으로 기인하고 있다. 이 부분은 "공부하여 학문 지식이 넉넉한 후에 아내도 학문 있는 사람을 구하여 장가들겠다"는 구완서 자신의 결혼관에서도 충분히 확인된다. 곧, 이 두 남녀의 애정의 진행과 결혼의 결정에 있어서 '공부'는 가장 우선되는 조건이었다고 할 수 있다. 남녀 애정 관계에 있어서 이제 정신적 가치가 절대적 우위성을 주장하며 들어오는 것이다. 이 시기 소설들이 여학생을 여주인공으로 설정하고 있음에는 이러한 배경을 무시할 수 없다.

『혈(血)의 누(淚)』를 비롯하여 당시 많은 소설들에서는 여학생이 여주인공으로 자주 등장하고 있다. 청결함이 물씬 풍겨

---

10) 李人稙, 『血의 淚』, 을유문화사, 1968, 38면.

나오는 여학생이 등장하여 상대의 남성과 사제지간과 같은 배움의 관계를 통하여 애정 관계를 형성해감은 이인직의『혈(血)의 누(淚)』에서 이광수의『무정(無情)』에 이르기까지 공통된 테마였다. 근대문학 초기 작품 군에서의 여학생 여주인공의 이와 같은 빈번한 등장은 '연애'라는 용어로 정리되는 새로운 시대의 의식을 표출하기에 이들이 가장 적합했기 때문이라고 할 수 있다. 예를 들자면 여학생이 내포한 지적 측면이 '영혼'이 '서로 존경' '청결'하고 '고상'한 관계[11]를 기본 토대로 하는 '연애'의 의식을 대변함에 안성맞춤이었다면 그녀들이 지닌 처녀적 순결성의 이미지는 일부일처제 준수, 결혼을 최종의 지향점으로 설정한 '연애'의 청교도적 태도에 부합되고 있었던 것이다. 그러나 1919년 발표된 처녀작「약(弱)한 자(者)의 슬픔」에서 김동인은 여학생에 대해 다소간 다른 시선을 보이고 있다. 작품 서두, 친구 혜숙의 집을 방문하러 가는 강엘리자벳트에 대한 묘사에서 풍겨 나오는 여학생의 이미지는 1917년 발표된 이광수『무정(無情)』의 선형이 지닌 이미지와는 대조적이다.

　　여학생 간에 유행하는 보법(步法)으로 팔과 궁둥이를 전후좌우로 저으면서 엘리자벳트는 길을 나섰다.
　　그는 파라솔을 받은 후에 손수건을 코에 대어서 쏘는 듯이 콜타르 냄새를 맡으면서 N통(通)K정(町)등을 지나서 혜숙의 집에 이르렀다.[12]

"까만 머리와 쪽찐 서양 머리에 꽂은 널따란 옥색 리본……

11) 嚴本善治,「理想的佳人」,『明治文學全集』32, 築摩書房, 1975, 48면.
12) 金東仁,「弱한 者의 슬픔」,『金東仁 全集』13, 三中堂, 1976, 9면.

이마에 소스락 소스락하게 구슬땀이 맺히어 이따금 치마고름으로 가만히 씻고는 책상 밑에서 부채질"을 하는 선형의 모습은 서양화된 외견마저 묘하게 동양화시키면서 정갈한 처녀의 이미지로 함축된다. 이에 반해 파라솔·콜타르·엘리자벳트란 이름 등 서구적 내용물들에 둘러싸여 걸음마저도 여학생 간에 유행하던 팔과 궁둥이를 전후좌우로 젓는 보법으로 걷는 강엘리자벳트의 모습에서는 내면의 부재는 물론 모든 정신적 가치를 일시에 무화시키는 어두운 관능까지 배어 나오고 있다. 이광수가 여학생의 빛의 측면을 보고 있다면 김동인은 그 여학생이 지닌 어둠의 측면을 주시하고 있었던 것이다. 그것은 곧 근대를 주시하는 양자의 시각의 차이이기도 했다.

이 양자의 시각의 차이는 해외 유학, 이형식과의 결혼 등 행복한 삶의 여정을 밟아 나가는 『무정(無情)』의 선형과는 달리 강엘리자벳트가 밟아 가는 불행한 삶의 여정을 통해 나타난다. 강엘리자벳트는 사랑하는 남자가 있음에도 우연치 않게 자신이 입주 가정교사로 있던 집 주인인 K남작에게 정조를 유린당한다. 정조를 잃은 순간 강엘리자벳트는 짝사랑 이환과의 접촉이 불가능해짐은 물론 임신까지 겹쳐 학교도 그만두고 먼 친척이 있는 시골로 쫓기 듯 내려가는 몰락을 경험하게 된다. 강엘리자벳트의 몰락은 '표본 생활 이십 년'이라는 반성에서도 나타나듯 그녀 자신의 내면의 부재에서 기인한 것이지만 그 몰락의 결정적 계기는 처녀성의 상실이다. 몰락 속에서 강엘리자벳트가 내뱉는 다음의 언급은 그런 의미에서 중요하다.

그는 이환이를 사랑하였다. 이환이도 그를 사랑하였다. (엘리자벳트는 이것을 의심치 않게 되었다) 그렇지만 그들에게는 서로 사랑을 고백할만한 용기가 없었다. 그것으로 인하여 그들은 각각 자기가 사랑을 짝사랑이라 생각하였다. 그것을 짝사랑이라 생각한 엘리자벳트는 그렇게 쉽게 몸을 남작에게 허락하였다. 그리하여 그의 사랑 — 거반 성립되어가던 그의 사랑 — 신성한 동애(童愛) — 귀한 첫사랑은 파괴되었다. 육(肉)으로 인하여 사랑은 파멸되었다. 사랑치 않던 사람으로 인하여 참 애인을 잃었다. …… "모 — 모 — 몸으로 인하여 …… 참사랑 …… 을 …… 아, 이환씨 …… S와 혜숙이."13)

육욕(肉慾)에 의해 사랑이 파괴되었음을 강엘리자벳트가 자탄할 때 그곳에는 정신의 절대적 우위성을 주장한 연애의 의식이 깊이 깔려 있었다고 할 수 있다. 곧 근대와 더불어 새로이 이입된 '연애'의 독특한 개념이 김동인에게서는 아직은 사랑이라는 전통적 용어로 표현되고 있는 것이다. 또한 강엘리자벳트가 산부인과 대기실에 앉아 사 년 전의 여학생 시절을 추억하며 "온전한 처녀"이던 그 시절과 지금의 자기 사이에는 "해와 흙의 다름이 있었다고" 할 때 그 자책의 기저를 이루고 있는 것 역시 '연애'라는 제도가 들고 들어온 처녀성 이데올로기, 혹은 정신성에 대한 절대적 집착에 다름 아니었다고 할 수 있다. 강엘리자벳트뿐만 아니라 근대의 물결에 휩싸인 동시대의 모든 인간은 이 의식에 끊임없이 지배당하고 있었던 듯하다. 기생 출신의 영채와 여학생 선형의 사이에서 갈등을 거듭하던 『무정(無情)』의 이형식이 결국 선형의 손을 잡은 것도 바로 이 때문이었다. '연애'가 생성된 그 순간부터 이미 '연애'의 히로인은 처녀성과

13) 金東仁, 「마음이 옅은 자(者)여」, 『金東仁 全集』 5, 三中堂, 1976, 25면.

학식을 가진 여성으로 결정되어져 있었던 것이다.

김동인이 과연 여학생에게 내재된 이와 같은 시대성, 혹은 '연애'의 기본적 의미를 충분히 이해하고 있었을까는 검토를 요하는 문제이다. 김동인은, 작품 서두부의 몇 가지 묘사, 친구들과 기하학 숙제를 하는 장면, 혹은 여학생 특유의 보법(步法)으로 걷는 장면과 같은 묘사를 통하여 강엘리자벳트의 신분을 여학생으로 설정시켜 두고 있다. 그러나 이 몇몇 묘사를 제외하면 작품 진행 속에서 강엘리자벳트와 여학생을 연결시킬 수 있는 고리는 찾기 힘들다. 당시 많은 여학생들이 지니고 있었던 의식, 예를 들자면 한층 더 많이 교육을 받기를 원하고, 교육을 받을 수 있음에 대해 감사[14]하는 등과 같은 새로운 지식 습득에 대한 진지한 열정이 강엘리자벳트에게는 없는 것이다.

뿐만 아니라 여성에 대한 전통적 인식으로 인해 찬사보다는 비난 속에서 첫 발걸음을 시작해야 했던 당시 초기 여학생들의 시대에 대한 좌절과 갈등, 혁명적 의지 등은 팔과 궁둥이를 흔들며 걷는 강엘리자벳트의 보법(步法) 속에서 무화되고 있기조차 하다. "전 나체가 되어 드러"눕는 에로틱한 그녀의 모습은 청결, 고상과 같은 용어 속에 놓여 있던 당시 여학생의 이미지를 오히려 전면적으로 부정해버리는 것이다. 그러나 김동인은 이러한 강엘리자벳트를 통하여 여학생의 이미지를 묘사해 간다.

---

14) 1911년 『朝鮮』의 「朝鮮女學生의 思想」에서는 당시 여학생들을 상대로 한 설문조사의 결과를 싣고 있다. 설문의 내용은 가장 기쁜 일, 가장 슬픈 일, 존경하는 사람, 졸업 후의 방침 등으로 이 조사에서 가장 많은 답으로 나오고 있는 것이 교육, 배움과 관계된 것이다(金森京子, 「朝鮮女學生의 思想」, 『朝鮮』 35호, 1911, 56~57면).

말이 정조의 유린이지 적당한 거부와 적당한 순응 속에서 행해진 K남작과의 첫 정사 후 강엘리자벳트는 순결을 유린당한 여자가 보이는 태도와는 다르게 적극적으로 남작을 기다리는 자세를 취한다. 또한 그녀는 산부인과 진찰실에서 임신 판별 진찰을 위해 의사의 손이 몸에 닿은 때 "한 쾌락"을 느끼며 그 "쾌미를 재미있게 누리"기 조차한다. 이제 성(性)에 대한 탐닉이 강엘리자벳트의 의식을 차츰 지배해 가는 것이다. 그렇다고 그녀가 성(性)을 통하여 자신의 아이덴티티를 확인하려 하고 있는 것도 아니다. 남작과의 관계에서 강엘리자벳트가 취하고 있는 태도가 그 부분을 말해준다. 첫 육체적 관계에서 시작해서 임신, 재판에 이르기까지 남작에 대한 강엘리자벳트의 태도는 일관되게 수직적 상하 관계로 진행이 되고 있다. 물론 남작을 상대로 정조 유린 손해 배상 청구 등과 같은 것을 제기하기도 하지만 강엘리자벳트의 의식을 일관되게 흐르는 것은 '상것' 혹은 "저 같은 것은 사람이 아니니까요."라는 그녀의 언급이다. 이러한 그녀의 의식 형성에는 조선 최고의 권력층과 고아라는 극심한 신분적 격차가 큰 원인이 되고 있다. 그와 더불어 존귀한 남성과 비천한 여자라는 전(前)시대의 사고 패턴 역시 중요한 역할을 형성하고 있다.

김동인이 이처럼 수직적이고 육체적인 남녀 관계의 흐름에 놓여 있는 강엘리자벳트에게 수평적이고 정신적인 남녀 관계를 지향했던 당시 여학생의 신분을 부여했음은 상당히 아이러니컬하다. '연애'를 테마로 취한 당시 소설들이 학문을 몸에 익힌 여학생을 히로인으로 등장시켜 정신적 관계 속에서 남녀 관계를 진행시켜 나갈 때 그곳에는 남녀 차별이 없는 평등 사회를 희구한 근대의 정신이 깊게 배어 있었다. '연애'가 처녀성, 정신성, 일부일처제와 같은 제반 형식들을 이끌고 이입되었던 것에는 '연애'에 내재된 이와 같은 시대의 희구(希求)가 숨어 있었던 것이다. 이는 1910년대에 들어서면서 사창(私娼) 취체,[15] 부인의 지위와 혼인 문제, 혹은 첩에 대한 비판[16] 등의 글이 다수 쏟아져 나오기 시작했던 것으로부터도 충분히 알 수 있다. 이와 같은 사회적 움직임과 '연애'를 연결시켜 볼 때 「약(弱)한 자(者)의 슬픔」은 수평적 인간 관계를 지향하고자 한 시대에 역으로 수직적 인간 관계를 향해 달려가는 형상을 취하고 있던 것이다. 「약한 자(者)의 슬픔」이 지닌 전근대성은 신학문을 습득한 여교사를 여주인공으로 채택한 「마음이 옅은 자(者)여」에서도 동일하게 반복되고 있다.

---

15) 1917년 『朝鮮彙報』에는 私娼의 비윤리성을 주장하는 「私娼取締에 즈음해서」라는 사설이 실린다. 정신성 중심의 '연애'가 가장 적대시했던 것이 다름 아닌 기생이었음을 고려할 때 이와 같은 사회적 제움직임은 유의할 만한 일이다. '연애'가 이처럼 사회적 제움직임과 동일선상에서 움직였던 것은 '연애' 그 자체가 단순한 남녀 관계의 맥락을 넘어서 하나의 사회운동이었음을 증명하는 것이라고 하겠다.

16) 조선총독부 기관지인 『朝鮮』, 『朝鮮및 滿洲』의 「韓國婦人의 硏究」(1908), 「朝鮮婦人」(1915) 등 여성의 지위에 대한 반성을 촉구하는 글들과 역시 同잡지에 실린 「朝鮮의 婚姻에 관해서」(1913), 「朝鮮의 舊習과 離婚」(1913), 「朝鮮風俗—妾에 대하여」(1920) 등 조선의 전통적 혼인제도에 대한 비판과 일부일처제를 주장한 글들이 그 좋은 예이다. 이 외에도 이 시기에 들어서면 이와 같은 내용을 주제로 한 글들이 지속적으로 발표된다.

4. 연애에의 동경

1919년 2월 발표된 「약한 자(者)의 슬픔」에서 아직까지 사랑이란 용어를 사용하고 있던 김동인은 그 10개월 후인 동년 12월 발표된 「마음이 옅은 자(者)여」에 이르면 비로소 '러브', '연애'라는 새로운 용어를 사용하기 시작한다. 이 용어들의 등장에서 알 수 있듯 「마음이 옅은 자(者)여」17)는 이전시대와는 다른 새로운 남녀간의 애정을 주된 테마로 한 작품이다. 작품은 당시 사회를 휩쓴 3·1운동의 실패에서 비롯된 패배감과 허무의식, 그 속에서 지향점을 상실한 두 남녀 주인공의 무의미한 애정 관계를 통해서 전개된다. 그러나 여주인공의 직업이 당시로서는 흔치 않았던 여교사라는 점, 불륜의 애정 관계 속에 있는 남

---

17) 「마음이 옅은 자(者)여」의 창작 시기였던 1919년을 전후하여 김동인은 有島武郎의 작품 세계에 상당히 몰입해 있었던 듯하다. 「마음이 옅은 자(者)여」의 경우 주인공 나가 자신과 상대 여성인 Y의 사랑의 결말을 고찰하기 위하여 有島武郎의 「宣言」(1917.12)의 내용을 떠올리는 장면이 나온다. 그리고 「마음이 옅은 자(者)여」의 발표 1년 후인 1920년 9월 김동인은 다시 「曙光」에 有島武郎의 희곡 「죽음과 그 전후」(1917.10)를 번역하여 싣고 있다. 그러나 「마음이 옅은 자(者)여」의 창작에 직접적으로 영향을 미친 것은 전술한 두 삭품보다 이 년 늦게 발표되었고 「마음이 옅은 자(者)여」보다 9개월 앞선 1919년 3월 간행된 有島武郎의 『어떤 여자』이다. 『어떤 여자』는 家父長的 天皇制國家가 법적으로 정비된 시점의 일본사회를 배경으로 하여 딸과 남편이 있음에도 불구하고 다른 남성과의 사랑을 선택, 결국에는 자궁의 병으로 인해 죽음에 이르러는 葉子라는 여자의 비극적 운명을 다룬 작품이다. 이 작품은 불륜을 소재로 취한 것에서부터 여주인공이 앓는 자궁의 병, 여주인공이 지속적으로 듣는 환청등 세부적인 사항에 이르기까지 여러 가지 면에서 「마음이 옅은 자(者)여」에 영향을 미치고 있다.

녀주인공이 사랑을 정신적인 것과 육체적인 것으로 이원화시킨 후 그 경계에서 끊임없이 갈등하고 고민한다는 점, 그리고 작품이 고백과 편지를 통해서 진행된다는 점 등은 3·1운동의 실패라는 시대적 현실을 넘어선 해석을 요구한다. 그 해석의 근거로서 제시되는 것이 작품에 등장하는 '연애' 혹은 '러브'라는 용어이다.

서울 학당을 졸업한 주인공 '나'가 오 년 만에 고향 평양으로 내려오는 시점부터 이야기는 시작된다. 귀향하면서 나는 아내가 '공부'를 많이 하여 '훌륭한 부인'이 되어 있을 것이라 기대하지만 그런 나를 맞이한 것은 "새까맣게 타진 얼굴, 살찐 허리"의 무지하고 촌스런 시골 아낙네의 모습을 한 아내이다. 아내에 대한 분노와 낙망 속에서 나는 여학교 교사인 Y와 애정의 관계 속으로 들어간다. 조강지처를 버리고 신여성과의 교제를 시작하는 나의 모습은 당시 신교육을 받은 젊은 지식인들이 흔히 취했던 조강지처와의 이혼, 신여성과의 재혼이라는 구도를 그대로 재현하고 있다. 집안의 의사에 따라 결혼을 했던 당시의 많은 젊은 지식인들이 사회적인 비판을 감수하면서까지 신여성과의 재혼을 감행했던 것에는 당대의 지배적 의식중의 하나였던 '연애'가 큰 몫을 하고 있었던 것이다.

그들 젊은 지식인들은 감정적인 면에서 "연애는 인생의 비의(秘意)를 푸는 열쇠다"[18]로 대변되는 당대의 제연애론들에 의해 크게 부추켜졌다면, 의식의 측면에서 역시 정신성 우위, 남녀평

---

18) 北村透谷,「厭世詩家と 女性」,『女學雜誌』, 1892.2, 8면.

등의 지향과 같은 '연애'에 내재된 제 의식들에 의해서 강하게 추동되고 있었다. 근대라는 새로운 시대의 선두주자로서 자처하는 그들 젊은 지식인들에게 있어서 남존여비의 구습에 젖어 있을 뿐만 아니라 신학문도 익히지 않은 조강지처들은 '정신적 인격적 결합'에 기초한 '신성'한 결혼의 의미를 함께 달성해가기에는 무언가 석연치 않은 상대였다. 이런 딜레마에 빠져 있는 그들에게 있어서 근대적 취향으로 외모를 꾸미고 인생의 제 문제를 토론 — '연애'의 최대 관건이었던 — 할 수 있을 만큼 지적인 의식을 소유한 여학생 곧, 신여성은 새로운 시대에 첫발을 내딛기 위한 더할 나위 없는 파트너였던 것이다.

「마음이 옅은 자(者)여」의 주인공 나가 오 년 만에 아내를 만나러오면서 '공부' 운운한 뒤 갑작스레 아내와의 사랑은 '육적 (肉的) 사랑'이었다고 결론짓는 배후에는 오 년의 기간 동안 그에게 퍼부어졌던 이와 같은 새로운 시대의 제 의식들이 있었다. '공부', 즉 신학문을 몸에 익히지 않은 아내와의 관계를 곧 소멸될 육적(肉的)인 사랑이라고 단호하게 확정 내리는 그의 의식 자체가 이미 정신우위의 '연애'에 의해서 깊이 침윤되어 있었던 것이다. 아내에게 환멸을 느낀 나가 공상 속에서 *스스로를* "여학생의 부러움의 푯대"로 설정시키는 것은 바로 이 의미에서이다. 그리고 나가 '연애'의 상대로서 여교사인 Y를 선택한 것도 바로 이 의미에서이다. 곧, '연애'의 상대는 여학생 혹은 그에 준할 만큼 신학문을 몸에 익힌 여성이 아니면 안 되었던 것, 그것이야말로 '연애'가 내어 건 중요한 룰이었다.

그러나 '연애'의 제 의식에 전염되어 있던 당시의 젊은 남성들에게 있어서 여학생, 혹은 신학문을 몸에 익힌 신여성들과 교제할 수 있는 기회라는 것은 실제로는 상당히 적었다. 「마음의 열은 자(者)여」의 나의 경우 여교사들과 교제할 수 있기를 꿈꾸지만 '높은 곳의 꽃'인 여교사들과의 그런 기회는 좀체 찾아들지를 않는다. 그 와중에서 나는 여교사 Y와 교제가 가능하게 되어 꿈꾸던 '연애'의 관계로 들어가게 된다. 나에게 이 경험이 가능할 수 있었던 것은 그녀의 외모가 '이성의 사랑을 끌 만한' 별다른 매력이 없을 뿐 아니라 아버지가 평양의 이름난 건달이었기 때문이다. 특히 평양의 유명한 건달의 딸이라는 Y의 신분적 배경은 그녀를 '연애'의 여주인공으로 설정함에 있어 여교사라는 직업만큼이나 중요한 역할을 하고 있다. 왜냐하면 이상협이 『눈물』에서 '연애'란 용어를 들고 나오고 이광수가 『무정(無情)』을 통하여 자유연애를 전파함으로 인해 '연애'라는 용어가 당시 사회의 최고의 유행어로 떠올랐다고 하더라도 1910년대의 조선사회의 완고성 속에서 이 용어가 실생활 속으로 파고들기란 힘들었기 때문이다. 1886년 설립된 한국 최초의 여학교인 이화학당의 최초 여학생이 정부관리의 소실19)이었다거나, 이광수가 『무정(無情)』에서 여학생 선형을 김장로의 소실이었던 평양명기 부용의 딸로 설정시켜 두었다는 점은 당시 사회의 완고성을 정확히 증명하는 것이라고 하겠다.

---

19) 1886년 미국 북감리 교회 여선교부 스크랜튼 부인이 이화학당을 설립한다. 스크랜튼 부인은 그의 자택에서 한명의 제자를 데리고 학교를 시작하는데 이 학생은 당시 정부 관리의 소실로서, 그 관리는 자기의 소실이 언젠가는 왕후의 통역이 되리라는 희망을 가지고 있었다고 한다(손인수 외, 『韓國敎育年誌史』, 大韓敎育聯合會, 새한신문사, 1971에서 참조).

이와 같은 사회 분위기 속에서 「마음이 옅은 자(者)여」는 불륜이라는 테마를 통하여 '연애'의 제 이상을 실현시키려 하고 있다. '연애'도 받아들여지기 힘들었던 당대의 사회적 정조에서 불륜은 지나치게 일탈된 소재였을 뿐 아니라 '연애'의 제 이상과도 배치되어 있었다. 1890년대 '연애론'을 주도했던 일본『여학잡지(女學雜誌)』의 논설 속에서 오히려 간음(姦淫)이라는 용어로 사용 비판되고 있음에서도 나타나듯 불륜은 정신성이 결여된 천박한 "동물의 욕망"[20)으로만 정의 내려지고 있었다. 당대제 연애론자들이 불륜의 관계에 대해 이처럼 혹독한 태도를 견지했던 것은 불륜의 관계가 첩과 기생의 척결을 통하여 일부일처제와 결혼의 숭고한 이상을 엄격하게 준수, 정립하려했던 '연애'의 제 이상에 전면적으로 대립되어 있었기 때문이다. 「마음이 옅은 자(者)여」는 불륜과 '연애'를 동일선상에 위치시킴에 의해 이미 시작부터 거대한 자기 모순을 안고 들어가고 있는 것이다.

「마음이 옅은 자(者)여」의 불륜의 관계인 두 남녀 나와 Y는 빈번하게 '연애'라는 용어를 입에 올리고 있지만 그 관계가 '연애'가 제시했던 정신적 관계로 진행되고 있지는 않다. "내가 그와 좀 정답게 이야기하게 된 다음에 첫 번 물은 말은 「잉태하면 ……」"이라는 언급에서도 나타나듯 이들은 만나서 곧 육체적 관계를 맺으며 이후의 교제 형태 역시 여기서 별로 벗어나지 못한다. 그렇다고 이들이 육체적 관계에만 탐닉하고 있을 수

---

20) 「姦淫의 空氣」, 『女學雜誌』, 1892.5, 28면.

있는 상황도 아니다. 나가 별반 매력을 느끼지 못하면서도 여교사 Y와 교제를 시작했던 것은 무엇보다 '연애'를 한번 경험해 보고 싶다는 '연애'에 대한 나의 강렬한 동경이 있었기 때문이다. 물론 그 인식 수준이라는 것이 신학문을 몸에 익힌 신여성과 정신적 사랑을 형성해 가는 것 정도의 피상적 수준이기는 하지만 작품 내부에서 보여지는 '연애'에 대한 끊임없는 찬미는 내가 얼마나 '연애'를 선망하고 있는가를 충분히 보여준다. 육체적 관계로만 일관되어 가는 Y와의 교제에 대해 내가 다음과 같이 히스테리에 가까운 반응을 일으키는 것은 바로 그 때문이다.

아! 쓰기도 싫고 말하기도 싫지만, 내가 그에게 구한 바는 정욕의 만족에 지나지 못하였다. Y에게 대한 나의 사랑은 역시 그 실로는 육(肉)의 사랑에 지나지 못하였다. 정신상의 즐거움! 육에서 활동하다가 남아서 넘쳐 흘러 정신에게 들어온 밖에는 나와 의 Y 사이는 정신상 즐거움이란 한 푼어치도 없었다.[21]

'육적(肉的) · 속적(俗的) 사랑'을 벗어난 '신성한 이상적 사랑', 혹은 '참사랑'에 불안할 정도로 매달려 있는 나에 반해 Y는 별다른 심적 동요를 보이지 않고 있다. 정혼한 사람이 있으면서 유부남과 교제하며 그 관계가 육체적 관계로까지 진행되는 순간에도 그녀에게서는 별반 내적 갈등이 나타나지 않는다. 또한 임신을 두려워하는 나에게 "자기는 어려서 자궁병(子宮病)을 앓아서 그만 새끼집을 잘라내었다고" 말하고 그 관계를 지속시킬

---

21) 金東仁, 「마음이 옅은 자(者)여」, 『金東仁 全集』 5, 三中堂, 1976, 78면.

정도로 Y는 나와의 육체적 교섭에 갈등을 보이지 않고 있다. 그 갈등은 오로지 나의 몫일 뿐 Y의 의식 속에는 정신적 사랑과 '육적 환락' 간의 구별 같은 것이 설정되어 있지 않다. 그럼에도 나는 자신에 대한 Y의 감정을 표현함에 있어 정신성에 절대적 가치를 둔 새로운 애정 형태인 '러브'라는 용어를 사용하거나 자신들의 관계를 역시 '러브'의 번역어인 '연애'라는 용어로 부르고 있다. 이는 곧, 나가 입으로는 줄곧 정신적 관계, 신성한 이상적 사랑 운운하고 있지만 실제로 남녀가 정신적 관계를 형성한다는 것이 어떤 것인지 그것이 어떤 의미를 갖는가 하는 문제, 즉 '연애' 자체를 전혀 이해치 못하고 있음을 의미한다. 이 문제에 대해서는 정신성이란 것 역시 근대와 더불어 이입된 많은 새로운 '풍경' 중의 하나였다는 점에서 그 원인을 찾을 수도 있다. 그러나 그보다는 작가 김동인이 지닌 의식의 전근대성에서 훨씬 더 결정적 원인을 찾을 수 있을 것이다. 여주인공 Y에 대한 고찰은 그 부분을 증명하는 좋은 자료가 된다.

많은 작품 속에서 신학문을 몸에 익힌 여성이 '연애'의 히로인으로서 설정될 때 그곳에는 남녀평등의 새로운 세계에 대한 갈망이 있었다. 이인직의 『혈(血)의 누(淚)』에서부터 시작해서 이광수의 『무정(無情)』에 이르기까지 여주인공들이 새로운 학문을 공부하고 있는 것은 바로 그 때문이었다. 그를 위해 그녀들은 신분에서조차도 쉽게 구시대를 떠나 새로운 시대로 나가기 위한 모든 채비를 완비하고 있었다. 『혈(血)의 누(淚)』의 여주인공 옥련이 고아로 설정되어 있다거나(물론 후에 부모를 만나기는 하지만), 『무정(無情)』의 선형이 기생의 딸로 설정되어 있다거나 하는 것이 그 단적인 예이다. 김동인의 「마음이 옅은 자(者)여」의 Y 역시 신학문을 몸에 익힌 여교사이며 평양의 유명한 건달의 딸이라는 점에서 전술한 여주인공들과 동일한 조건을 구비하고 있다. 그럼에도 불구하고 Y는 그 여주인공들처럼 근대적 세계로 이르지는 못한다. 여기에는 겨우 돈 오십 원에 혹해 딸의 결혼을 결정해버리는 아버지와, 그 아버지의 뜻에 복종하는 등의 전근대적 가부장제에 깊이 속박된 Y의 의식의 한계가 중요한 요인으로서 제시될 수 있다.

나와의 교제 기간 동안 별다른 갈등, 번민 없이 육체적 교섭에 그냥 수동적으로 순응하듯 납득 불가능한 결혼의 설정에 대해서도 그녀는 동일하게 별다른 번민 없이 순응해간다. "아버지가 너무 가라고 하니까" 그저 그 말에 따를 수밖에 없다는 Y의 모습은 '상 것'이라는 말로 자신의 존재를 무화시켜 가던 『약한 자(者)의 슬픔』의 강엘리자벳트의 모습을 그대로 닮아 있다. 내면과 자기 의식의 부재로 설명될 수밖에 없는 이러한 Y의 모습은 '불륜'과 '연애'의 사이를 의식 없이 헤매다가 갑자기 결말에 이르러 아내의 사랑을 확인하는 등 혼란을 거듭하는 나의 정신구도를 통해서도 동일하게 확인된다. 그래서 나가 최종적으로 도달한 아내에의 사랑이라는 것도 일부일처제 준수, 신성한 결혼에의 존중과 같은 '연애'의 제 의식 확인이라는 근대적인 측면보다는 조강지처에게의 복귀라는 전근대소설이 갖는 해피엔딩의 측면을 강하게 지니게 되는 것이다. 그 결과 「마음이 옅은 자(者)여」는 신학문을 몸에 익힌 남자주인공과 역시 신학문을 몸에 익힌 여자주인공 간의 애정 관계라는 근대적 소재의 설정에도 불구, 구시대적 삶의 모습을 재현하는 정도에서 마감되게 된다.

5. 결론

일본에서 1890년대를 전후하여 영어 '러브'의 번역어로서 생성된 신조어(新造語) '연애'는 1910년대를 전후하여 한국에 수입된다. '연애'의 수입이 여성 교육에 대한 사회적 관심의 대두, 첩과 기생에 대한 비판 등과 같은 일종의 사회적 구획정리와 함께 진행되었던 점은 이 용어가 단순히 남녀간의 낭만적 애정 관계를 지칭하는 것만은 아니라는 것을 시사하고 있다. 남녀간의 정신적 대등 관계에 기반한 일부일처제와 결혼의 신성한 의무 준수 등에서 나타나듯 개인에 대한 존중과 평등의 제 의식이 '연애'의 내부에는 있었다. 그러므로 한국 근대문학 초기 작가들이 그들의 작품 속에서 '연애'를 언급할 때, 그 배후에는 구(舊)시대에 대한 부정과 새로운 근대에 대한 강렬한 지향이 있었다고 할 수 있다. 그들에게 있어서 '연애'에의 동경은 곧 '근대'에의 지향과 동일한 의미였던 것이다. 이광수가 『무정(無情)』에서 '연애'를 그토록 강조했던 것은 바로 그 이유에서였다.

김동인 역시 1919년 발표된 「약한 자(者)의 슬픔」과 「마음이 옅은 자(者)여」에서 이광수와 동일하게 '연애'를 강조한다. 이 작품들은, 신학문을 몸에 익힌 여성의 등장, 처녀성의 강조, 정신성에 대한 절대적 긍정, 일부일처제의 준수 등 '연애'의 제요소를 성실하게 구비하고 있다. 그럼에도 이 작품들의 주제가 자유연애에 대한 긍정, 혹은 근대에의 지향으로 나가지 못하는 것은 김동인 의식의 전근대성 때문이다. '연애'가 내어 건 정신성 중시의 태도라는 것이 단지 정신적 사랑과 육적 환락을 갈등하는 것만으로 확보될 수 있다고 파악하는 「마음이 옅은 자(者)여」의 나의 인식 수준에서 보여지듯 김동인의 의식 내부에서는 근대정신의 한 줄기로서의 '연애'의 의미가 전혀 파악되고 있지 않다. 신학문을 몸에 익힌 여학생이라든가 여교사를 주인공으로 설정하면서 그 의식은 구시대적 남존여비사상, 가부장적 질서에 철저하게 젖어 있는 패턴으로 그려나간다든지 결혼과 대립되는 불륜을 '연애'와 동일선상에 위치시킨다든지 하는 것이 바로 그 단적인 예이다.

또한 이 시기가 첩과 기생에 대한 비판, 사창취체(私娼取締), 부인의 지위 개선, 부인의 교육 등이 사회적 중심사로 거론되기 시작한 시기였다는 점은 김동인의 현실 인식 능력에도 상당한 의문을 품게 한다. 즉 김동인은 전근대적인 의식을 갖고 연애라는 근대적 정신을 그려내고 있었을 뿐만 아니라 이와 같은 시기에 남존여비의 사상과 가부장질서 속에서 불륜의 테마를 소설화함으로써 자신의 관념 속에서 현실을 조합하는 형상을 취하고 있었던 것이다. 그런 점에서 여학생과 여교사를 자기 의식과 내면이 부재한 인물로서 그려낸 김동인이 다음 작품인 「눈을 겨우 뜰 때」에서 기생을 주인공으로 내세워 자기 의식과 내

면을 형성시켜 가고 있다는 것은 상당히 깊은 주의를 요하는
문제라고 하겠다.

제 4 장

근대적 세계와 기생

김동인, 「눈을 겨우 뜰 때」

1. 서론

근대적 애정 관계 '연애'를 주된 테마로 설정, 1917년 발표된 이광수의 『무정(無情)』에서는 기생[1]의 삶이 세밀하게 그려지고 있다. 동경 유학생 출신 이형식의 은인의 딸이자 유년기 친우이

---

1) 李能和의 『朝鮮解語花史』에 따르면, 우리나라에서는 유녀(遊女)를 통틀어서 갈보(蝎甫)라고 일컫는 것으로 갈보의 종류에는 기녀, 은근자, 탑앙모리, 화랑유녀, 여사당패, 색주가 등이 있다고 한다. 여기서 기녀 즉 기생은 본래 지방 각 고을의 관비(官婢) 중에서 선발하여 노래와 춤을 가르쳐서 여악(女樂)으로 사용했으며 구한국시대에는 기생을 일패(一牌)라고도 했다고 한다(李能和, 李在崑 譯, 『朝鮮解語花史』, 東文選, 1992). 그런데 1935년 잡지 『朝光』에 「없어진 민속」이라는 제명으로 「妓生의 特色」(白花郞, 『朝光』 2-10, 1936)이 발표되고 있음은 기생을 둘러싼 여러 가지 사회적 맥락을 고려케 한다.

기도 한 영채를 비롯하여 영채의 선배 월향, 동향의 후배, 기생
어미 등 다양한 연령대의 기생이 『무정(無情)』에 등장, 기생의
삶의 모습을 면밀하게 보여준다. 뒤이어 발표된 나도향의 『환
희』, 김동인의 「눈을 겨우 뜰 때」에서도 기생은 중심적 인물로
서 등장하고 있다. 뿐만 아니라 다수의 신소설에서도 기생은 주
인공은 아니더라도 사건을 이루는 중심적 인물로서 빈번하게
등장하고 있다. 여기에는 남성의 성적 유흥의 대상이라는 단선
적 의미를 넘어 유교이데올로기하의 엄숙한 조선적 분위기 속
에서 남성의 풍류를 공유해온 기생들의 삶의 형태가 문학적 소
재로서 지닌 매력적 측면을 무시할 수 없다.

　기생은 일부다처제를 용인했던 전근대적 조선의 면모를 보
여주는 존재인 동시에 사대부들의 풍류로 대변되는 조선 특유
의 문화적 정취를 대변해주는 상징적 존재이기도 했다. 일제시
대 일본측에서 저술된 기생에 대한 다수의 저작들에서2) 식민지
의 성(性)풍속에 대한 호기심 어린 시선과 더불어 조선의 전통
적 풍모에 대한 문화적 관심을 함께 읽게 되는 것은 바로 그 때
문이다. 그러나 신소설 및 『무정(無情)』이 지닌 계몽주의적 면모
와 근대적 세계로의 변환을 꾀하던 조선의 사회 문화적 분위기
를 고려한다면 문학적 소재로서의 기생의 채택은 많은 의미를

---

2) 기생에 대한 일본측의 논의로는 식민지 시대의 것으로는 『朝鮮』(高濱虛子,
實業之日本社, 1912), 「妓生零話」(目池戱艸, 『朝鮮及滿洲』 73號 1913), 「色鄕
名物妓生學校」(罪之助, 『朝鮮及滿洲』 78號, 1914), 「朝鮮の隱君子と妓生の歷
史」(松井信助, 『朝鮮及滿洲』 109號, 1916), 朝鮮漫談(朝鮮の妓生)(奧田生, 『朝
鮮地方行政』 14-1~12, 1935) 등이 있고, 최근에 발표된 것으로는 가와무라 미
나토(川村湊)의 『말하는 꽃 기생』(유재순 역, 소담출판사, 2002)이 있다.

고려케 한다. 근대적 세계와 전근대적 기생의 조합, 이 부자연
스러운 결합은 무언가 다른 시대적 맥락을 감지케 하는 것이다.

기생에 관련된 이와 같은 대사회적 의미들을 고려한다면 신
소설과 이광수의 『무정(無情)』을 비롯하여 1920년대 문학 속 기
생의 모습에 대한 고찰은 이 시기의 사회적 징후들을 읽어낼
수 있는 중요한 자료가 될 수도 있을 것이다. 뿐만 아니라 그와
같은 고찰은 근대라는 새로운 세계를 향한 작가들의 의식의 정
도를 가늠할 수 있는 하나의 통로로 작용하기도 할 것이다.

2 「창부철폐론(娼婦撤廢論)」과 기생

1927년 기생들의 권익 옹호를 위해 잡지 『장한(長恨)』이 기생
들에 의해 창간된다. 기생 기관지라는 발간 취지에 맞게 내용은
기생들의 고로에 찬 삶, 전통문화 전수자로서의 기생의 위치 규
정 등 기생의 지위 향상 및 기생에 대한 대 사회적 이해를 도모
하는 글들로 이루어지고 있다. 여학생 복장 모방 금지를 통한
기생품격향상운동(1923), 고학생을 위한 자선연주회(1927) 등 기
생의 사회적 이미지 개선 및 정체성 확립을 위한 일련의 움직임
들이 『장한(長恨)』의 발간에 앞서 있었음은 『장한(長恨)』의 발간
의도를 충분 짐작케 해준다. 『장한(長恨)』의 발간으로 이어지는
이와 같은 움직임이 왜 이 시기 기생사회 내부에서 발생되고 있

는가는 1921년 『신민공론(新民公論)』에 발표된 「창부철폐론(娼婦撤廢論)」3)이라는 글을 통해 이유의 한 단면을 엿볼 수 있다.

「창부철폐론(娼婦撤廢論)」에서는 '매창(賣娼)'을 '강간(强姦) 이상(以上)'의 '중대(重大)한 부도덕(不道德)'으로 규정한 후 공창제도보다는 오히려 예기(藝妓)제도를 집중적으로 비난하고 있다. 논지에 따르면 예기제도는 공창제도와 달리 법적 연령제한이 없으므로 어린 소녀들의 성매매를 합법화시킬 뿐 아니라 "遊廓과如히一定한區域에限定하야잇지안"기 때문에 "도덕 自由로 화류병를 傳播식히"므로 사회적 제재가 시급하다는 것이다. "妓生이란事實上의賣笑婦"라는 언급에서도 나타나듯 여기서는 예기를 전통문화의 전수라는 외양을 내세운 '매창(賣娼)'의 교활한 형태로서 폄하, 예기 역시 창기로 일괄적으로 편입시켜 파악하고 있다. 물론 예기제도가 이처럼 집중적 포화를 맞고 있음에는 조선 전통문화 말살을 꾀하던 일제의 교묘한 의중을 그 배후로서 의심치 않을 수 없다. 그렇다고 하더라도 근대적 세계를 향해 체제를 정비해가던 조선의 새로운 시대적 의식이 여기에 작용하고 있었음 역시 간과할 수 없다. 창기제도의 비인간성을 지적하면서 이를 '정조'의 문제와 연결시켜 가는 서두 부분은 그 점에서 주의를 요한다.

> 盜難을當한財寶는반드시回收할수잇지만 一時에失棄한貞操는 永遠토록恢復할수업나니라. "貞操는黃金보다도貴重하다."고하얏지만 到底히黃金에比하야 그意味를盡達할수업느니라 貞操는婦人의생명이라 아니男性

---

3) 新民生, 「娼婦撤廢論」, 『新民公論』, 1921.

女性을區別할것업시 貞操란그獨自無雙性이有한特質이라. 곳各自의品性에 統一을與하는特色으로써 一夫一妻의貞節은그 個性을發揮하는所以라. 그러면個性의獨自雙生性을尊重히하는者는唯某이든지貞操의尊嚴을自覺하지아니하면아니되리라.그럼으로他人의貞操를破壞함은그 品性을蹂躪하는非人道的의大罪惡임으로嚴正히스사로愼重치안으면서아니될지라. 그런데或者는말하되娼婦에게그러한貞操의自覺이잇슬것이냐. 彼等은爲先汚傷할만한 貞操를持치아니하엿다고 …… 五等은反問하노니? 萬一娼婦에게는貞操의感覺이업는人面獸心일것갓흐면性的으로野獸를弄樂하는男子는野獸와異할바이무엇이랴4)

여기서는 정조의 무자각, 즉 정조관의 부재＝야수(野獸)와 같은 상태로서 규정되고 있다. 이와 같은 전제는, 예기(藝妓)와 창기(娼妓)의 무차별화를 초래, 예기(藝妓) 몰락의 결정적 근거로서 작용할 수 있다는 점에서 중요한 의미를 지닌다. 예기(藝妓)에 대한 논지의 태도, 기생, 즉 예기(藝妓)를 "藝術만賣함이아니라 兼하야賣淫까지" 하는 "娼妓보다도一層더自由로운 남자의玩弄物"로 환원시켜 버리는 일련의 태도는 바로 이 점을 읽게 해주는 부분이다. 말하자면 '정조'의 문제야말로 전통문화의 전수자와 남성의 성적 유희의 대상이라는 이중성 속에 놓여 있던 예기(藝妓)를 '창기'의 범주로 귀속, 창기(娼妓)와 더불어 사회로부터 일괄 제거시켜 버릴 수 있는 최적의 그물이었던 것이다. 이와 같은 '정조'의 문제, 혹은 용어로서의 '정조'가 1920년대를 전후하면서 조선사회에 본격적으로 등장하고 있음은 기생 몰락을 둘러싼 새로운 시대적 의미를 고려케 한다.

---

4) 新民生, 위의 글, 35면.

예기(藝妓)제도 철폐의 주된 근거로 제시되는 '정조'의 문제는 근대적 남녀 관계 형성의 주요 골자로서 1920년대를 기점으로 조선사회에 본격적으로 등장하고 있다. 「남녀(男女) 정조(貞操) 문제(問題)」,[5] 「남자정조론(男子貞操論)」,[6] 「정조(貞操)의 과학적(科學的) 연구(研究)」[7] 등의 논설을 비롯하여 정조의 상실=죽음으로 연결되는 「정조(情操)」라는 제명의 소설,[8] 그리고 직접 '정조'라는 용어를 거론하지는 않지만 동일 맥락이라고 할 수 있는 '성욕의 승화', '처녀'에 대한 존중을 논한 논설[9] 등 1920년대 조선은 '정조'증후군 혹은 성적(性的) 결벽증에 걸린 듯한 분위기를 강하게 풍기고 있다. 정절의 관념성과 달리 육체성에 훨씬 더 강력하게 기울어진 이와 같은 '정조'의 등장은 '연애'를 통해 전파되고 있던 남녀 관계의 정신화·영화(靈化) 경향 그리고 일부일처제에 기저 한 '가정'의 사회적 확산과 깊이 연관되어 있었다.

전근대적 구습타파의 일환으로 1900년대를 지나면서, 조선사회에 등장한 근대적 가족 관계 '가정'의 성립이 남녀 상호간의 '정조' 준수를 필수적 조항으로 요구하고 있었다면 남녀 애정 관계의 정신화를 통해 평등한 남녀 관계를 도모해가려던 '연애'의 실현에 있어서도 정신화의 보증으로서의 '정조', 즉 육체적 순결성의 준수는 역시 필수적 조항이었다. '처녀'에 대한 찬탄

---

5) 「男女貞操問題의 將來」, 『靑年』, 1921.4.
6) 「男子貞操論」, 『靑年』 27호, 1923.7.
7) 白錦生, 「情操의 科學的 研究」, 『新天地』 11月號, 1921.11.
8) 春城, 「貞操」, 『新民公論』 1月號, 1921.12.
9) 「어찌하야 처녀를 존중하나」, 『東明』 第十六號, 1922.12.17.

이 급작스레 등장하고 순결한 육체를 지닌 '여학생'이 '연애'의
히로인으로서 등장하는 것에는 '연애'와 정조, '연애'의 결정체
로서의 '가정'과 정조 간의 이와 같은 불가분의 관계가 결정적
요인으로 작용하고 있었다.

이 시기 '정조'의 문제에 대한 이와 같은 집중적 조명이 좁게
는 일부일처제 성립을 통한 제도 개혁을 그리고 넓게는 남녀평
등의 근대적 세계에 대한 당대 사회의 지향을 반영하고 있었다
고 할 때 이 속에서 기생의 입지가 어떠했을까는 굳이 설명치
않아도 될 것이다. 「창부철폐론」은 바로 이러한 시대적 분위기
를 충분 반영하고 있었다. 정조의 문제가 남녀 애정 관계의 중
심 가치로 변환되는가 하면 "연애(戀愛)의 배양(培養)"[10]을 기저
로 한 '가정'의 개념이 대사회적으로 정립되어 가던 1920년대의
시대적 흐름상 예(藝)·창기(娼妓)철폐론은 기생들이 겪어야 할
피할 수 없는 운명이기도 했다. 1923년 기생 강명화가 사랑에
좌절, 자살을 하고 1927년 기생들에 의해 잡지 『장한(長恨)』이
발간되는 것에는 바로 이와 같은 대사회적 움직임이 있었던 것
이다.

---

10) 1922년 발표된 「家庭과 戀愛」라는 논설에서는 '健全한 家庭'이란 '戀愛的
家庭'으로 정의, '家庭' 비결을 '戀愛的 培養'에서 찾고 있다(申興雨, 「家庭과
戀愛」, 『靑年』 16호, 1922.7). 이와 같은 새로운 가족 관계를 지칭하는 의미로서
의 '가정'의 사용은 대략 1906년 잡지 『가뎡잡지』를 기점으로 시작된 것으로 보
인다. 물론 조선에 '家庭'이라는 용어가 없었던 것은 아니다. 그러나 전통적으로
조선에서의 '家庭'은 家內, 집안의 뜰(張相植, 『大漢韓辭典』, 敎育書館, 1987)
이라는 의미로 쓰였던 것으로 이는 가족 관계를 상징하는 '家庭'과는 다른 개념
이었다.

3. 문학 속에 나타난 기생

1923년 김동인은 기생의 비극적 삶을 다룬 「눈을 겨우 뜰 때」를 발표한다. 여기에는 작품 발표 약 한 달 전에 발생했던 기생 강명화의 자살 사건[11]이 상당 부분 영향을 끼쳤던 것으로 보인다. 세력가의 아들과 사랑에 빠진 기생 강명화가 신분의 한계를 극복하지 못해 자살에 이르고 만 이 사건은 '연애'의 낭만적 환영에 빠져 있던 당시 조선사회에서 상당한 논란을 불러일으켰었다. 어느 시대에나 있어온 이와 같은 사랑의 정사(情死)가 세간의 이목을 집중시켰던 것에는 당대 사회 내에서의 '기생', 특히 예기(藝妓)의 의미도 무시할 수 없다. 강명화의 자살 직후 나혜석이 발표한 「강명화(康明花)의 자살(殺)에 대(殺)하야」는 그와 같은 점을 엿볼 수 있는 자료가 된다.

只今 朝鮮 妓生界의 一般情神이 이러하다. 其中에 聰明총명한 者면 者일수록 自己의 其 奴隷的 生活, 非人道的 生活에서 脫出하야 다른 사람과 갓흔 사람다운 生活을 해보려는 理想이 잇고 實行을 하려 든다. 그리하야 머리 올리고 구두 신은 女學生만 보면 다 善이고 다 美이며 一夫一婦의 新家庭 생활을 볼 때는 滋味가 깨가 쏘다질 듯 십고 幸福이 無限量일 듯 십게 보인다. 그러할 때 自己 몸을 도라보면 모든 거시 惡이오 醜이며 地獄불에 떠러저 허덕クク하는 듯 십다. 世界가 넓다 하되 오직 한 몸

---

11) 강명화 자살 사건이란 기생 강명화가 세력가의 아들과의 이루어질 수 없는 사랑에 좌절 1923년 6월 11일에 음독 자살한 사건을 의미한다. 이 사건에 대해서는 1923년 6월 15일 『東亞日報』에 「康明花의 自殺」이란 제명으로 기사가 게재되어 있다.

의 安居할 바이 업고 사람이 만흐다 하되 오직 한 사람의 가삼에서 끌는 피 사랑을 밧지 못하고 또 줄ㅅ곳이 업는 妓生들노서는 맛당히 渴望갈망할 일이다. 及其 山頂에 至하면 "別 것이 아니엿다" 失望을 할만큼 누구나 決코 그 境遇에 滿足하는 者가 업다. 幸福이 잇섯다 하면 山頂에 到達하엿슬 其 瞬間순간일 뿐이오 그것도 발서 過去의 것으로 도라갓슬 뿐일다. 이거시 人生인 것을 冷靜하게 生覺할 餘裕여유조차 업슬이 만치 妓生의 生活은 乾燥無味건조무미하고 虛僞허위 寂寞적막일다.[12]

이 글에서 나혜석은 기생의 생활이란 '노예적'이며 '비인도적'일 뿐 아니라 '인생을 냉정하게 생각할 여유조차 없을' 정도로 '건조무미'하고 '허위 적막'한 것이라고 언급하고 있다. 동경 유학 출신의 작가로서 남존여비의 구습을 비판하는 글을 발표, 여성의 자각과 지위 향상을 요구하던 신여성 나혜석의 입장에서 볼 때 당연한 판단이라고 할 수 있다. 이는 곧 기생에 대한 나혜석의 판단이 사랑의 정신화를 통한 남녀평등, 일부일처제 확립을 지향한 근대적 의식에 상당 부분 경도되어 있었음을 의미하는 것이기도 하다. 기생의 대립적 존재로서 여학생을 위치시키고, 신가정의 정립을 설정하는 등 이 글의 논지는 1920년대 조선사회의 움직임을 정확하게 반영시킨 것이면서 이와 같은 나혜석 의식의 근거를 보여주는 것이기도 하다. 그러나 기생을 순수한 사랑의 교류가 불가능한 존재로서 또한 "악(惡)이오 추(醜)이며 지옥(地獄)불에 떠러져" 있는 존재로서 규정시키는 나혜석 표현에서는 왠지 당대 신여성들의 자기 중심성과 일부일

---

12) 羅惠錫, 서정자 편, 「康明花의 自殺에 對하야」, 『정월라혜석전집』, 국학자료원, 2001, 341~342면.

처제의 열정에 휩싸인 조선사회의 판단의 성급함이 느껴지기도 하는 것이다.

나혜석의 「강명화(康明花)의 자살(自殺)에 대(對)하야」와 거의 동 시기 발표된 김동인의 「눈을 겨우 뜰 때」에서 다루어지는 기생의 모습은 이와 같은 문제점들을 새롭게 부각시켜 준다.13) 작품에 등장하는 기생 금패는 어릴 적부터 기생 수업을 받아 전통적 가무를 몸에 익힌 그야말로 예기(藝妓)이다. 기생의 생활을 선망해서 스스로 기생이 되기를 자청 기생이 된 금패의 내력은 집안의 몰락이라는 극한 상황 속에서 어쩔 수 없이 기생을 선택했던 다수의 신소설 및 『무정(無情)』에 등장하는 기생들을 고려할 때, 예기(藝妓)라는 신분에 대한 그녀의 자부심을 상당 부분 드러내주기도 한다. 그래서인지 집안의 몰락으로 기생이 된 이광수 『무정(無情)』의 기생 영채가 시종일관 빠져 있던 딜레마, 기생이면서도 처녀성을 유지, 기생으로서의 자신을 끊임없이 부정하던 그와 같은 딜레마가 「눈을 겨우 뜰 때」의 금패에게서는 쉽게 발견되지 않는다. 작품 서두 사월초파일의 평양 대동강에 손님들과 놀잇배를 띄우고는 구경꾼들 틈에서 자랑스럽게 가무를 선보이는 금패의 모습을 묘사해 가는 김동인의 시선은 그런 점에서 상당히 흥미롭다.

금패는 월선에게 눈짓을 하였다. 가장 흥성스러운 방아타령 한 마디는 월선의 입에서 부드럽고 아름답게 나왔다.

---

13) 나혜석의 「康明花의 自殺에 對하야」는 『東亞日報』에 1923년 7월 8일 발표되었고 김동인의 「눈을 겨우 뜰 때」는 『開闢』에 1923년 7월에서 1924년 2월에 걸쳐서 발표되고 있다.

에헤 에헤야.
에라 찧어라 방아로다.
반 넘어 늙었으니 다시 젊지는 에라 못할러라.

유창한 월선의 소리는 숙련한 금패의 장고와 함께, 높고 낮게 그 시끄러
운 불놀이 가운데도 빼어나게 울려 나간다.
금패가 노래를 받았다―

엤다― 좋구나.
二五현 탄야월에
불승청원 저 기러기.
긴갈순 한 대를 입에다 물고,
부러진 거처귀 옆에 끼고,
점점이 날아드니,
평사 낙안이
―에라 이 아니냐.

좋다, 잘한다, 때때로 술 취한 콧소리가 신음하듯이 울린다.
금패는 유쾌한 마음이 되어, 노래를 주고받고 하였다. 시끄러이 웅성거
리는 불놀이 소리 가운데 빼어나게 예쁘게 울리는 이 소리는 뭇배들의 주
의를 끌지 않고는 두지 않았다. 구경배까지 몇이 둘러섰다. 마지막 서로 얼
굴을 바라보며 금패가, 영산홍로 봄바람에 넘노니 황봉백접이라고 냅다 뽑
을 때는 저 먼데 배에서까지 잘한다 소리가 울렸다.[14]

여기서 금패를 위시한 기생들의 가무는 사월초파일의 대동
강 풍경을 형성함에 있어 중요한 역할을 하고 있다. 조선의 전
통 명절인 사월초파일, 평양의 전통적 유흥지인 대동강 상류 지

---

14) 金東仁, 「눈을 겨우 뜰 때」, 『金東仁文學全集』 5, 三中堂, 1976, 146~147면.

역에서 행해지는 거대한 불놀이, 한국의 아악, 놀잇배 등과 같은 전통적 평양 혹은 전통적 조선의 풍경은 기생, 즉 예기(藝妓)의 존재와 더불어 성립되고 있었던 것이다. 특히 구경꾼들의 시선을 한 몸에 받으며 가무를 행하는 금패의 모습은 예기(藝妓)로서의 그녀의 면모를 보여주는 동시에 대동강 풍류놀이의 주인공으로서 예기(藝妓)의 의미를 규정지어 주기도 한다.

그런 점에서 신소설 특히 『무정(無情)』에 등장하는 기생들에게서 왜 이와 같은 예기(藝妓)로서의 면모가 발견되지 않는가 하는 점이 의문으로 나타나기도 한다. 『무정(無情)』에서 기생 영채는 기생이기 때문에 간단없이 처녀성을 유린당하며 영채의 선배 기생 월화는 남성의 성적 유희의 대상을 벗어날 수 없는 기생이라는 신분에 좌절해서 죽음에 이르기도 한다. 뿐만 아니라 영채의 후배 기생 계향은 남성과의 성적 관계에서 얻은 매독으로 어린 나이에 비극적 죽음을 맞기도 한다. 이로써 『무정(無情)』에서는 기생에 대한 하나의 이미지가 형성되는데 그것은 다름 아닌 매창(賣娼), 즉 남성의 성적 유희의 대상으로서의 기생이다. 영채의 나이에 이미 백 명이 넘는 남자를 경험했음을 자랑하며 영채의 처녀성을 비웃는 영채의 기생어미의 모습이야말로 결국 『무정(無情)』이 도출해내고자 한 궁극적인 기생의 이미지였다고 할 수 있다.

『무정(無情)』에서 발견되는 이와 같은 기생의 면모가 「창부철폐론(娼婦撤廢論)」, 「강명화(康明花)의 자살(自殺)에 대(對)하야」에서 규정되는 기생의 면모와 기묘하게 일치되고 있음은 기생들에게 가해진 대사회적 이미지 확정 작업을 의심케 하기도 한다.

「눈을 겨우 뜰 때」의 기생 금패의 모습이 주의를 끄는 것은 바로 이 때문이다. 「눈을 겨우 뜰 때」에서 김동인은 사월초파일에서 오월 단오에 이르는 전통적 명절을 시간적 배경으로서 그리고 을밀대 청류벽·모란봉·반월도 등을 포함하는 대동강 상류의 전통적 유흥지를 공간적 배경으로 설정, 근대적 풍모를 갖추어 가는 여타의 지역들과는 다른 이질적 시공간을 형성한다.[15] 그런 만큼 여기 등장하는 금패의 면모 역시 적어도 나혜석이 파악했던 기생의 면면과는 차이를 지닌다.

사월초파일의 대동강 불놀이를 묘사해 가는 김동인의 태도, 한 짝 배를 얻어 타고 마음껏 불놀이를 즐기는 것에 온갖 것을 초월한 삶의 문제가 있다고 언급한 뒤 그 풍경 속으로 금패를 끌어들이는 김동인의 태도에서 기생 금패의 심적 정황 역시 다소 예측되기도 하는 것이다. 실제로 금패는 앞서 살펴본 것처럼 몸에 익힌 가무를 통해 대동강 풍류놀이의 주역이 되는가 하면 그와 같은 기생으로서의 삶에 대해 자부심을 느끼기까지 한다. 그래서인지 금패를 비롯하여 기생들과 손님들 간에 벌어지는 지루할 정도의 뱃놀이 광경 묘사가 기생으로서의 삶의 비루함을 보여주기보다는 오히려 기생=창기(娼妓)로 폄하시키는 대사회적 편견을 완화시켜 주는 쪽으로 받아들여지기도 하는 것이다.

---

15) 일제시대 평양의 경우, 칠성문에서 대동강 상류에 이르는 도시 외곽 지역은, 근대적 건물들이 들어선 도시 중심부와는 달리 전통적 삶의 공간이 잔존한 공간이었다. 이에 대해서는 정혜영, 「김동인 소설과 평양이라는 도시 공간」(『현대소설연구』 13호, 2000.12)을 참조 바람.

대동강 풍류놀이의 여주인공 금패에게 있어서 적어도 나혜석이 언급했던 점, 예를 들자면 기생의 생활을 '건조무미'하고 '허위적막'한 것으로서 그리고 기생이란 존재를 '악(惡)'과 '추(醜)'로서 규정하는 부정적 판단이 행해지고 있지는 않았던 듯하다. 오히려 금패의 경우 기생에 대한 여학생들의 경멸을 질투심의 한 표현으로 단정지어 버릴 수 있을 정도로 기생으로서의 삶에 대해 자부심을 지니고 있다. 물론 이와 같은 금패의 면모 형성에는 당대 명기(名妓)들과의 반복되는 동거 등 기생들과 끊임없는 교류 속에서 기생의 문화를 깊이 향유했던 김동인의 개인적 이력이 다소 과잉되게 영향을 끼쳤을 것임을 무시할 수는 없다. 그러나 바로 이 점, 기생의 세계에 대한 김동인의 심적 친근성, 그리고 대동강 상류 지역을 중심으로 전통적 조선의 풍경을 재현시켜내던 전통적 조선, 혹은 전근대적 세계에 대한 김동인의 애착 및 이해력에 기인할 때 그가 금패를 통해 그려내는 기생의 사실성 역시 쉽게 의심할 수는 없는 것이다.

금패를 통해 추출되는 이와 같은 기생의 면모는 1920년대를 전후하면서 본격적으로 실시된 기생에 대한 다양한 사회적 비난들이 상당 부분 기생에 대한 깊은 이해를 결여하고 있음을 보여준다. 특히 기독교의 전파와 '연애'의 이입 속에서 1920년대를 전후하여 조선사회에 급격하게 등장한 정신성을 상징하는 용어 '영혼' 및 그의 절대적 우세성을 주창하는 새로운 인간관은 기생에 대한 편파적 시선 형성의 주된 요인으로 작용하고 있었다.[16] 즉 기생=육적(肉的) 관계 일변도의 남성 예속적 남녀 관계 형성의 주범으로 규정, 기생의 일괄 철폐를 주창하는 단선적 태도는 1920년대 조선사회의 지적 기반의 부박함을 나타내는 것에 다름 아니라고 할 수 있다.

이 와중에서 김동인이 예기(藝妓)의 세계를 미흡하나마 묘사해낼 수 있었던 것은 신여성을 소재로 한 초기작에서 발견되는 근대적 세계에 대한 그의 이해력의 미약함 그리고 전통적이고도 전근대적 세계에 대한 깊은 애착 이 양자의 기묘한 조화에 크게 기인하고 있었다고 할 수 있다. 물론 김동인이 묘사해내는 기생의 세계가 기생을 통한 전근대적 세계의 인간관으로까지 심화되지 못한 채 대동강에서 가무를 행하는 정도에서 마감되는 것 역시 근대적 세계에 대한 그의 미약한 이해력, 즉 기생의 세계를 비추어낼 거울로서의 근대적 세계를 인지하지 못함에서 비롯되고 있었다. 이는 단지 김동인 개인의 문제였다기보다는 근대적 세계에 성급하게 경도된 조선사회 전반의 문제이기도 했다. 이 점에서 당대 사회 내에서의 기생의 몰락 과정을 『무정(無情)』과의 비교를 통해 살펴보도록 하겠다.

---

16) 기독교의 전파와 더불어, 1900년대를 전후한 시기 『독립신문』·『대한그리스도인회보』 등을 중심으로 등장하기 시작한 용어 '영혼'은 1920년대를 전후하여 사랑의 정신화를 절대적으로 주창한 '연애'의 조선적 이입과 함께, 본격적으로 등장하기 시작한다. 이 시기 잡지들에서 보이는 영혼에 대한 논의, 예를 들자면 「靈肉合一論」(『靑年』 8號, 1921.11), 「靈魂의 出行」(『靑年』 16號, 1922.7), 「靈의 帝國과 肉의 帝國」(『新天地』 7號, 1922.11) 등은 정신과 육체의 이분화, 육체에 대립되는 정신성의 개념으로서의 '영혼'의 의미를 보여준다는 점에서 흥미롭다.

4. 교착되는 시선

「눈을 겨우 뜰 때」 서두부, 사월초파일의 대동강에서 가무를 선보이며 주위의 시선을 한 몸에 받던 금패는 유람 나온 한 무리의 여학생들과 마주친다. 배와 배가 스치면서 금패와 여학생들 간에 일어나는 시선의 교착은 많은 의미를 함축하고 있다. 특히 여학생들이 던진 비난의 말 한마디가 금패의 뇌리에 날카롭게 박혀 그녀 인생을 비극적으로 몰아감은 이들의 만남과 엇갈리는 시선이 지니는 중요성을 새삼 감지케 한다. 여학생과 기생을 중심으로 한 이와 같은 대립 구도는 이미 『무정(無情)』에서 제시된 바 있다. 동경 유학생 출신의 이형식을 중심으로 한 삼각의 애정 관계에서 한 쪽에 여학생 김선형이 그리고 다른 한 쪽에 기생 영채가 자리하고 있었던 것이다.

『무정(無情)』의 두 인물 김선형과 영채의 운명의 양극화, 이형식과 약혼하고 미국 유학을 떠나는 김선형과 처녀성을 유린당한 후 자살을 결심하기에 이르러는 영채의 운명의 양극화는 이들 대립 구도의 의미를 다소 짐작케 해준다. 특히 영채가 밟아가는 애절한 삶의 여정은 김선형이 인생에 대해 일으키는 소녀적인 공상과 맞물리면서 그 비극성이 증폭된다. 기생의 몰락과 여학생의 부상, 이 대립 구도의 사회적 의미는 가정에 대한 김선형의 공상에서 한 단면을 엿볼 수 있다. 영어를 공부하여 멋있는 남성과 함께 외국 유학을 떠나고, 귀국선 갑판에서 갑작스레 그의 품에 안기는 것으로 진행되는 김선형의 사랑의 공상은 피아노 소리 울리는 벽돌 이층집으로 이루어진 화목한 '가정'의 형성에서 완성된다.

소녀적 낭만성이 강하게 베어 나오는 이와 같은 김선형의 공상에서 '가정'의 성립 근거 및 존재 기반을 어렵지 않게 읽어낼수 있다. 동반 외국 유학, 즉 학문을 통해 형성되는 정신적 애정 관계, 그리고 예기치 않은 포옹의 떨림에서 물씬 묻어나는 상호간의 육체적 순결성의 분위기, 1906년 잡지 『가뎡잡지』[17]를 기점으로 본격적으로 조선에 등장하기 시작했던 '가정'의 개념, 동등 교육을 습득한 1 : 1 남녀간의 자율적 애정에 기반한 가족 관계가 여기에서 아주 절묘하게 그려지고 있다. 뿐만 아니라 '가정'을 피아노, 붉은 벽돌집과 같은 서구적 이미지들로 연결시켜 가는 김선형의 태도는 일부일처제에 기저 한 서구적 '홈'의 조선적 변용으로서의 '가정'의 의미를 드러내준다. 여학생 김선형이 이상적 미래로서 '가정'을 떠올리는 것에는 '가정'을 둘러싼 이와 같은 사회적 맥락이 깊게 내재해 있었던 것이다. 여학생 김선형이 자신의 빛나는 미래로서 떠올리는 '가정'의 이미지를 「눈을 겨우 뜰 때」의 기생 금패 역시 떠올리고 있음은 이 점에서 오히려 애잔한 느낌을 갖게 한다.

---

17) 『가뎡잡지』는 1906년 6월 창간되어 동년 8월 三卷으로 폐간된다. 이 잡지는 위생에 대한 여러 가지 실질적 방안들을 담고 있으면서 내용은 孝婦와 賢母에 대한 것을 다루는 등 기존의 가족 관계의 맥락을 별반 벗어나지 못하고 있다. 그러나 가족 관계를 지칭하는 용어로서 '家庭'의 등장을 보이고 있다는 점에서 의미를 지닌다. 이후 1915년 『우리의 가뎡』이 창간, 근대적 가족 관계 및 근대적 여성상의 성립을 비로소 제시한다.

뽕도 딸 겸, 임도 볼 겸 …… 금패는 가는 소리로 부르면서 혼자 강가로 나왔다. 물결이라고 부르기에는 너무 사랑스러운 조그만 물결이 찰싹찰싹 강가 모래 위를 스치고 달아나고 한다. 물 속에는 작은 고기 새끼들이 닭의 털을 희롱하며 팔락거린다.

그는 꿈꾸는 듯한 눈으로 이것을 들여다보면서 머리로는 '살림살이'라는 것을 그려 보았다. 남편과 아내가 힘을 같이하여 온갖 일을 하며 틈 있을 때마다 같이 즐거이 웃고 날뛰며—아아, 과연 그것은 아름다운 살림살이의 한 단편의 축도에 다름 없었다. 만약 '살림살이'로서 과연 어죽놀이와 같다 할 양이면 그것은 이야기에 들은 '극락세계' 그것에 다름 없었다. 남편의 근심은 아내가 같이 슬퍼하고 아내의 걱정에 남편이 근심하고—과연 그들 앞에 걱정이 있다 하면 그것이 무엇이며 근심이 있다 하면 그것이 무엇이랴. 그것은 봄을 만난 눈이며 물을 만난 소금이 아닐까.

금패는 이런 생각을 하며 앉아 있었다.[18]

대동강에서 여학생들, 엄밀하게 말해서 기생의 초라한 미래에 대한 여학생의 날카로운 비난을 접한 후부터 금패는 기생으로서의 자신의 삶에 대해 갈등하기 시작한다. 여학생들의 미래와 자신의 미래를 비교하며 '첩·병·매음·매·본마누라·싸움'으로 자신의 향후 인생을 한정짓는 금패의 태도에는 앞선 인용문에서 '살림살이'라는 용어로 표현되는 '가정'의 등장이 중요한 요인으로 자리하고 있다. 대동강에서 처음 여학생들과 마주친 순간 그들을 바라보던 금패의 '서늘한 빛이 나던' 시선이 '적개심'과 독을 품은 시선으로 바꾸어지는 것, 즉 여학생에 대한 금패의 감정이 자신감에서 적의(敵意)로 바뀌어 가는 것은 바로 이와 같은 부분을 의미하는 것이기도 하다.

---

18) 金東仁, 「눈을 겨우 뜰 때」, 앞의 책, 159면.

이처럼 신분에 대한 금패의 갈등과 회의는 '가정'을 '극락세계'로까지 이상화시켜 파악하는 것과 같은 '가정'에 대한 그녀의 동경, 엄밀하게 말해서 '가정'의 등장과 긴밀하게 연결되고 있었다. 기생으로서 금패가 지닌 미래에 대한 불안감, 시대의 히로인으로 등장하기 시작한 여학생에 대한 선망과 분노, 이와 같은 다양한 감정들이 '가정'의 등장에 응축되어 있었다. 그러나 예기로서의 자부심을 갑작스레 '매음녀'로서의 수치감으로 변환시키는 금패의 불안정한 내면의 움직임은 '동경'의 심리만으로 설명될 수 없는 보다 더 깊은 사회적 맥락을 고려케 한다.

금패 몰락의 결정적 계기가 되는 손님들간의 대화는 그와 같은 부분을 읽을 수 있는 중요한 단서가 된다. 대동강 뱃놀이에서 여학생들과 마주친 후 신분에 대한 갈등에 휩싸여 있던 금패에게, 단골손님 Y가 친구를 데리고 방문, 주연을 벌이면서 기생에 대해 논의한다. 금패를 배려, 일본어로 이루어진 이 논의에서 Y의 친구는 기생을 가리켜 '박쥐'·'껌발춘기' 혹은 '사람이면서도 인류에도 들지 못하는 존재'로서 지칭하는가 하면 기생을 '암캐' 혹은 '암탉'과 같은 동물로서 극악하게 폄하하기도 한다.

이와 같은 이들의 모습은 일본어를 이해, 대화내용을 숙지(熟知)하면서도 아무런 내색 없이 시종일관 동일한 태도로 충실하게 접대에 임하는 금패의 프로적 냉정성과 연결되면서 오히려 관념으로만 무장된 편협된 이념가의 이미지를 강하게 풍기게 된다. 친구를 가리켜 '철학연구소' 운운하며 우회적으로 비난을 가하는 Y의 태도는 그와 같은 부분을 의미하는 것이라고 할 수 있다. 그러나 이들에게서 발견되는 일견, 성적 결벽증에 걸린 듯한 이 태도가 다소 어감이 바뀌어도 『무정(無情)』의 기생 영채의 강간 사건의 주범 배명식·김현수에게서 별반 의미 차이를 지니지 않은 채 나타나고 있음은 의외라고 하지 않을 수 없다. 영채의 강간 사건에 대해 이형식의 질타를 받고 이들이 일으키는 다음의 심적 반응은 그 점에서 흥미롭다.

> 그러나 그네는 결코 후회하는 것은 아니었다. 그네의 생각에 기생 같은 계집은 시키는 말을 아니 들으면 강간을 하여도 관계치 않다 한다. 그네는 여염집 부인이 남의 남자와 밀통함이 죄인 줄 알건마는 기생 같은 것은 의례히 아무나 희롱하는 것이 마땅하다 한다. 여염집 부녀에게는 정절이 있으되, 기생에게는 정절이 없는 것이라 한다.
> 과연 그네의 생각하는 바는 옳다. 법률상 기생은 소리와 춤으로 객을 대하는 것이라 하건마는, 기실은 어느 기생치고 밤마다 소위 손을 보지 아니하는 자가 없다. 그러므로 김현수나 배명식의 생각에, 기생이라는 계집 사람은 모든 도덕과 모든 인류을 벗어난 일종 특별한 동물이라 하였다. 그러므로 그가 오늘 저녁에 한 일이 결코 도덕이나 양심에 거슬리는 행위인 줄로는 생각지 아니한다.[19]

이 논지는 『무정(無情)』 4년 후, 예기·창기를 동일시 예기제도의 철폐를 주창하며 발표되는 논설 「창부철폐론(娼婦撤廢論)」의 논조를 이미 보여주고 있다는 점에서 많은 점을 고려케 한다. 특히 예기란 외형적으로는 예술을 '매(賣)'하지만 실제로는 '매음(賣淫)'이 주업인 창부에 지나지 않는다는 「창부철폐론(娼婦撤廢論)」의 논지가 강간이라는 치명적 행위를 범한 인물에게

---

19) 李光洙, 『無情』(『李光洙全集』 第1卷), 三中堂, 1962, 105면.

서 공공연하게 흘러나오고 있다는 점은 쉽게 간과할 수는 없을 것이다. 예의를 갖춘 인물들간의 대화를 통해, 그것도 상대가 알아듣지 못하도록 일본어를 사용하는 배려까지 갖추면서 행해졌던 「눈을 겨우 뜰 때」의 기생에 대한 완만한 비판의 태도를 고려한다면 강간이라는 『무정(無情)』의 방식은 너무 급진적이어서 야만적이라고 말할 수밖에 없다.

물론 『무정(無情)』에서 김현수와 배명식이 상징하는 역할, 동경 유학생 출신의 교육자로서 여학생 첩을 둔 이들의 면모를 고려한다면 강간이라는 비인륜적 행위의 자행은 이들 개인적 인성의 결함으로 귀결될 수도 있다. 그리고 시대의 풍속화로서 『무정(無情)』이 지닌 정확한 현실 반영성에 기저, 기생의 강간이 오랜 기간 암묵적으로 자행되어 온 악습이었다고 하더라도 이를 공론화시키는 『무정(無情)』의 태도란 쉽게 납득될 수는 없는 것이다. 그런 점에서 기생에게 정절이 있을 수 없다는 김현수와 배명식의 판단에 대해 기생=창기(娼妓)라며 우회적으로 동의하는 이형식의 모습은 기생 강간이라는 경악할 만한 사건이 어디서부터 비롯된 것인가를 새삼 고려케 한다. 일부일처제와 남녀평등의 근대적 세계에 대한 지향과 기생의 강간이라는 야만적 행위, 『무정(無情)』의 이 이율배반적 면모가 어디서 비롯되고 있는가 하는 점은 쉽게 단정을 내리기 힘든 문제로서 영채의 강간 사건에 즈음한 이형식의 심적 변화 과정에서 그 이해의 일단을 찾아 볼 수 있다.

강간이라는 절망적 상황에서 찢겨진 옷차림으로 돌아온 영채의 모습을 보면서 영채의 기생어미 노파는 영채가 비로소 서방을 맞았다고 기뻐한다. 뿐만 아니라 열아홉에 적어도 백 명의 남자를 대했던 자신의 경력을 떠올리며 오히려 치마가 찢기도록 반항한 영채의 행동에 대해 핀잔을 주기까지 한다. 말하자면 노파의 입장에서 볼 때 "기생의 속성과 상반되는 영채의 처녀성이란 것은 상실됨이 당연한 것"20)이었던 것이다. 노파에게 있어서 영채의 처녀성 상실이 기생으로서의 영채를 확인시켜 주는 진정한 징표로서 받아들여졌듯이, 이는 이형식에게서도 마찬가지이다. 은인의 딸이며, 소꿉 친구이기도 한 영채의 강간 사건을 접하면서 이형식이 일으키는 기묘한 마음의 변화는 이 점을 설명해준다. 강간 사건의 발생지인 청량리에서 영채를 구출, 귀가시킨 후 집에 돌아온 이형식은 영채가 받았을 충격, 영채의 인생에 대한 애처로움, 연민을 느끼기에 앞서 과연 영채가 처녀일까 아닐까 하는 문제, 즉 영채의 처녀성 여부에 온갖 관심을 집중한다. 그와 영채 간의 오랜 인연, 혈육과 같은 애정의 흐름을 고려한다면 다소 불가사의하다고 할 수밖에 없는 심적 반응인 것이다.

이와 같은 기묘함은 영채의 '처녀성' 견지 여부에 끊임없이 집착하던 이형식이 생각의 줄기를 선형에 대한 찬탄으로 갑작스레 전환시킴에서도 나타난다. 선형을 가리켜 "선녀 같은 처녀"라고 하거나 "티끌만한 더러운 생각도" 없다는 등 별다른 근거도 없는 성급한 단정을 내리는 이형식의 태도에는 선형의 육체적 순결성, 즉 '처녀성' 견지의 문제가 결정적 이유로서 작

---

20) 정혜영, 「근대를 향한 시선」, 『여성문학연구』, 한국여성문학회, 2000.6, 54면.

용하고 있었던 것이다. 이형식의 의식 속에서 영채가 박진사의 딸 영채가 아닌 기생 월향이 되어 버리고, 선형이 유일한 애정의 상대로서 변화되는 것 역시 바로 이 시점이다. 이처럼 이형식은 정절의 이데올로기를 단지 정조 혹은 처녀성의 이데올로기로 변환시켰을 뿐 현실이 아닌 '선험적 개념'을 보고 있다는 점에서는 영채와 별반 차이를 갖지 않고 있었던 것이다. 처녀성 혹은 정조의 문제가 일부일처제의 남녀평등 확립을 위한 통로로서 작용하기보다 그 자체가 절대적 윤리 체계로 변환되는 이 변질의 과정에서부터 『무정(無情)』의 이율배반적 면모가 다소 이해될 수 있다. 그리고 이것이 곧 당대 기생들의 처한 현실이었으며, 조선적 근대의 한 단면이기도 했다.

이와 같은 조선의 분위기를 고려할 때 기생 영채의 처녀성 상실, 즉 강간이라는 치명적 상황은 잔인하기는 하지만 피할 수 없는 운명이었다고 할 수 있다. 정신적 순수성의 보증으로서 그리고 일부일처제에 기저 한 '가정' 형성의 필수적 요건으로서의 처녀성은 신교육을 습득한 여학생의 몫이었지 기생의 몫은 아니었던 것이다.[21] 「눈을 겨우 뜰 때」의 금패에게서 나타나는 불안정함, 의식의 급격한 변환은 바로 이러한 시대적 변모로부디 이해될 수 있다. 처녀성에의 광적 집착, 일부일처제의 근대에 대한 조야하고도 부박한 인식, 이들에 의해 형성된 1920년대 조선사회의 틈에 「눈을 겨우 뜰 때」의 기생 금패가 위치해 있

---

21) 1910년 3월 3일 경시청에 의해 내려진 창기의 반양장(半洋裝)금지령(반양장은 여학생에 限함)에서 이미 기생과 여학생의 이분화를 실시하는 사회적 분위기가 나타나고 있다.

었던 것이다. 금패에게서 일어나는 의식의 변화, 예를 들자면 "춘정을 파는 아름다운 동물"로서 자신을 확정짓는 극단적 자기 비하와 회한의 감정이 '자각'이라기보다는 오히려 자기 분열로서 느껴지는 것은 바로 이 때문이다.

그런 점에서 우연인지, 자살인지는 알 수 없으나 그네를 뛰던 중 갑자기 죽음에 이르는 금패의 비극적 최후는 이미 예견된 일이었다고 할 수 있다. 이와 같은 금패의 죽음은 금패 개인의 내면의 불안정성 혹은 유약함도 하나의 원인이 되겠지만 그보다는 기생의 강간이 공론화되는 조선에서의 기생의 운명이란 이미 결정되어 있었다는 점에서 비롯되고 있다. 금패의 죽음을 전통적 공간인 대동강 상류 지역에서 전통적 명절인 단옷날 발생시키는 김동인의 의도가 그를 뒷받침해준다. 김동인은 기생 금패의 죽음을 통해 전통적 조선, 혹은 전근대적 세계의 몰락을 목도하고 있었던 것이다. 그러나 금패가 왜 그처럼 쉽게 몰락을 겪었는지, 조선의 전통적 세계가 왜 그처럼 쉽게 무너져 버렸는지는 '식민지문화에 의한 조선 문화의 변용'의 문제를 넘어 조선 문화의 본질과도 연결된 문제이므로 쉽게 답을 내리기는 힘이 든다.

5. 결론

기생, 즉 예기제도의 철폐를 겨냥 1921년 『신민공론(新民公論)』에 발표된 논설 「창부철폐론(娼婦撤廢論)」에는 일부일처제의 근대를 향해 체제를 정비해가던 1920년대 조선의 모습이 함축되어 있다. 남녀 애정 관계의 정신화를 주창한 근대적 애정 관계 '연애'의 이입과 '연애'를 기저로 형성되는 근대적 가족 관계 '가정'의 성립. 이와 같은 사회적 변모들이 기생제도 철폐의 배후에 있었던 것이다. 기생 강명화의 자살, 이에 대한 신여성 나혜석의 논평, 기생 잡지 『장한(長恨)』의 발간 등 기생사회의 불안정한 움직임과 기생을 향한 대사회적 비난의 시선은 문학으로도 이어지고 있었다. 이광수의 『무정(無情)』을 비롯하여 김동인의 「눈을 겨우 뜰 때」, 그리고 나도향의 『환희』에서 일관되게 발견되는 기생의 죽음, 기생의 몰락이 그것이다.

이들 중 「눈을 겨우 뜰 때」는 평양 명기 금패를 주인공으로 내세워 당대 사회 내에서의 기생의 몰락 과정을 그려간다. 여기서 금패는 기생으로서의 삶에 대해 갈등, 결국은 죽음에 이른다는 점에서는 여타의 작품 속의 기생들의 모습과 동일하지만 적어도 예기의 면모를 보여준다는 점에서는 차별성을 지닌다. 그렇다고는 해도 금패 역시 사고인지 자살인지 알 수 없는 기묘한 죽음에 도달함으로써 당대 사회 내에서의 기생의 모습, 즉 기생의 몰락의 과정을 그대로 재현해간다. 금패로 상징되는 기생의 죽음은 처녀성·정조 등 근대적 의식 성립의 세부적 사항

들을 절대적 윤리 체계로서 변형시켜 버림에 크게 기인되어 있
다는 점에서 조선적 근대의 실체에 대한 문제로까지 연결될 수
있다. 뿐만 아니라 식민지와 피식민지 간의 문화적 변용의 문제
가 깊게 개입해 있었다고는 해도 근대적 문물의 이입 속에서
급격하게 몰락해 가는 기생의 모습은 조선문화의 내면적 힘에
대해 여러 가지의 문제를 새삼 고려케 한다.

환영(幻影)과 환상(幻像)으로서의 '연애'

이광수, 『재생(再生)』

1. 서론

1917년 발표된 이광수의 「어린 벗에게」에는 화자인 주인공 '나'가 "나는 조선인(朝鮮人)이로소이다. 사랑이란 말은 듣고, 맛은 못 본 조선인(朝鮮人)이로소이다"라고 언급하는 부분이 나온다. 이어서 나는 "조선인(朝鮮人)은 과연 사랑이라는 것을 모르는 국민(國民)이로소이다"[1]라며 사랑의 부재를 나 자신의 개인적 문제로 국한시킴에서 벗어나 조선 전체의 문제로 확대시켜간다. 사랑이라는 용어가 오랜 세월 우리 국어로서 사용되어 왔

---

1) 李光洙, 「어린 벗에게」, 『李光洙全集』 第14卷, 三中堂, 1964, 31면.

음을 고려한다면 여기서 나가 언급하고 있는 사랑이란 어휘에는 전통적 사랑의 의미와는 다른 이질적인 의미가 내재되어 있음을 짐작케 한다.

가령 최초의 연애소설이라 불려지는 이광수의 『무정(無情)』에 등장하는 두 주인공 선형과 형식의 경우 제각기 여학생과 동경 유학생으로서 혼약에 이르게 될 정도로까지 친밀하게 그 관계가 발전되기는 하지만 이들간에는 사랑, 혹은 '연애'라고 부를 만한 어떤 독특한 감정적 연계도 형성되고 있지 않다. 오히려 선형의 경우 형식의 세련되지 못함에 대해 불쾌감을 느끼고 형식은 선형의 환심을 얻기 위해 전전 긍긍해한다. 그럼에도 이들은 끊임없이 사랑을 느끼기 위해 노력하며 또 때로는 상대를 사랑해야 한다는 기이한 의무감을 마음에 형성시키고 있기조차 하다. 이처럼 『무정(無情)』에서는 사랑이 상호간의 자연스러운 감정의 발로로서가 아니라 하나의 관념으로서 존재하고 있는데 이 기묘한 사랑의 형태는 '사랑의 부재'로부터 갑작스레 낯설고 새로운 사랑의 등장을 맞게 된 근대 조선의 젊은이들이 겪는 혼란을 반영하고 있다는 점에서 주의를 요한다.

그렇다면 이들, 근대 조선의 신청년들이 대면한 사랑이란 어떤 것이었을까. 이들이 겪은 사랑의 부재란 무엇이었을까. 사회적으로는 새로운 애정 형식인 연애를 둘러싸고 신청년들이 일으켰던 혼란이 다소간 안정 국면에 들어서고, 이광수 개인적으로는 많은 물의를 일으켰던 허영숙과의 애정사가 완결되었던 1920년대 중반, 당대 젊은이들의 애정 관계를 테마로 해서 발표된 이광수의 『재생(再生)』[2]은 그 사랑의 정체를 절묘하게 그려내고 있다는 점에서 주의를 요한다. 『무정(無情)』과 『개척자(開拓者)』에 대해 "새로운 연애 문제[戀愛問題], 새로운 결혼 문제 [結婚問題] 등을 통(通)해"서 "여명기(黎明期)의 신진지식계급(新進知識階級) 남녀(男女)들의 고민(苦悶)을 그려보려"3) 했다는 이광수의 언급을 고려한다면 『재생(再生)』에서 그려지고 있는 새로운 사랑의 형식에 대한 고찰은 당대의 의식의 지형도를 읽을 수 있는 좋은 근거로서 작용할 수도 있을 것이다. 또한 이는 근대에 대한 이광수의 의식의 정도를 가늠할 수 있는 요인이 되기도 한다.

2. 전통적 사랑과 근대적 사랑의 충돌

이광수는 1925년 9월 30일, 『허생전(許生傳)』에 이어 『춘향전 (春香傳)』4)을 재창작, 『동아일보』에 연재하기 시작한다.5) 『허생

---

2) 이광수의 『再生』에 대한 대표적 연구로는 崔元植 교수의 『「長恨夢」과 위안으로서의 文學』(『韓國近代文學史論』, 한길사, 1984)이 있나. 이 논문에서 최원식 교수는 일본 연애소설 『곤지끼야샤』의 번안 작품인 조중환의 『長恨夢』이 한국 근대 장편소설에 끼친 영향 관계를 다루면서, 실례적 작품으로 이광수의 『無情』·『再生』, 나도향의 『幻戱』, 현진건의 『赤道』를 거론, 분석하고 있다.

3) 李光洙, 「『無情』 等 全作品을 語하다」(『李光洙全集』 第16卷), 三中堂, 1964, 263면.

4) 『春香傳』은 1925년 9월 28일 연재가 끝난 『再生』에 이어 『동아일보』에 1925년 9월 30일부터 1월 3일에 걸쳐 연재되었다.

5) 고소설 『春香傳』은 이광수에 의해 제시된 추천소설의 목록에서 『聖經』·『復

전(許生傳)』의 의미를 "계급제도(階級制度)를 기저(基底)로 하는 모든 사회 조직(社會組織)"[6]에 대한 거부에서 찾았던 이광수의 태도를 고려한다면 고소설 『춘향전(春香傳)』을 기초로 한 이 작품의 집필에도 역시 흔히 지적되는 『춘향전(春香傳)』의 문학사적 의의, 즉 '반봉건적 질서에 대한 지향'이 주요 요인 중의 하나로 자리하고 있었다고 할 수 있다. 특히 이몽룡과 시(詩)를 주고받음에 의해 일견 정신적으로 동등한 애정 관계를 형성해 가는 듯도 한 춘향의 모습이라든가 당대의 풍습으로는 드물게도 기생의 딸 춘향과 일부일처제의 혼인 관계를 형성하고자 하는 이몽룡의 모습은 『무정(無情)』을 기점으로 남녀평등에 기반한 근대적 사랑의 형식을 추구해가던 이광수로서는 상당히 매력적인 테마였음에 틀림없다.

그렇다고는 해도 『춘향전(春香傳)』은 이광수가 지향했던 근대적 사랑과는 상당한 차이를 지녔던 듯하다. 단지 춘향의 미색(美色)에 반해서 그 날로 춘향과 육체적 교섭을 가지는 이몽룡의 모습은 1910~20년대 젊은 신청년들 사이에 유행했던 정신성에 기반한 새로운 사랑의 형식인 '연애'와는 거대한 거리를 형성하고 있었기 때문이다. 『무정(無情)』에 나타난 이광수의 태도, 즉 두 주인공 선형과 이형식으로 하여금 오랜 교제 기간을 갖게 하기 위해 미국 유학 이후로 두 사람의 결혼을 연기시키

活』・『레미제라블』 등에 이어 한국 작품으로서는 첫 번째로 추천되었을 정도로 이광수의 깊은 호감을 받고 있는 작품이었다(李光洙, 「내가 小說을 推薦한다면」, 『李光洙全集』 第16卷, 三中堂, 1964, 400면).
6) 李光洙, 「作者의 말」, 『李光洙全集』 第16卷, 三中堂, 1964, 269면.

고 이를 통해 정신적 애정 관계를 형성케 하려 했던 이광수의 태도를 고려한다면 『춘향전(春香傳)』의 춘향과 이몽룡이 갖는 이와 같은 즉각적인 육체적 교섭이 이광수에게 어떻게 받아들여졌을까 하는 점은 충분히 추측이 가능하다. 그런 점에서 『춘향전(春香傳)』의 사랑을 '조선식 사랑'으로 명명하는 이광수의 다음의 언급은 미약하기는 하지만 이광수가 지향하는 근대적 사랑의 기원을 읽을 수 있다는 점에서 주의를 요한다.

> 그때에는 정동 근방에 있는 예수교 청년들을 제하고는 아직도 서양 냄새 나는 '러브'라고 일컬을 만한 연애는 조선 청년 중에는 없었다. 그때에는 아직도, 이를테면 조선식인 사랑, 이도령이 춘향이를 사랑하는 듯한 사랑, 탐화봉접이라는 말이 대표하는 사랑, 다른 말로 하면, 사랑하는 여자의 앞에 꿇어 엎디어서—
> "오 나의 천사여, 이 천한 몸에게 사랑의 한 방울을 떨구어 주옵소서』하는 사랑은 당시 조선 청년 남자에게는 아직 알려지지 아니하였었다."[7]

이광수는 『춘향전(春香傳)』의 춘향에 대한 이도령의 사랑을 '탐화봉접(探花蜂蝶)'의 사랑이라고 명명한 후 이를 '조선식 사랑'으로 규정, 그에 대립되는 서양식 사랑으로서 '러브', 즉 '연애'를 설정하고 있다. 정신성의 존재 여부가 서양식 사랑 '러브'와 조선식 사랑 간의 중요한 변별 요소로서 요구되어지고 있었던 것이다. 이 점은 '러브' 즉 '연애'를 육적(肉的) 연애(戀愛)와 영적(靈的) 연애로 분류, 전자를 '비문명적(非文明的) 연애'로 후자를 '진화'된 '문명적(文明的) 연애'로 파악하는 것과 같은 이광

---

7) 李光洙, 「妻」, 『李光洙全集』 第19卷, 三中堂, 1964, 215~216면.

수의 정신성 편중의 태도[8])에서도 드러나고 있다. 이처럼 이광수가 색(色)에의 탐닉을 의미하는 '탐화봉접'이라는 다소간 경멸 섞인 어휘로써 조선의 전통적 사랑의 양태를 표현한다거나 '비문명적(非文明的) 연애'로서 조선식 사랑을 비난 할 때 거기에는 일본 유학과 기독교 사상에의 동화를 통해 영혼·정신성과 같은 근대적 어휘에 깊이 침윤되어 있던 그의 의식이 충분 반영되어 있었다고 할 수 있다.

그러나 이광수가 최초의 연애소설인 『무정(無情)』을 발표하는 등 당대 연애론의 선구자적 위치를 점하고 있었다고 하더라도 그가 '러브'의 의식을 정확히 이해할 수 있었던가 하는 점은 의문의 여지를 남긴다. 여기에는 '러브'가 일본에서 '연애'라는 신조어로 번역된 후 용어 '연애'로서 조선으로 이입되었다는 점이 하나의 문제로 제시될 수 있다.[9]) 일본에서의 '연애'가, 전통적인 사랑을 의미하는 '색(色)' 혹은 '연(戀)'에 맞서 새로운 사랑의 형식인 '러브'의 번역을 위해 생성되었음은 '러브'에 가해진

---

8) 이와 같은 이광수의 태도는 일본 연애론의 대표적 이론가 중의 하나였던 이와모토 요시하루(嚴本善治)의 견해, 즉 인간의 문명 단계를 야만·반개(半開)·개화 삼단계로 구분, 남녀간의 사랑 역시 色·癡·愛의 삼단계로 나누어 대응시키면서, 愛를 "진정의 영혼에서 발하는 것"이라고 언급했던 것과 상당히 유사한 것으로 이는 주의를 요한다(嚴本善治, 「婦人の地位」, 『女學雜誌』, 1885.8, 3면).
9) 『飜譯語成立事情』에 의하면 일본에서 영어 '러브'의 번역어로서 '연애'가 최초로 등장하기 시작한 것은 대략 1870~1871년에 나온 中村正直의 번역, 『西國立志編』에서였다고 말해진다. 이와 연관 일본에서의 용어 '연애'의 형성 과정에 대한 『飜譯語成立事情』의 다음의 언급은 상당한 주의를 요한다. "'연애'도 역시 '미'와 '근대' 등과 마찬가지로 번역어이기 때문이다. 이 번역어 '연애'에 의해서 우리들은 겨우 일세기 정도 전에 '연애'라는 것을 알았다."(柳父 章, 『飜譯語成立事情』, 岩波新書, 1998, 89면)

의식의 일본적 변용을 다소간 고려케 하기 때문이다. 그런 점에서 이광수 및 당대 조선의 신청년들이 근대적 애정 형식으로서 열광했던 '연애'라는 것은 실은 '러브'라기보다는 일본화된 '러브'였었다고 할 수 있다.

이 과정에서 이광수에게서 발견되는 사소한 혼돈, 예를 들자면 전통적 사랑의 형식인 '색(色)' 혹은 '연(戀)'에 대립, 정신성을 띤 사랑의 형태에 한정되어 사용되었던 일본에서의 '연애'와 달리 정신적이건 육체적이건 모든 사랑의 형태를 '연애'라고 명명하는 것과 같은 명칭의 혼돈은 '연애'의 갑작스런 이입에 직면한 당대 신청년들의 혼란을 드러내고 있다는 점에서 주의를 요한다. 말하자면 이와 같은 이광수 혼돈은 '러브'의 번역어를 자생적으로 생성시킬 수 있을 만큼 전통적 사랑에 대한 비판은 물론 근대적 사랑에 대한 자각도 채 마련되지 않은 상태에서 일본화된 '러브' 즉 '연애'를 이식해 받을 수밖에 없었던 조선의 상황을 상징적으로 반영하고 있었던 것이다.

'연애' 즉 '러브'와 관계해서 이광수를 비롯하여 근대 초기 신청년들이 겪지 않을 수 없었던 또 하나의 딜레마는 보다 본질적인 문제로서 '러브'의 사상적 기반으로서의 기독교에 관한 점이다. "예수교 청년들을 제하고는 아직도 서양 냄새나는 「러브」라고 일컬을 만한 연애는 조선 청년 중에는 없었다"는 이광수의 언급처럼 '러브'의 성립 및 조선으로의 이입에는 기독교가 중요한 역할을 담당하고 있었다. 최초의 여학교인 미션계 스쿨 이화학당의 설립과 "남녀가 분별이 업셔 동등 권리가 있"[10]음에 대한 기독교 신문들의 지속적 논의는 "령혼이 동등 되

난"11) 남녀의 애정 관계, 즉 '연애'의 성립에 있어 실질적 기반
으로 작용하고 있었던 것이다.

여기에 당대 사회 내에서 교회의 역할, 예를 들자면 남녀가
서로 얼굴을 대할 기회가 거의 마련되지 않았던 당시의 조선에
서 남녀 회합의 유일한 장소였을 뿐 아니라 "같이會堂에出席
하야갓히讚頌을부르게되매上帝의압헤平等한女子라는思想"12)
을 경험케 되는 장소로서의 교회의 기능은 '러브' 이입과 정착
에 기독교가 얼마나 중요한 역할을 하고 있었는가를 충분히 보
여주고 있다. 이처럼 물질적 기반으로서 뿐만 아니라 정신적 기
반으로서도 기독교는 '연애(러브)'와 긴밀하게 연결되어 있었는
데 '러브'와 기독교의 사랑의 개념을 연관시켜 설명한『동아일
보(東亞日報)』의 논설은 그런 면에서 주의를 요한다.

> 現今朝鮮文壇에는 사랑이란 말은 국한적사용어였다. 耶蘇敎가드러오자
> 사랑이란말이일반적용어가되엿다. 子가 父의게母의게 弟가 兄에게 아이러
> 브유 式으로 통트러 놋코 人情을 표시함에 사랑 一語로 代表式用語가되
> 엿다. 물론 耶蘇敎의 愛의 味는 神에 對한 純眞한 標語인 同時에 현실로
> 인류애를 평등적박애주의로 대표한 거이다. 神卽愛, 愛卽神이란 엄정원만
> 한 의미의 愛이다. 그런故로 其愛는 活生命의 愛, 高遠한 보편타당성을
> 띤 愛이다.13)

'러브'에는 '인류애를 평등적 박애주의로 대표'한 기독교의

---

10) 「녀학교론」,『대한그리스도인회보』, 1898.8.3.
11) 로병선, 「혼인론」,『대한그리스도인회보』, 1899.4.19(『韓國開化期資料叢書』1, 國學資料院, 1994).
12) 孤舟, 「耶蘇敎의朝鮮에준恩惠」,『青春』第九號, 16면.
13) 「戀愛 撲滅」,『東亞日報』, 1931.4.28.

사랑이 그 정신적 기반으로 작용하고 있었으며 "子가父의게母의게弟가兄에게아이러브유식으로통트러놋코인정을표시"하는 것과 같은 평등의 개념, 그리고 '신(神)에 대한 순진(純眞)한' 사랑에 기초한 타인과의 완전한 일체감, 이들이 '러브'가 이상한 바 사랑의 실체였다고 할 수 있다. 서양식 사랑 '러브'가 이처럼 '타인을 자기와 마찬가지로 사랑하라'는 기독교적 사랑의 개념에 기초해 있었다면, 그 실천 역시 기독교의 종교 생활을 통하여서만이 가능한 것이었던 것이다. "심적 습관으로서 타인에 대한 사랑이 작용되고 있지 않은"[14] 상황에서의 '러브'의 실현이란 것이 거대한 허위를 상정시킬 수밖에 없다는 지적은 바로 이 점에서 연유하고 있다.

이에 근거할 때 부모와 자식, 남편과 아내 간의 관계에서조차 엄격한 위계질서와 거리를 설정해 두었던 조선적 풍토에서 '러브'의 이상이 어느 정도 실현될 수 있었을 것인가는 충분 짐작 가능하다. 그러므로 '러브' 즉 '연애'의 이입을 둘러싸고 당내 신청년들이 일으켰던 개념의 혼란은 기독교적 평등의 개념 및 타인과의 일체화와 같은 기독교적 사랑의 개념에 의식적으로 동조는 하면서도 완벽하게 동화될 수 없었던 그들 의식의 한계, 넓게는 사회적 의식의 한계를 드러냄에 다름 아니라고 할 수 있다. 정도의 차이가 있을지는 몰라도 그 점에서 이광수 역시 예외가 될 수는 없었다.

---

14) 이토세이, 고재석 역, 『近代 日本人의 발상형식』, 소화, 1996, 132면.

3. 삶의 위안으로서의 사랑

1925년 발표된 이광수의 『재생(再生)』은 1919년의 3·1만세운동 직후를 시간적 배경으로 한 작품이다. 그런 만큼 『재생(再生)』에서는 "독립 운동이 지나가고 사람들의 마음이 모두 식어서 나라나 백성을 위하여 인생을 바친다는 생각이 적어지"던 당대의 사회적 정황이 중요한 비중을 차지하고 있었던 듯하다. 사랑을 주된 테마로 하고 있음에도 불구하고, 작품의 창작 동기에 대해 "사랑이외에 더 큰일이 있다하는 것을 말하려"15) 했다는 이광수의 언급이라든가 작품 제명으로서 '재생(再生)'이 설정되고 있다든가 하는 것은 바로 그 맥락에서 이해할 수 있다. 이와 더불어 『재생(再生)』에서는 초기작부터 이광수가 추구해왔던 '새 조선'의 건설이 중요한 테마로서 다루어지고 있었는데 『재생(再生)』의 창작에 즈음하여 이광수가 밝힌 「자작(自作)의 변(辯)」은 그와 같은 이광수의 여러 의도를 함축, 시사하고 있다는 점에서 주의를 요한다.

　　지금 내 눈앞에는 벌거벗은 조선의 강산이 보이고, 그 속에서 울고 웃는 조선 사람들이 보이고, 그중에 조선의 운명을 맡았다는 젊은 남녀가 보인다. 그들은 혹은 사랑의 혹은 황금의, 혹은 명예의, 혹은 이상의 불길속에서 웃고 눈물을 흘리고 통곡하고 미워하고 시기하고 죽이고 죽고 한다. 이러한 속에서 새 조선의 새 생명이 아프게, 쓰리게, 그러나 쉬임없이 돋아

---

15) 李光洙, 「『革命歌의 아내』와 某家庭」, 『李光洙全集』 第16卷, 三中堂, 1964, 277면.

오른다— 이런 것이 지금 내 눈앞에 보인다.16)

　이처럼『재생(再生)』의 창작이 '조선의 운명'에 대한 이광수의 관심 및 '새 조선' 건설에 대한 그의 의지와 밀접하게 연결되어 있었다고 한다면 이광수는 이를 '조선의 운명을 맡았다는 젊은 남녀'들의 애정 관계를 통해 모색해간다. 남녀간의 새로운 애정 형태였던 '연애'는 이광수로서는『무정(無情)』에서부터 지속적으로 추구해온 익숙한 테마였다. 뿐만 아니라 그것은 3·1운동의 실패와 문화정치로 이어지는 시대적 정황 속에서 현실과의 마찰을 최소화하면서 시대의 풍속을 묘사해갈 수 있는 효과적 방안이기도 했던 것이다. 이 점에 근거하여 사랑 즉 '연애'가『재생(再生)』의 주된 테마로서 등장하게 된다.

　『재생(再生)』은 신여성 김순영과 신청년 신봉구, 그리고 부호 백윤희 간의 삼각의 애정 관계를 중심으로 전개된다. 삼각의 애정 관계 설정, 테마로서의 '연애'의 선택 등 여러 가지 면에서『재생(再生)』은 1917년 발표된『무정(無情)』을 떠올리게 한다. 특히『재생(再生)』의 히로인 김순영과『무정(無情)』의 히로인 김선형 간의 이름의 유사성 및 여학생이라는 신분의 동일성은 양 작품간의 연관성을 고려케 하는 요인이 되기도 한다. 그러나 기독교 집안에서 자라난 여학생 김선형이 동경 유학생 출신의 이형식과 스승과 제자의 관계로서 만나, 결혼에 이르러는『무정(無情)』의 전개가 '연애'의 의식을 이상적으로 실현해주었던 반면『재생(再生)』은 그와는 다른 방향으로 진행된다. 자유연애를

16) 李光洙,「作者의 말」,『東亞日報』, 1924.11.8.

내걸고 있기는 하나 이형식을 사위로 염두에 둔 김선형의 아버지에 의해 계획적으로 애정 관계가 형성되던 『무정(無情)』과는 달리 전통적 강압 결혼의 징후를 완전히 탈피하고 있는 『재생(再生)』의 두 주인공의 만남의 과정은 그런 점에서 흥미롭다.

『재생(再生)』의 주인공 김순영과 신봉구는 제각기 학생의 신분으로서 3·1운동을 준비하면서 처음 만나 3·1운동의 실패, 검거로 이어지는 일련의 과정을 겪으면서 서로에 대한 애정을 형성시켜 간다. 이들이 이처럼 민족 해방이라는 동일한 이상을 추구해가는 과정에서 만나 애정을 형성시켜 가게 됨은 그 애정이 일종의 정신적 동지애(同志愛)에 기반해 있음을 드러내고 있다. 이는 김순영에 대한 자신의 애정이 김순영의 빼어난 미모와는 무관하게 3·1운동을 함께 준비하면서 생성된 정신적인 것이라고 언급하는 신봉구의 태도에서도 드러나고 있다. 사제지간의 애정이라는 『무정(無情)』의 독특한 상황 설정을 통해 제시되었던, 남녀 관계에 있어서 정신성을 절대적으로 중시한 '연애'의 제 의식이 『재생(再生)』에서도 동일하게 등장하고 있는 것이다. 2년 6개월의 수감 생활 후 신봉구가 나타내는 기묘한 심적 상태는 그런 점에서 상당히 주의를 요한다.

3·1운동에 연루되어 2년 6개월의 감옥 생활 후 출옥하면서 신봉구는 이전 그와 김순영 사이에 아무런 사랑의 언약이 오간 적이 없었음에도 불구, 김순영이 감옥 앞에서 기다릴 것이라는 기이한 믿음을 가진다. 뿐만 아니라 그 환상이 깨어진 순간조차 김순영의 사소한 착오를 예상하며 자신의 출소를 알리는 편지를 김순영에게 보낸다. 수감 생활 동안 조선에 대한 사랑을 어

느 틈엔가 순영에 대한 사랑으로 대체, 좌절된 이상의 자리를 사랑으로 메워나가려던 신봉구의 태도를 고려한다면 이와 같은 강력한 자기 환상의 상태는 일견 이해가 되기도 한다. 그러나 그토록 열망했던 김순영의 애정을 확보, 두 사람만의 은밀한 밀월여행을 떠나면서 신봉구에게서 나타나는 독특한 심적 변화는 이에 대한 또 다른 근거를 예측케 한다.

김순영과의 재회 후 석왕사로 함께 떠난 밀월여행에서 신봉구는 순영의 키스와 포옹을 받으며 "자기가 순영에게 기대한 것은 그런 것은 아닌 듯"해서 '일종의 불쾌감'을 느끼기도 하고 순영에게 사랑의 진위를 물으면서 당시로는 생소했던 처녀성의 유무를 질문하기도 한다. 여기에는 삼팔치마, 향수, "비상히 강하게 번쩍"이는 금니를 두른 앞니 등 사치스럽게 변모한 김순영의 모습과 김순영의 행실에 대한 '최'의 묘한 언급에서 비롯된 신봉구의 불안감과 의심이 하나의 요인으로 제시될 수 있다. 그러나 사랑의 진위를 처녀성의 유무와 연결하는 것과 같은 신봉구의 태도는 그것이 조선에서는 낯설게도 남녀간의 애정에 있어서 육체적 순수성=정신의 순수성으로 연결시킨다는 점에서 새로운 애정 형식인 '연애'와의 연관성을 긴밀히 고려케 한다. 이는 '영혼'의 유무를 인건 평가의 기준으로 삼는 김순영의 태도, 즉 백윤희를 여자들과의 방탕한 생활이나 일삼는 부정적 인간으로서 그리고 신봉구를 영혼이 있는 인간으로 파악하는 김순영의 태도에서도 나타나고 있다.

그러므로 사랑도 한바탕 꿈인가를 묻는 김순영의 질문에 대해 신봉구가 사랑 하나만은 꿈이라고 할 수 없다면서 사랑의 영원성에 대해 절대적 신뢰를 나타낼 때 거기에는 "肉의 쾌락"을 가변적인 것으로서, 그리고 "靈과 靈이 서로 抱擁하"[17)]는 영적(靈的) '결합(結合)'을 영원한 것으로서 파악한 '연애'의 제 의식이 자리하고 있었던 것이다. 영혼의 사랑=영원불변이라는 사랑에 대한 신봉구의 이와 같은 낭만적 동경을 고려한다면 출소 직후 '영혼'의 사랑 김순영에 대한 그의 강력한 자기 환상의 상태 역시 충분히 이해가 가기도 하는 것이다. 즉 신봉구를 비롯하여 3·1운동의 실패 후 좌절감에 빠져 있던 당대의 신청년들이 '연애'의 마력에 급속히 전염되었던 것에는 이처럼 영원불변한 사랑이라고 하는 '연애'가 형성시킨 사랑에 대한 낭만적 환상이 상당 부분 영향을 끼치고 있었다고 할 수 있다.

신봉구가 지닌 이와 같은 사랑에 대한 환상은 정도의 차이는 있을지라도 김순영에게서도 동일하게 나타나고 있다. 물론 김순영의 경우 정신성에 대한 과다한 편중을 보이는 신봉구와 달리 백윤희의 남성미와 재력에 끌리는가 하면 부호 백윤희와의 동거 생활을 이미 누린 후면서도 신봉구와의 밀월여행을 떠나기도 한다. 뿐만 아니라 자신의 처녀성을 의심하는 신봉구에게 손가락을 깨물어 '영원불변'이라는 혈서를 써 보이는 위악성(僞惡性)을 나타내기도 한다. 특히 석왕사로의 밀월여행을 약속하면서 신봉구에게 의복 준비 명목으로 오백 원의 돈을 요구하는 김순영의 모습은 "돈이 없이 사랑이 있을 것 같지 않"다는 그녀의 세속적 태도를 재확인시켜준다. 민족 해방에의 순수한 열

---

17) 李光洙, 「婚姻에 對한 管見」, 『學之光』 第十二號, 1917.4, 31면.

정으로 가득 차 있던 3·1운동 시기의 김순영을 떠올릴 때 이와 같은 김순영의 변모는 그녀가 지닌 3·1운동에의 순수한 열정조차 의심케 하는 것이다.

이처럼 김순영은 백윤희와의 애정 관계를 유지하면서 신봉구와 밀월 여행을 떠나고 "진정 아무러한 일이 있더라도 봉구를 떠나지 아니하리라"는 결심 속에서 신봉구와 약혼식을 올리고는 한 달 후 백윤희와 결혼식을 거행한다. 3·1운동 준비 과정에서는 물론 백윤희와의 결혼을 고민하는 과정에서조차 한번도 신봉구를 염두에 두어 본 일이 없었던 김순영의 심정을 고려한다면 이와 같은 김순영의 혼란에는 '사랑'을 넘어선 무언가가 자리해 있음을 짐작케 한다. 3·1운동 후 "아주 잊어버리고 있"던 신봉구의 편지를 받고 난 후, 김순영이 느끼는 다음의 혼란은 그런 점에서 주목할 만하다.

> 순영은 "몸과 마음? 몸과 마음을 먹고 살아요?" 하려다가 말았다. 그리고 자기에게 이러한 생각이 나는 것이 부끄러운 듯하였다. 순영의 마음에는 난데없는 봉구가 뛰어들어와 평화를 어지럽게 하였다. 동대문 밖 고래당 같은 큰 집에 여송연을 피우던 백과, 때묻은 학생복을 입고 머리를 아무렇게나 갈라 넘긴 봉구와 두 사람이 순영의 분홍꽃 핀 마음 동산을 제 것으로 만들려고 싸운다. 백은, "옛다 ― 금강석 반지를 받아라 ― 자동차를 받아라. 음란한 육욕의 만족을 받아라!"하고 거만하게 젊잖게 자기를 부르고, 그와 반대로 봉구는, "내 몸을 받으소서. 내 맘을 받으소서."하고 자기의 발밑에 끓어 앉았다.[18]

이와 같은 김순영의 애정의 갈등에는 3·1운동의 실패 속에

---

18) 李光洙, 『再生』(『李光洙全集』 第2卷), 三中堂, 1962, 68~69면.

서 불확실한 이상보다는 물질의 확실성 쪽으로 급작스레 몸을 옮긴 자신에 대한 '부끄러움'이 크게 작용하고 있었던 듯하다. 그러나 3·1운동 후 잊고 있었던 신봉구를 백윤회와의 첫 육체적 교섭이 이루어진 동래 온천에서 갑작스레 떠올린다든가 혹은 신봉구가 보낸 연애편지 한 통으로 극심한 혼란을 일으킨다거나 하는 김순영의 모습은 백윤회와의 정사에 탐닉하면서도 처녀성에 집착하는 그녀 의식의 이율배반성과 연결, 또 다른 요인을 고려케 하기도 한다. 이는 조선 양반식의 무거운 태도, 중년의 남성미 등을 지닌 백윤회에게 실질적으로는 끌리면서도 "더러운 육욕의 만족"이라면서 의식적으로 그 애정을 거듭 부인하고는 기억조차 없어져 버린 지 오래인 신봉구를 향해 영혼의 사랑이라며 달려가는 김순영의 모습에서도 확인된다. 신봉구에게서 발견되던 남녀 관계의 정신화·영화(靈化)를 강조한 '연애'의 제 의식이 김순영에게서도 동일하게 나타나고 있는 것이다.

이는 신봉구처럼, 신봉구에 대한 김순영의 애정 역시 실은 '연애'가 형성시킨 일종의 환상이었음을 의미해준다. 영혼의 사랑＝영원불변이라는, '연애'가 이끌고 들어온 사랑에 대한 낭만적 환상이 김순영의 경우 일종의 강박증으로 변환되어 나타난 것이다. 그런 점에서 백윤회와 신봉구의 사이에서 김순영이 겪는 혼란, 불안정은 바로 이와 같은 히스테리컬한 의식의 표현이었다고 할 수 있다.

4. 사랑의 허위, 환영의 시대

3·1운동에 연루되어 수감, 출옥한 후 신봉구는 마음의 연인 김순영에게 편지를 적으면서 그 말미에 서양 사람이 서명하는 모양으로 초서로 서명을 한다. 여기에는 신교육을 받은 신봉구의 자기 현시적 측면이 없었던 것도 아니다. 그러나 그보다는 김순영에 대한 신봉구의 애정이 여자를 '섬기는' 서양식 '러브' 라는 점이 중요한 요인으로 자리하고 있었던 듯하다. 신봉구에게서 나타나는 이 기묘한 상태, 즉 서양식 러브를 지향하기는 하지만 포즈를 취하는 상태를 넘어설 수가 없었던 신봉구의 한계는『재생(再生)』의 대다수 인물들에게서 공통적으로 발견된다. 『재생(再生)』에서 미국 유학생 출신의 김 박사는 여학생과의 결혼을 위해 조강지처를 버리고 여학생들의 뒤를 따라 다니고 부호 백윤회는 기생 작첩(作妾)에서 여학생들과의 유흥으로 향락의 패턴을 바꾸며 윤 변호사는 부를 이용, 여학생과의 혼인을 성사시킨다. 이처럼 이들은 교제와 결혼의 대상으로서 오로지 여학생만을 갈망한다. 여기에는 근대적 사회로의 편승에 대한 그들의 욕망이 중요한 요인으로 삭용하고 있었다고 할 수 있다. 즉 이들의 행위에는 남녀평등과 일부일처제에 대한 의식적 동조와는 무관하게 여학생과의 교제 혹은 결혼=신식(新式) 혹은 '연애'의 실현이라는 식의 다소간 조잡하고 경박한 의도 및 인식이 내재해 있었던 것이다. 이들이 상대 여학생과 맺는 관계란 것이 언제나 감정적이거나 정신적 연계가 부재한 채 육체적 쾌

락 위주로 전개되는 것은 이 점에서 볼 때 일견 당연하다고도 할 수 있다.

이처럼 여학생에 대한 이들의 동경, 혹은 갈망이 근대적 세계에 대한 인식 없이 생성된 일종의 환영 혹은 허위였다면 이는 다소간 정도의 차이는 있을지라도 여학생 김순영이 겪는 '연애'에 대한 동경과 좌절의 과정에서도 동일하게 발견된다. 김순영은 연인 신봉구와 약혼 언약까지 했음에도 불구, 여학생의 신분으로서 부호 백윤회의 첩이 된다. 여기에는 백윤회에 의해 제공되는 여러 가지 물질적 혜택들 속에서 "지금까지 일찍 경험해보지 못한 자기의 높고 귀함을 깨"닫게 되는 김순영의 심적 변화처럼 부에 대한 김순영 자신의 욕망이 중요한 요인으로 작용하고 있었던 듯하다. 그러나 명선주를 비롯, 김순영이 만나게 되는 많은 신여성들이 김순영처럼 첩 혹은 그에 준하는 위치로 몰락해 있다는 점은 이에 대한 사회적 요인 역시 고려케 한다. 백윤회와의 관계에 대해 회의를 느끼던 김순영이 여학생의 신분으로 첩이 된 명선주를 방문한 순간 그곳에서 마주친 신여성들의 모습은 그런 점에서 주의를 요한다.

> 순영이가 왔다는 말을 듣고 방안에서 웃고 지껄이던 소리가 그치며 선주를 선두로 육칠인 여자가 우르르 일어나 나와 순영을 맞는다. (…중략…) 방바닥에는 화투, 트럼푸장이 너저분하고 한편 구석 둥근 키작은 탁자 위에는 납지에 싼 값이 비싸고 맛날듯한 과자와, 열 개 한갑에 사십여 전이나 하는 향기로운 청지연과, 서양서 온 포도주와 브랜디 병과, 오색이 찬란한 유리 접시에는 황금같은 베이블, 호박빛 나는 능금이 담겨 놓았다. (…중략…) 그 나머지 여자들 중에 더러는 순영이나 선주 마찬가지로 대개는

돈 있는 사람의 첩이거나 또는 분명치 못한 혼인을 한 사람들이요, 더러는 아직 혼인은 아니하고 또 공부도 아니하고 말하자면 넘고 처지어서 시집도 못가고 영어나 음악이나 배운다는 사람들이요, 더러는 여학교의 교사요, 더러는 예배당의 찬양대에 나서는 사람들이다.[19)]

명선주의 안방에서 김순영과 마주친 신여성들은 여교사로 있건 예배당의 찬양대원으로 있건 삶에 있어서는 '첩'의 신분에 있는 김순영과 별반 차이를 지니지 않을 뿐 아니라 오히려 부호의 첩이라도 될 수 있었던 김순영에 대해 상당한 부러움을 느끼기조차 한다. '연애'의 히로인으로서의 여학생의 부상이 남녀평등과 일부일처제의 근대적 의식에 기인하고 있었음을 고려한다면 김순영에 대한 이들의 동경은 상당히 아이러니컬하다고 할 수 있다. 여기에는 여성의 지위 향상을 주창하면서도 실질적으로는 여성에 대한 강력한 보수성을 견지하고 있던 1920년대 조선사회의 이율배반성이 중요한 요인으로 작용하고 있었다고 할 수 있다. 여학생의 신분으로 첩이 되고 그러면서도 신청년인 애인과의 혼외정사를 집요하게 지속시키는 명선주의 불안정한 모습은 그런 점에서 흥미롭다.

명선주의 경우 상대 남성과 물질에 근거한 가변적이고 위계적인 남녀 관계를 형성하면서도 남녀평등 운운하는기 하면 복수의 남성과 관계하면서도 1 : 1의 남녀 관계를 규범으로 한 '연애' 운운한다. 명선주의 이와 같은 극심한 의식의 혼란에는 한편으로는 시대의 보수성으로 인한 좌절감이 또 한편으로는 정

---

19) 李光洙, 위의 책, 173면.

신적 가치 중시, 남녀평등 등을 내세운 '연애'의 환영이 중요한 요인으로서 자리하고 있었던 듯하다. 이는 명선주의 이율배반적 모습을 통해서도 충분히 드러나고 있다. 예를 들자면 명선주는 백윤회와의 결혼을 갈등하는 김순영에게 결혼은 결혼대로 연애는 연애대로 즐길 것을 권유하는 등 상당히 현실적이고 대범한 듯 행동하기는 하나 실제로는 '소화 불량'에 이를 정도의 극심한 '신경 쇠약'을 앓고 있는 것이다. 이처럼 성적 방종=남녀평등과 같은 명선주의 파행적 의식이 시대의 보수성과 '연애'에의 환영, 이 양자간의 갈등에서 형성된 것이라면 명선주에게 '정조'의 문제를 거론하는 크리스찬 김순영 모습은 그 '연애'의 환영이 어디서부터 비롯되는지를 예측케 해준다.

김순영은 백윤회의 집에서 명선주와 첫 대면한 이래 신봉구와의 밀월 여행지에서 명선주와 다시 해후한다. 여기서 남성과의 관계를 유흥의 가벼움으로 일관할 것을 충고하는 명선주에게 김순영은 '정조'의 문제를 거론한다. 김순영의 태도에는 혼외정사를 행하는 명선주에 대한 불쾌감과 더불어 백윤회와 이미 육체적 교섭이 있었음에도 신봉구와 다시 애정 관계를 형성해 가는 자신에 대한 죄의식이 중요한 요인으로 자리하고 있었던 듯하다. 사소한 언급에서도 영어표현을 즐겨 사용하고 키스로서 애정 표시를 하는 등 서구화된 김순영의 태도는 이와 같은 불쾌감과 죄의식이 유교적 정절의식에서 비롯된 것은 아님을 짐작케한다. 백윤회와의 첫 육체 관계 직후 죄의식에 휩싸인 순영에 대한 명선주의 핀잔, 예를 들어 '교회학교', '크리스찬 여학생'이기 때문이라는 핀잔은 이에 대한 하나의 단서가 될 수 있다.

　김순영은 자신과 백윤회와의 첫 육체적 관계가 상당 부분 자의(自意)에 이해 이루어졌음에도 불구, 육체적 관계 후 갑작스레 백윤회를 '짐승'이라고 부른다거나, 죽이고 싶을 정도의 증오를 느끼는 등 의외의 심적 상황을 표출한다. 백윤회와의 관계 후 김순영에게서 유일하게 떠올려지는 인물이 은사이자, 독실한 기독교도인 P부인이라는 점은 육체적 순결성에 대한 김순영의 집착의 근거로서 기독교를 충분히 고려케 하기도 한다. 이는 백윤회와의 관계 후 자신을 바벨론에게 잡혀 갇힌 천사 다니엘에 비유하는가 하면 "추운 겨울 밤 학교 뒤 바위 밑 눈 위에 꿇어 엎드려서 울고 회개"하기도 하는 등 육체적 순결의 상실을 곧바로 히스테러컬하게 죄(罪)로 연결시키는 김순영의 소녀적 모습에서도 동일하게 발견된다.

　이처럼 김순영의 경우 영혼의 순수성과 처녀성을 동일시하는 등 기독교에 대한 단선적이고도, 박약한 인식을 견지하고 있다. 김순영이 지닌 '처녀성'에의 이와 같은 집착은 그녀의 비극적 삶의 중요한 요인이 된다. 물론 백윤회의 외도, 성병에의 감염, 그리고 자살에 이르르는 것과 같은 김순영의 비극적 운명에는, 여학생의 신분으로서 첩이 된 것에 대한 중압감이 상당 부분 작용하고 있었다고 할 수 있다.

　그러나 백윤회로부터 정실의 제의가 있었음에도 이를 거절, 자살이라는 극단적 방법을 선택하는 김순영의 모습은 '처녀성'에 대한 그녀의 끊임없는 집착과 연결, 이에 대한 기독교적 영향을 고려케 한다. 예를 들어 김순영은 명선주 등 신여성들의 혼란된 삶의 모습을 보면서 P부인을 상기, P부인의 정신성 위주의 삶의 태도에 대해 새삼 동경을 느끼는가 하면 별반 관심을 지니지 않았던 신봉구를 영혼의 사랑으로 묘사, "더러운 육욕의 만족"을 추구해 가는 백윤회에 대한 증오와 회의 속에서 신봉구를 애타게 갈망하기도 한다. 뿐만 아니라 그녀는 "더러워진 영혼은 더욱이 영원히 꺼지지 않는 유황불에서 지글지글 타고 있을 것"이라면서 극도의 죄의식을 보이기도 한다. 김순영의 의식자체가 이미 기독교의 영육분리의식에 너무나 침윤되어 있었던 것이다. 그런 점에서 신봉구에 대한 김순영의 광적 사랑은 '연애'의 정신성과 기독교의 영육 분리의식의 절묘한 결합으로부터 생성된 것에 다름 아니었다고 할 수 있다.

이처럼 김순영은 시대를 살아간다고 하기보다는 기독교적 사상이라는 하나의 관념을 살아간다. 이와 같은 김순영의 모습은 '연애'의 환영에 사로잡힌 명선주를 비롯하여 『재생(再生)』의 여타의 인물들의 '환영'에 사로잡힌 모습과 연결, 근대라는 한 시대의 특징으로 확대되어 간다. 김순영이 백윤회와의 관계로 인한 절망과 회의 속에서 P부인을 방문했을 때, P부인이 설파하는 '러브'의 본원적 의미에 대한 언급은 그런 점에서 주의를 요한다.

하나님 일 위해서 몸 바치는 사람 결코 실망하거나 낙심하는 일 없소—제 욕심 채우려고 애쓰는 사람 항상 실망 있소 낙심 있소— 그런 사람 저 밖에 모르오 '쎌피쉬'한 사람이요 '쎌피쉬'한 것 가장 큰 죄악이오 또

모든 죄악의 근본이요 내가 보니 조선 젊은 사람들 '쎌피쉬'한 성질 많소
— 저를 희생하는 정신 — '쎌프쌔크리파이스' 정신 심히 부족하오 저를
'쌔크리파이스'해서 하나님께 '써브(섬기기)'하는 생각 심히 부족하오 공부
오래 오래 한 사람들 — 서양까지 갔다 온 사람들도 '쎌피쉬니스(이기심)'
떠나지 못하고 '써 - 비스(봉사)'하는 생각 잘 깨닫지 못하는 사람 많아, 나
그것 대단히 슬퍼하오.[20]

첩이라는 자신의 위치 및 육적 쾌락에만 근거한 백윤희와의
관계에 절망, 자살을 결심한 김순영에게 P부인은 '쎌프쌔크리
파이스'에 대해 강조한다. 그리고 조선인들에게 이 정신이 결여
되어 있음을 지적한다. 이 가르침 이후 백윤희와의 관계를 청산
하는 등 '쎌피쉬'와 '쎌프쌔크리파이스'의 차이를 이해하기 위
해 노력함에도 불구, 김순영은 마침내는 자살에 이르고 만다.
이는 그녀의 의식 속에서 이 양자의 차이, 말하자면 '러브'의
근원으로서의 '쎌프쌔크리파이스'가 전혀 이해되고 있지 않음
을 의미한다. 즉 김순영의 자살은 "주와 나라를 위하여 몸을 바
친다"라고 다짐은 했지만 기독교의 희생정신이라든가 영혼 중
심적 사고가 삶을 통해 일상화되어 있지 않고 하나의 관념으로
서만 인식되고 있었던 그녀 의식의 한계로부터 비롯된 것이었
다고 할 수 있다. 그것은 곧 영어 '서어비스(Service)'와 조선어
'봉사' 간에 거대한 거리를 상정시키고 있던 1920년대 조선의
한계이기도 했다.

20) 李光洙, 위의 책, 171면.

5. 결론

1920년대 중반 발표된 『재생(再生)』에서 이광수는 신청년들간의 애정 관계를 통하여 근대 초기 조선의 풍속을 묘사해간다. 근대적 세계로의 변환과 3·1운동의 실패라는 변혁의 와중에 휩싸인 조선의 상황이 『재생(再生)』의 주된 테마로서 채택되고 있었던 것이다. 그에 어울리게 『재생(再生)』의 등장인물들은 대다수가 근대적 신교육을 습득했거나 습득하는 중이며 근대적 세계의 의식 및 문화적 습관들을 몸에 익히기 위해 노력한다. 그들은 피아노를 치고 음악회에 참석하며 여학생과 연애를 하고 기독교 예배당에서 예배를 올린다. 그러나 피아노, 음악회, 여학생과의 연애, 기독교 예배당 등 『재생(再生)』에 등장하는 모든 근대적 문물들은 등장인물들의 의식의 근대성과 연결되지 못한 채 이들 등장인물들의 근대성을 증명하기 위한 일종의 코드로서 이용되고 있을 뿐이다. 여기서 기이한 역전이 발생한다. 근대적 의식이 자연스레 근대적 형식을 배출해내는 것이 아니라 근대적 문물들의 형식적 습득이 곧 근대적 의식을 대변하게 되는 것이다.

조선의 근대가 지닌 이와 같은 아이러니컬한 상황을 이광수는 『재생(再生)』에서 등장인물들의 환영에 가득 찬 삶을 통해 포착해내고 있다. 『재생(再生)』에서 연인 관계의 두 주인공 신봉구와 김순영의 경우 서로 사랑하고 있다고 느낌에도 불구, 그 애정이 실현되지 못한 채 김순영의 자살이라는 비극적 결말을 맞게 된다. 여기에는 1920년대 조선의 상황이 '연애'로 표상되는 남녀평등의 근대적 애정 형식을 승인해줄 만큼 성숙되어 있지 않았다는 점이 한 요인으로 제시될 수 있다. 그와 더불어 지적될 수 있는 또 하나의 요인은 애정 관계의 정신화, 영화(靈化)를 강조한 '연애'의 제 의식에 대한 이해의 부재, 즉 남녀평등의 근대적 의식에 대한 깊이 있는 자각이 부재한 채 근대의 한 표상으로서만 '연애'를 수용하고자 한 이들 두 인물들의 의식의 한계이다.

이처럼 근대를 내면화시키지 못한 채 일종의 환영으로서의 근대를 쫓아가는 이들 두 주인공의 불안정한 모습은 『재생(再生)』의 모든 등장인물들에게서 공통적으로 발견되면서 근대적 '여명기'에 들어선 조선의 모습으로 확대되어 간다. 기독교의 박애 개념에 사로 잡혀 자신의 인생을 몰락으로 이끌고 가는 신봉구, 민족에 대한 명확한 인식 없이 어설픈 민족주의의 환영에 사로잡혀 살인에 이르는 경훈, 3·1운동의 투사에서 급작스레 첩으로 변모한 김순영 등 『재생(再生)』의 모든 인물들은 환영과 허위를 추구하고 있다는 점에서는 동일한 것이다. 이로써 『재생(再生)』에서는 근대적 여명기의 조선이라는 하나의 시대와 세계가 구축되게 되는데 그것은 곧 이광수가 바라본 소선의 근대의 한 실체이기도 했다.

제6장
내면의 부재와 근대적 허영
나도향, 『환희(幻戱)』

1. 서론

1922년 발표된 노자영(盧子永)의 『표박(漂迫)』[1]에는 연인 관계인 남녀주인공이 기차 여행을 하는 장면이 등장한다. 여행을 하던 중 차창 밖의 경치에 취한 남자주인공이 갑작스레 여주인공의 손을 삽고 남사주인공의 이 행동은 곧 기차내 승객들의 시선을 집중시키게 된다. 두 남녀 주인공이 23~24세의 성숙한 나이라는 점을 고려한다고 하더라도 여성의 단발이 사회적 지탄의 대상이 되기도 했던 1920년대 조선의 보수성을 감안한다면

---

1) 盧子永, 「漂迫」, 『白潮』, 1922.4.

이들 두 남녀의 행위는 사회적으로 쉽게 수용될 수 있는 성질의 것은 아니었던 것이다. 이 점은 여성을 가리켜 '나의 마돈나' 혹은 '나의 여왕'으로 호명, 여성 숭배의 태도를 표명한『백조(白潮)』의 몇 몇 연애시에서도 동일하게 발견된다.

남녀가 애정의 표현으로서 서로의 손을 잡고 키스를 나누는 자유분방한 모습이라든가 남자가 여자를 향하여 '나의 마돈나', 혹은 '나의 여왕'2)으로 호명하는 등의 여성 숭배적 태도가 결코 조선적이라고 할 수 없는 이질적 풍경이었다면 이와 같은 행위와 의식은 어디서부터 비롯된 것일까. 이는 곧『백조(白潮)』의 성향 나아가서는 조선의 근대의 '기원'에 대한 질문이 될 수도 있는 것이다. 이 점에서『백조(白潮)』의 동인이었던 나도향이 신청년들간의 애정 관계를 주된 테마로 1922년 발표한 장편『환희(幻戲)』는 주의를 요한다.

『환희(幻戲)』는 1922년 11월부터 다음 해 3월에 걸쳐『동아일보』에 연재된 작품이다. 후대의 부정적인 평가3)에도 불구하고『환희(幻戲)』는 연재시 젊은 남녀들로부터 큰 호응을 얻고 있다.4) 여기에는 이 작품이 대중의 취미에 부합되는 '애절한 사랑

---

2) 『白潮』 3호에 게재된, 盧春成의 연애詩 「외로운밤」(盧春成, 『白潮』 第一號, 1922.4)에서는 여성이 '나의 여왕'으로 호명되고 있다.

3) 조연현은 『幻戲』를 비롯 나도향의 초기 작품들을 "稚氣滿滿한 哀傷的 感傷的 작품으로서 당대의 人氣는 어떠했든 별로 取할 것이 없는 習作"(趙演鉉, 『韓國現代文學史』, 成文閣, 1969, 421~423면)이라고 규정하고 있다. 『환희』를 비롯한 초기작에 대한 부정적 평가는 김우종·채훈 등 후대의 논자들에게서 동일하게 발견된다.

4) "이 小說이 한번 발표되자 京鄕의 讀者에게서 投書가 많이 날아들어 오는 중에 女人들의 讚辭가 많았으며 東亞紙의 紙數도 많이 불은 듯하다."(안석영, 「조선문단삼십년측면사」, 『조광』, 1938.12, 43면)

의 전말사'를 다루었다는 점 이외에도 "기미 직후의 여성, 새로 개성에 눈을 뜬 과도기의 신여성의 심리"[5]를 묘파해냄으로써 당대 신청년들의 정서에 부합되었다는 점이 중요한 요인으로 지적될 수 있다. 이 점은 한국 근대문학이 산출한 "거의 유일한 낭만주의 소설"[6]이라는 『환희(幻戱)』에 대한 일련의 평가와 연결되어 낭만주의를 표방하고 나선 『백조(白潮)』지의 의식, 나아가서는 근대 초기 조선의 신청년들의 의식의 지형도를 살필 수 있는 중요한 자료로서 『환희(幻戱)』의 의미를 고려케 한다.

2. 근대문학에 나타난 처녀성 상실의 의미

1922년 발표된 나도향의 『환희(幻戱)』에서 여주인공 혜숙은 동경 유학생인 선용에게 사랑을 약속했음에도 불구, 그녀의 미모에 혹한 부호 백우영에 의해 정조를 유린당한 후 그와 결혼에 이르게 된다. 이 결혼은 백우영의 방탕함 그리고 선용에 대한 혜숙의 죄의식, 혜숙의 병약함 등으로 인해 혜숙의 자살이라는 비극적 결말을 맞게 된다. 애정 없는 결혼 생활 속에서 육체적으로나 정신적으로나 피폐해져 가는 혜숙의 모습과 그런 혜

---

5) 김태준·박희병, 『증보 조선소설사』, 한길사, 1990, 240면.
6) 최원식, 「長恨夢과 위안으로서의 文學」, 『韓國近代文學史論』(林熒澤·崔元植 編), 한길사, 1982, 260면.

숙을 보고도 연민은커녕 기방 출입에만 몰입하는 냉정한 백우영의 모습에는 육체적 결합에 기반한 남녀 관계를 유한적이고 가변적인 것으로서 바라보는 나도향의 시선이 게재되어 있다. 이처럼 『환희(幻戱)』가 정신성이 부재한 남녀 관계에 의해 초래된 비극성을 드러내고 있다면 처녀성 상실의 모티프는 이 점에서 상당히 중요한 역할을 하고 있다.

'처녀성 상실'의 모티프는 1910·1920년대 소설에서 어렵지 않게 발견된다. 1917년 이광수의 『무정(無情)』에서 기생 영채가 당대의 한량 김현수에게 정조를 유린당하면서 '처녀', 즉 처녀성의 의미가 새롭게 제기되었고 1919년 발표된 김동인의 「약(弱)한 자(者)의 슬픔」에서는 상대 남성의 강압에 의한 여학생의 처녀성 상실이 주된 테마로서 다루어지고 있었다. 여학생의 처녀성 상실 모티프는 이후 나도향의 『환희(幻戱)』를 비롯하여, 현진건의 「유린(蹂躪)」, 그리고 이광수의 『재생(再生)』에서도 역시 반복되어서 나타난다. 이들 작품들이 '연애' 및 그 히로인으로서의 '신여성'의 의식을 주로 다루고 있었다는 점에서 볼 때 처녀성 상실의 모티프에는 근대적 세계의 제 의식과 깊은 연관 관계가 내재해 있었던 것은 아닐까 짐작하게 한다. 이광수의 『무정(無情)』에서 정조를 '정절'로서 의식하는 영채와 이를 주로 '처녀'라는 용어와 연관시켜 표현하는 이형식 간의 태도의 차이는 이 점에서 주의를 요한다.

물론 이형식 역시 정조를 상실한 영채를 떠올리면서 정절의 문제를 거론하고 있기는 하다. 이형식은 영채의 불행에 대해 충격과 연민을 느끼기도 하지만 그보다는 그녀가 과연 자신에 대한 정절을 지켰는가에 대해 궁금해하는 것이다. 그러나 몇 번 만나보지도 않은 이형식에 대해 정절, 즉 전근대적 애정 윤리에 사로잡혀 죽음을 결심하는 영채와 달리 이형식은 오히려 영채가 처녀인가 아닌가 하는 순결의 유무, 즉 육체적 변화의 쪽에 훨씬 관심을 기울이고 있다. 영채와 선형의 사이에서 갈등하던 이형식이 갑작스레 선형에게로 마음을 선회시키면서 선형을 가리켜 "티끌만한 더러운 행실과 티끌만한 더러운 생각도 없"는 "마치 눈과 같고, 백옥과 같고, 수정과 같"은 존재로서 칭송하게 되는 것에는 다름 아닌 선형이 "선녀 같은 처녀"[7]라는 점이 결정적 요인으로 작용하고 있다. 이처럼 유교적 윤리 개념에 기반한 정절이라는 관념적 용어를 신체적 특성에 기저 한 처녀라는 용어로 대체해 가는 이형식의 모습은 그가 지향하는 근대적 세계의 한 면모를 보여준다는 점에서 흥미롭다.

『무정(無情)』에서 나타난 '순결한 처녀'에의 지향은 처녀성 상실의 문제를 다룬 모든 작품에서 동등하게 발견된다. "선녀 같은 처녀",[8] "꽃다운 처녀",[9] "엔젤 같은······ 處女"[10] 혹은 "純全한 處女", "熱熱한 粉紅빛 歡美者"[11]라고 표현됨에 이르기까지 초기 근대문학에서 '처녀'는 경탄과 숭배의 대상으로서 존재하고 있다. 『백조(白潮)』파 시인들이 여성을 '나의 마돈나', '나의 여왕'으로 신격화시킬 때, 그리고 "사랑은 이 세상

---

7) 李光洙, 『無情』(『李光洙全集』第1卷), 三中堂, 1962, 118면.
8) 李光洙, 위의 책, 같은 면.
9) 玄鎭建, 「墮落」, 『白潮』第二號, 1922.5, 206면.
10) 春城, 「꽃피려는處女」, 『白潮』第一號, 113면.
11) 金東仁, 『弱한者의 슬픔』, 『創造』二月號, 1919.2, 71면.

모든 것에 떠나고 뛰여 넘은 것이고 버서난 것이라"[12]며 사랑에 대한 극도의 찬미를 나타낼 때 그 히로인은 언제나 육체적 경험을 지니지 않은 순결한 처녀로 한정되고 있었다. 그래서 여성의 처녀성 상실은 "연지같이 붉던 입술이 시푸르둥둥하게 보이며 기쁘게 반짝이던 맑던 눈동자가 송장의 눈같이 으스스하게 하게 보이는 듯하"고 "따뜻하던 살 냄새가 그윽하던 그 육체는 시들시들하고도 차게"[13] 되는 상태, 즉 생명력의 상실과 같은 정도로까지 과장되어 소설에서 묘사되어지기도 하는 것이다. 육체적 애정 관계에 대한 엄격한 배제, 여성의 신격화, 이와 같은 것들이 '처녀'에의 경탄에 내재되어 있었다고 하면 결코 조선적이라고 할 수 없는 이 낯선 의식과 용어가 표명하고자 한 것은 무엇이었을까. 근대적 애정관에 대해 설파한 이광수의 「혼인(婚姻)에 대한 관견(管見)」은 그 점에서 주의를 요한다.

물론 肉的要求도 잇겟지오 — 그것이 戀愛의 完成이겟지오 原始的으로 보면 그것이 究竟의 目的이겟지오 그러나 進化한 複雜한 문명과 정신생활을 가지게된 人類에 잇서서난 이 肉的要求난 찰하리 第二義인듯한感이 잇지오 물론(?) 肉的要求가 不潔하다 함이아니지오. 靈肉의 合致가 戀愛의 하낫가, 또靈과 靈의 愛着에 肉과 肉의 愛着이 들어야 비로소 戀愛가 성립되는것이라 하낫가 肉的要求를 決코 賤히녀김이아니지오. 다만 非文明的 戀愛는 오직 肉의 快樂을 渴求하는데 反하야 文明的 戀愛는 이것 以外에(以上인지 以下인지는 모르나 아마 進化한 度를 標準으로 하면 以上이겟지오)靈的要求가 잇다함이외다. 高尙한 精神生活을 가진者는 肉的寂寞을 感하기前에 그보담 深刻하게 靈的寂寞을 感하는것이외다. 그럼

---

12) 稻香, 「젊은이의 시절」, 『白潮』 第一號, 35면.
13) 나도향, 『환희』(『나도향전집』 下), 집문당, 1988, 218면.

으로 이러한 사람은(男子나 女子나를 勿論하고)戀愛에서 肉的滿足을求하려하기前에, 또 그보담 더 熱烈하게 靈的滿足을 求하려하는것이외다.[14]

여기서 이광수는 진정한 '연애'란 '영적(靈的) 요구(要求)'와 '육적(肉的) 요구'의 결합에서 완성되는 것이라며 '육적 요구'의 존재를 인정하는 듯하다. 그러나 그는 '육적 요구'를 '영적 요구'에 부속되는 '제이의(第二義)'적인 것, 혹은 '원시적(原始的)' '비문명적(非文明的)' 감정으로 규정함에 의해 그 가치의 인정을 종국에는 거부하고 있다. 말하자면 이광수가 이상으로 삼은 '근대적 애정' 형태인 '연애'란 성애(性愛)를 배제한 정신적 관계를 주요 골자로 하여 성립되고 있었던 것이다. 이와 같은 성향이 여성의 지위 향상, 일부일처제의 확립 등 발달된 근대적 문명세계로의 '진화(進化)'를 지향했던 이광수와 같은 청교도적 성향을 띤 계몽주의자에게서만 나타났던 것은 아니었던 듯하다.

관능적 나부(裸婦)의 뒷모습을 표지로, 낭만주의를 표방 1922년 창간된 『백조(白潮)』에서 박종화가 감상문 「영원(永遠)의 승방몽(僧房夢)」[15]을 통해 '육(肉)의 향락(享樂)'을 '비열(卑劣)'하고 '무의미(無意味)의 단조(單調)'로운 것으로서 그리고 '영(靈)의 세계'를 '깨끗하고 장엄(莊嚴)'하며 '청신(清新)'·'성결(聖潔)'·'숭고(崇高)'한 것으로 정의 내리고 있는 것은 그런 점에서 흥미롭다. 이처럼 정신과 육체의 이원화 그리고 정신적인 것에 대한 절대적 가치 부여. 이것이 '연애'를 통해 표현되는 근대적 세계

---

14) 李光洙, 「婚姻에 對한 管見」, 『學之光』, 1917.4, 31면.
15) 朴鍾和, 「永遠의 僧房夢」, 『白潮』第一號.

의 의식이었다고 한다면 육체적 순결을 지닌 '처녀'야말로 정신성을 보증할 수 있는 가장 유효한 존재였던 것이다. 즉 근대 문학에서 어렵지 않게 발견되는 처녀에 대한 경탄과 숭배 및 처녀성 상실의 모티프에는 남녀 애정 관계의 정신화·영화(靈化)에 기초한 남녀평등의 근대적 세계를 지향했던 '연애'의 제 의식이 내재되어 있었다고 할 수 있다. 이와 같은 '연애'의 제 의식이 당대 조선의 신청년들에게서 어느 정도 정확히 이해되고 있었던가의 문제는 조선사회의 의식의 정도를 가늠케 하는 요소라고도 할 수 있다. 이 점에서 나도향의 『환희(幻戱)』는 중요한 의미를 지닌다.

3. 환희(幻戱)로서의 사랑

1925년 발표된 나도향의 장편 『어머니』에서 여주인공 영숙은 비록 첩이라고는 하나 아이를 둔 유부녀임에도 불구하고 우연히 재회한 소꼽친구 춘우와 사랑에 빠지게 된다. 남편 몰래 춘우와의 밀회를 즐기다가 급기야는 가정을 버리고 춘우를 따라나서는 영숙의 행위는 사랑의 열정이라고 결정 내리기에 미흡한 무언가를 느끼게 한다. 첫 만남 이후 과감하게 춘우에게 만나자는 편지를 보내는 영숙의 행위는 겨우 두 번째의 만남에서 영숙의 손을 잡고 사랑을 고백하는 춘우의 행위와 연결되어 이들의 애정이 내면으로부터 자연스레 발생된 것이 아니라 인위적으로 성급히 조작되었을지도 모른다는 의심을 강하게 일으키기 때문이다. 그래서인지 춘우를 향해 "나의 몸의 주인은 있어도 나의 영의 주인은 없"었는데 "이제 그 영의 주인을 얻었"다는 영숙의 고백은 그 내용의 애절함에도 불구, 왠지 공허하게밖에 느껴지지 않는 것이다. 스쳐지나가듯 겨우 두 번을 만나고는 '영(靈)의 주인' 운운하는 등 『어머니』의 두 연인들이 일으키는 이와 같은 어이없는 착각 혹은 의식의 과장은 나도향의 장편 『환희(幻戱)』에서도 동일하게 발견된다.

『환희(幻戱)』는 여학생 혜숙, 동경 유학생 김선용, 재력가 백우영 간의 삼각의 애정 관계를 중심으로 전개된다. 여기서 여학생 혜숙은 가난한 동경 유학생 김선용을 겨우 두 번 만나고는 연모의 감정을 고백하는가 하면 별다른 감정적 연계도 형성되지 않은 상태에서 동경의 김선용에게로 연서(戀書)까지 보낸다. 이는 김선용도 역시 마찬가지이다. 그는 혜숙을 겨우 스치듯 한 번 만나고는 혜숙에게 사랑을 져버리니 아니니 운운한다. 사제지간 혹은 혁명적 동지로 만나 정신적 애정을 형성시켜 가려하던 이광수의 『무정(無情)』과 『재생(再生)』의 연인들을 고려한다면 이들 『환희(幻戱)』의 두 연인들의 애정 형성 과정은 너무나 급작스러워서 당사자인 선용조차도 "그 날 그 짧은 시간의 한마디를 꾸미고 사라진 두 사람의 이야기가 과연 자기와 혜숙 사이를 굳고 굳게 사랑의 가닥으로 얽어놓았을는지 의문"을 느낄 정도인 것이다. 선용에 대해 거듭되는 갈등과 혼란을 느끼는 혜숙의 태도는 이 점에서 주의를 요한다.

혜숙은 청년음악회에서의 선용과의 첫 대면 후 그의 초라한 외모에 실망한 나머지 세련된 외모의 백우영과 김선용을 일순 착각한다. 그런가 하면 선용에게 보낸 자신의 연서(戀書)를 차라리 백우영에게 보냈으면 좋았을 것이라고 후회하기도 한다. 이와 같은 혜숙의 모습은 "거죽을 보아서 아무것도 만족한 것을 찾아내지 못"할 만큼 선용에 대해 실망을 느낌에도 "어떻든 만족한 것을 그에게서 찾아내어 그를 그리워하여 보기도 하고 사랑도 하여보았으면 하"고 느끼는 등 노력에 의해 애정을 형성시키려는 그녀의 이상한 심적 상태와 연결, 혜숙이 어쩌면 사랑의 감정을 이해치 못하고 있을지도 모른다는 의심을 불러일으키기도 하는 것이다. 실제로 혜숙은 김선용과의 교제에 대한 오빠 영철의 권유를 자신의 행복을 방해하려 하는 것이 아닐까 의심할 정도로까지 김선용에 대해 애정을 느끼지 못하고 있다. 그러면서도 그녀는 김선용과의 애정 형성을 위해 노력하는 등 사랑에 대해 일종의 강박증에 걸린 듯한 분위기를 강하게 드러내고 있는 것이다.

이와 같은 혜숙의 모습은 "어떠한 여자든지 나의 '이상적 아내'가 아니면 사랑하지 않는다"며 이상적 아내와의 사랑을 부르짖으면서도 기생과의 유흥에 탐닉하는 백우영, 그리고 "신성한 연애"에 대한 동경 속에서 '연애'를 경험하기 위해 노력하는 김선용의 모습과 연결되면서 새로운 사랑의 형식 '연애'의 이입에 직면한 근대 초기 신청년들이 겪는 의식의 혼란으로 연결되어 간다. 선용에 대한 끊임없는 갈등 속에서 혜숙이 일으키는 다음의 상상은 이 점에서 주의를 요한다.

어린 혜숙은 다만 마음 가운데 이러한 것만 그리고 있을 뿐이었다. 선용씨가 일본서 공부를 하여 가지고 돌아 오거든 앞에는 수정 같은 냇물이 굽실굽실 여울지어 돌아가고 뒷동산에는 성(聖)된 종려나무 그늘 같은 무르녹은 녹음 가운데 어여쁘고 얌전하게 양옥집을 짓고 살자!

그리고 선용씨는 서재에서 글을 쓰고 자기는 전깃불이 고요히 비치고 나부끼는 창장(窓帳)을 가는 바람이 고달프게 할 때 그 옆 교의에 앉아 책을 보다가 선용씨가 머리가 고달프다고 붓대를 놓거든 나는 피아노의 맑고 가는 멜로디로 그의 머리를 가라앉혀 주리라. 그러다가 달이나 훤하게 밝거든 뒷동산 슬 내린 사이로 두 사람이 팔을 마주 겨누고 이리저리 소요하면서 나무 사이로 흐르는 푸른 달빛에서 한없고 달콤한 정화에 취하여 보리라 하였다.[16]

선용에 대한 갈등과 불만에도 불구하고, 혜숙의 낭만적 결혼 생활의 동반자로서 선용을 선택하려함에는 동경 유학생이라는 선용의 신분이 결정적 요인으로 작용하고 있었다고 할 수 있다. 즉 동경 유학생과의 결혼이 곧 미래의 영화로 이어진다는 식의 세속적 욕망이 선용에 대한 혜숙의 애정의 한 부분을 지탱해주고 있었던 것이다. 그러나 매력적인 재력가 백우영을 두고 가난한 고학생이며 별반 호감을 느낄 수도 없는 김선용과의 애정 형성을 위해 노력하는 혜숙의 행위는 결혼 생활에 대한 그녀의 낭만적 공상과 연결, 이에 대한 또 다른 해석을 가능케 한다.

결혼에 대한 혜숙의 공상은 선용과의 애정의 깊이, 선용의 경제적 정도 등 현실적 여건과는 무관하게 전개되는 반면 흥미롭게도 『무정(無情)』의 김선형이 일으키는 이상적 결혼에의 공상과는 유사한 형태를 띤다. 혜숙의 동경 유학생 출신의 남편,

---

16) 나도향, 『환희』(『나도향전집 下』), 집문당, 1988, 204면.

피아노 선율, 이층 양옥집 등 서구적 가정의 개념을 지닌 '스위트 홈'을 이상적 결혼 생활로서 떠올리듯 『무정(無情)』의 김선형 역시 동경 유학생을 미국 유학생으로 교체할 뿐 동일한 요소들을 공상 속에서 떠올리고 있는 것이다. 이는 이형식에 대한 불만족과 회의적 감정에도 불구, 그와의 애정 형성을 위해 노력하는 『무정(無情)』의 김선형의 이율배반적 태도와 연결, 김선용에 대한 혜숙의 애정의 기원을 설명함에 있어 중요한 요인으로 작용한다.

김선용과 혜숙의 애정 관계는 근대적 애정 형태인 '연애' 및 그 결정체로서의 '스위트 홈'의 의미를 개념으로서 먼저 수입, 그 실현을 위해 학식을 지닌 동경 유학생을 필요로 했던 혜숙의 태도에 크게 의지해 있었다고 할 수 있다. 즉 선용에 대한 혜숙의 애정, 정확히 말해서 애정의 상대로서 선용을 선택하려 하는 혜숙의 행위에는 근대적 애정 관계 '연애'를 형식으로서 먼저 수용, 이에 따라 '사랑'의 감정을 형성시켜 가던 근대 초기 신청년들의 불안정한 내면의 문제가 내재되어 있었던 것이다. 『쿼바디스』와 『파우스트』를 읽으면서, 그 소설들을 전범(典範)으로 자신들의 애정을 생성·진행시켜 가는 등 근대 초기 조선의 신청년들에게서 공통적으로 발견되던 애정 형성의 기이한 전도 과정이 혜숙을 비롯하여 『무정(無情)』의 김선형에게서도 나타나고 있는 것이다. "『전원(田園)의 봄뜰』이라는 노래를 만도 링에 마처 노래"[17]하고는 여학생 혹은 유학생 출신의 "스위트

---

17) 盧子永, 「漂迫」, 『白潮』 第一號, 1922.4, 9면.

하트"와 "붉은키스"18)를 나누는 것을 '연애'로 인지, 여학생 혹은 유학생 출신의 남성만을 애정의 상대로서 집요하게 쫓아가던 『백조(白潮)』 동인들의 사랑에 대한 부박한(浮薄)한 의식이 주의를 요하는 것은 바로 이 때문이다.

이처럼 선용에 대한 혜숙의 애정이, 조선의 연애=속연애(俗戀愛)라는 당대 논설의 비판적 논지19)에서도 나타나듯, '연애'를 일종의 센세이셔널한 사건으로 인지할 수밖에는 없었던 당대 신청년들 나아가서는 근대 초기 조선의 의식의 한계를 충분 드러내고 있었다고 할 때 김선용 역시 여기서 별반 예외는 아니었던 듯하다. 김선용의 경우 혜숙의 변심에 절망, 자살까지 시도한다. 그러나 두 번의 간략한 만남과 한두 번의 서신 왕래가 전부였던 그와 혜숙의 관계를 고려한다면 이와 같은 극단적 행위는 다소간 납득이 힘들기도 하다. 김선용은 혜숙에 대한 열정적 사랑의 감정을 토로하면서도 자신을 연모하는 일본의 여학생에게 관심을 가지고 백우영과의 결혼에 대해 용서를 구하는 혜숙에게 불굴의 사랑을 약속하면서 한번도 만난 적이 없는 일본의 여학생에 대해 '사랑의 정'을 떠올린다. 이와 같은 김선용의 모습은 그가 토해내는 사랑에 대한 과다한 열정의 언변들이 허위일지도 모른다는 의심을 불러일으키게 한다. 김선용은 이 점에서 정조의 유린으로 인해 이루어진 강압적 결혼이었음

---

18) 懷月, 「感想의廢墟」, 『白潮』 第一號, 230면.

19) 잡지 『서울』에 실린, 「俗戀愛는 反對」라는 논설에 의하면, 젊은 청춘 남녀들이 "모혀안즈면戀愛니야기오꽃갓흔少男少女는흔히戀愛에醉하랴한다"고 전제한 후, 연애가 정신성에 위주한 연애의 본래적 의미에서 이탈, 속연애로 가고 있다고 비난하고 있다(林蚕正氏, 「俗戀愛는反對」, 『서울』 第3號, 1919.4, 57면).

에도 남편 백우영과의 "처녀 시대의 그 열렬한 사랑을 영구히 계속"하고 싶다면서 사랑에 대해 기묘한 착각을 일으키는 혜숙과 묘한 공통성을 보이고 있다.

이처럼 사랑을 약속하고 곧 다시 그 약속을 번복하는 김선용의 모습은 그의 사랑의 실체를 전면적으로 드러내고 있다. "사랑 앞에는 죽음도 없고 아무것도 없고 다만 벌거벗은 사랑이 있을 뿐"이라는 사랑에 대한 그의 열정적 언사와는 달리 그는 단 한순간도 애절한 사랑의 감정을 경험하지 못하고 있었던 것이다. 혜숙과의 애정 관계를 정리, 일본의 여학생을 향해 가면서 『파우스트』를 가방에 챙겨 넣는 김선용의 모습 그리고 일견 보들레르의 싯귀, "청춘(靑春)을 앗기느냐? / 그것도오는압날에"[20]를 그대로 추종했음직한 '청춘'의 끓는 피에 대한 김선용의 근거 없는 강조 및 열정 등 사랑의 감정조차 이식해받을 수 없었던 김선용의 이 모습을 조선 신청년들의 모습 일반으로 연결해 버린다면 지나친 염려인 것일까? 이처럼 사랑과 관련, 김선용이 겪는 혼란에는 기생과의 유흥 이외에는 별다른 남녀 교제의 기회를 찾기 어려웠던 사회 분위기 속에서 남녀 관계의 정신화와 같은 낯선 용어와 갑작스레 직면케 되었던 근대 초기 조선의 신청년들의 충격과 혼란이 담겨 있었던 것이다. 김선용·혜숙 등 당대 신청년들에게서 발견되는 이와 같은 사랑 형성의 기이한 전도 과정은 '처녀'에 대한 그들의 경탄 혹은 숭배에서도 동일하게 발견되고 있다.

---

20) 春城, 「鐵瓮城에서」, 『白潮』 第一號, 앞의 책, 105면.

4. 처녀에의 존중, 사랑의 정신화

『환희(幻戱)』에서 혜숙은 백우영의 요청이 있었다고는 하지만 겨우 두 번 만났을 뿐인 백우영을 집으로 방문, 그와 단둘이 머무는 등 백우영에 대한 자신의 호의적 감정을 직접적으로 표명한다. 여기에는 대모테 안경과 은단장, 양복으로 장식한 백우영의 근대적 외형만으로 그를 동경 유학생 김선용으로 착각해 버리는 것처럼, 근대적 외형의 구비＝학식과 재주를 지닌 신청년으로 파악하던 혜숙의 부박한 의식이 주된 요인으로 작용하고 있었던 듯하다. 서구 혹은 일본의 연애소설들을 읽고는 그에 촉발되어 멋진 유학생과의 연애를 갈망하는 것과 같은 연애에의 환영이 사랑에 대한 혜숙의 의식의 한 축을 이루고 있었던 것이다. 말하자면 혜숙은 "연애에 취하랴" 노력하던 당대 많은 소녀들 중의 하나였다고 할 수 있다. 이처럼 연애의 깊이 감염된 혜숙의 모습에서 단지 백우영의 외모에 대한 호감 혹은 정신적 교류가 부재한 채 전개되는 그녀와 백우영 간의 애정의 행방을 예측하는 것은 어렵지 않다. 혜숙과 백우영, 혜숙과 김선용 간의 애정 관계 링싱의 차이는 이 점에서 주의를 요한다.

혜숙의 아름다운 외모에 매료, 그녀에 대한 관심 혹은 애정의 마음을 형성시킨다는 점에서는 백우영 역시 김선용과 동일하다. 그러나 김선용이 혜숙의 사랑을 얻음에 감복하여 환희의 눈물을 흘린다든가, 혜숙과 연서를 주고받는 일견 낭만적이며 정신성에 대한 과다한 집착을 표명하던 당대 신청년들의 사랑에 대한 태도를 그대로 답습하고 있던 반면 백우영은 이와는 다른 방향에서 혜숙과의 관계를 설정하고 있다. 백우영은 혜숙과 강압적으로 육체적 결합을 맺는가 하면 그 책임을 추궁 당하자 쉽게 혜숙과의 결혼을 감행해 버린다. 그리고는 결혼 후에도 기생과의 유흥을 끊임없이 반복한다. 물론 그는 '연애'를 통한 '이상적 아내'와의 결혼 생활 운운하는 등 근대적 모습을 잠시 보이기도 한다. 그러나 혜숙과의 결혼을 결정하면서 다른 여성과의 사랑이 불가능하게 됨을 애석해하는 백우영의 모습에서는 김선용, 나아가서는 '연애'에 취한 당대 신청년들에게서 나타나는 것과 같은 "불붙는 키-쓰에 그만 넘어져"21) 버릴 정도의 열정적 사랑의 감정, 혹은 상대 여성에 대한 깊은 숭배의 태도를 찾아보기 어렵다. 오히려 농담과 유희로 일관하는 기생과의 유흥처럼 상대 여성과의 거리를 엄격하게 설정하는 감정적 냉정함이 백우영에게서는 발견되고 있다.

하룻밤의 향락을 위해 기생 설화에게 '사랑'이란 말을 쉽게 내뱉고 여학생 혜숙에게 흠모의 뜻을 표하면서도 그녀를 육체적 쾌락의 대상 이상으로는 간주치 않는, 백우영의 모습. 그 모습이야말로 기생과 손님 간의 남녀 관계를 벗어나서는 남녀 관계를 찾아보기 힘들었던 당대 조선의 사랑의 양식 — 일견 전근대적이라고 할 수 있는 — 을 대변함에 있어 김선용보다는 오히려 리얼리티를 확보하고 있다. 이에 근거할 때 김선용이 겪는 사랑의 상실이라는 비극적 경험은 김선용이나 그의 친우 영철

---

21) 春城, 「꽃피려는處女」, 『白潮』 第一號, 1922.4, 121면.

이 토로하듯 '돈', 즉 경제력의 문제에서 기인되었다기보다는 포즈의 수준을 벗어날 수 없었던 근대적 사랑 '연애'에 대한 김선용의 박약한 인식에서 기인된 바 훨씬 컸다고 할 수 있다. 남녀간의 거리 설정 및 엄격한 위계질서에 기반한 '부부유별(夫婦有別)'의 유교적 세계와 남녀평등 및 전일적(全一的) 사랑을 지향한 서구적 '연애'의 사이에서 균형감을 상실해버린 당대 신청년들의 불안정한 내면의 문제. 그것이 김선용이 사랑을 상실하게 되는 배후에는 있었던 것이다.

사랑과 관련, 백우영과 김선용 간에 발견되는 이와 같은 의식의 격차는 백우영과 혜숙의 사이에서도 동일하게 발생되면서 혜숙의 운명을 비극적으로 이끌어 가는 주된 요인으로 작용하게 된다. 백우영에 의해 정조를 유린당한 후 혜숙에게서 나타나는 반응은 이 점에서 주의를 요한다. 백우영에 의해 예기치 않게 순결을 상실한 후 혜숙은 정조를 상실한 자신의 상황을 '처녀'라는 용어와 연관시켜 표현하는가 하면 우연히 마주친 오빠 영철에게 대뜸 자신은 이제 '처녀'가 아니라고 절망에 차서 고백하기도 한다. 전통적으로 여성이 순결을 유린당한 경우 '정조를 상실했다'거나 '몸을 더럽혔다'라는 등의 표현을 사용함이 일반적이었음을 고려한다면 이와 같은 혜숙의 표현은 너무나 부자연스러워 일견 그녀가 자신의 상황을 진실로 절망적으로 감지하고 있는가 하는 의문까지 들게 할 정도이다. 이는 동생의 불행 앞에서 충격과 분노를 느끼기는커녕 "정신의 행복의 결과는 육의 만족이다. 그리고 육의 만족은 정신의 고통일까?"라면서 엉뚱하게도 정신적 사랑과 육애(肉愛) 간의 차이를 들고 나오는 영철의 모습과 연결되면서 남녀 관계의 정신화·영화(靈化)를 주창한 '연애'의 영향을 깊이 고려케 한다.

예를 들자면 혜숙과 백우영 간의 불행한 결혼 생활, 즉 혜숙에게는 냉담한 채 오로지 기생과의 유흥에만 탐닉해 가는 백우영의 모습과 그로 인해 폐병에 걸려 온전한 결혼 생활이 불가능해지는 혜숙의 모습은 정신성이 부재한 남녀간의 애정 관계라는 것이 얼마나 유한적이며 허망한 것인가를 보여준다는 점에서 '연애'와의 연관성을 충분히 감지케 하기도 한다. 육체적 결합만으로 이루어진 결혼임에도 불구, 부부 관계가 불가능할 정도로 쇠잔해져 버리는 혜숙의 육체라든가 김선용에 대한 속죄와 참회의 의식 속에서 유부녀임에도 불구, 그와의 정신적 애정을 떳떳하게 갈구해 가는 혜숙의 태도 등 정신성을 모든 상황 및 도덕적 가치보다 우위에 두는 『환희(幻戱)』의 태도가 주의를 요하는 것은 바로 이 때문이다.

실제로 혜숙은 백우영과의 결혼을 계기로 갑작스레 김선용에 대한 애정을 마음속에 형성시킬 뿐 아니라 김선용에 대한 '가슴 쓰린 애정' 속에서 그와의 사랑의 영원성을 갈망하기도 한다. 여기에는 사랑의 상실 후 죽음까지 결심했던 김선용에 대한 속죄의 의식이 하나의 요인으로 작용하고 있었다고 할 수 있다. 그러나 김선용에 대한 혜숙의 애정이 백우영과의 결혼 생활 속에서 발생되고 있다는 점은 이에 대한또 다른 해석을 고려케 한다. 백우영과의 결혼 생활에 대한 혜숙의 내면적 갈등은 그 점에서 주의를 요한다.

백우영과 결혼하던 그날까지 모든 열락과 행복을 한없이 누리고 노래할 줄 알았더니 그 후 얼마가 되지 않아 정월은 알지 못하는 가운데 자기 생활의 어딘지 한 구석이 비어 있는 것을 찾아내게 되었다. 그는 그때부터 비로소 처녀 시대에 몽상하고 동경하던 모든 것이 한낱 붙잡으려 하나 붙잡을 수 없는 춘몽과 같이 사라짐을 깨닫고 바위에 부딪치는 물결같이 깨어져 사라짐을 깨달았다. (…중략…) 그러나 정월은 사랑에는 이해(理解)만 있으면 그만이라 하였다. 그래서 자기 남편과 자기 사이에 사랑의 줄을 단단히 잇게 하여 주는 것은 다만 그 이해가 있을 뿐이라 하고 백우영을 이해하고 또 이해하여 영구한 사랑을 그에게 주려 하였으나 백우영은 그것을 마지 못하여 또는 정월을 이해해 줄 능력을 가지지 못하였다.[22]

　백우영의 방종, 폐병으로 인해 쇠잔해 가는 육체 등 파탄을 향해 치달아 가는 결혼 생활 속에서 혜숙이 제시하는 사랑의 비전은 상당히 독특하다. '융화' 혹은 '이해'가 형성되지 않는 백우영과의 결혼 생활에 대한 번민에서도 나타나듯 혜숙은 사랑을 상호간의 이해, 즉 정신적 교류로서 파악하고 있다. 이는 1917년 발표된 이광수의 『무정(無情)』에서 사랑을 확인하는 이형식의 질문에 남녀의 관계란 섬김이 있을 뿐이지 사랑이란 생각조차 하여본 적이 없다며 당황해하는 김선형의 모습을 돌이켜 볼 때 일견 남녀간의 새로운 애정 패턴을 제시해주고 있다는 점에서 흥미롭다. 백우영과의 결혼이 강압적인 육체적 결합 및 부에 대한 동경에 의해 이루어졌음에도 불구, 사랑에 의해 지속되는 결혼 생활을 지향, 상호간의 이해에 기반한 깊은 결속력을 지닌 평등한 부부 관계 형성을 위해 노력하는 혜숙의 이율배반적 태도가 주의를 요하는 것은 바로 이 때문이다.

---

22) 나도향, 『환희』(『나도향전집』 下), 집문당, 1988, 265면.

그러나 혜숙과 백우영의 부부 관계가 "반죽이 잘 되지 않은 밀가루 떡"처럼 쉽게 융화되지 못한 채 진행됨에는 아이러니컬하게도 '영구한 사랑'23) 혹은 정신적 교류를 통한 상대와의 전일적(全一的) 사랑을 지향하는 이와 같은 혜숙의 의식이 중요한 요인으로 작용하고 있었던 듯하다. 상대 여성들과 엄격한 감정적 거리를 상정하는가 하면 애정 관계를 일종의 유희 이상으로 이끌어가지 않는 등 일부다처제에 깊이 젖어 있는 백우영, 그리고 남녀 1 : 1의 애정 관계를 규범으로 설정, 상호간의 정신적 교류에 기반한 영구한 사랑의 이념에 휩싸여 있는 혜숙, 이들 양자간의 거리는 결코 쉽게 극복될 수 있는 성질의 것은 아니었던 것이다. 백우영과의 결혼 생활 속에서 "한 귀퉁이 가슴이 빈 것을 채우기 위하여 시를 외우고, 소설을 읽고" 음악을 배우는 등 정신적 작업에 몰두해 가는 혜숙의 모습에서 백우영과의 결혼 생활에 대한 혜숙의 결핍감이 어디서부터 비롯되고 있는가를 어렵지 않게 읽어낼 수 있다. 김선용에 대한 혜숙의 새삼스러운 애정 역시 이 지점으로부터 이해 가능하다.

그렇다고는 해도 백우영과의 애정 관계에 대한 절망감 속에서 김선용에 대한 회의와 환멸을 갑작스레 절박한 애정으로 변환시킨다든가 백우영과의 애정 복원을 모색하면서 한편으로 김선용에게 영원한 사랑을 호소하는 혜숙의 모습은 그녀가 제시

---

23) 영구한 사랑에 대한 나도향의 지향은 『환희』에서만이 아니라, 중편 「어머니」에서도 반복되어 발견된다. 예를 들자면, 등장 인물 창하가 내어 뱉는 "참 정말 영구한 사랑이 이 세상에 있다고 하면, 그는 이 세상의 주인이 될 것입니다"라는 사랑의 절대성에 대한 언급은 이 점에서 주의를 요한다(나도향, 「어머니」, 『나도향 전집』 下, 집문당, 1988, 412면).

한 이해와 융화 등 상호간의 정신적 교류에 기저 한 '영구한 사랑'의 실체를 의심케 하기도 한다. "사랑은 영원히 사랑이요, 사랑 앞에는 죽음도 없고, 아무 것도 없"다면서 '영구한 사랑'을 찾아 김선용을 향해 달려가는 혜숙과 그런 혜숙에게 영원한 사랑을 약속하고는 곧, 미지의 애정 상대를 갈망하는 김선용의 모습에는 연인을 향한 사랑의 절박함보다는 '영구한 사랑'에 대한 동경 및 도취의 감정이 훨씬 더 강하게 배어 있었던 것이다.

그래서인지 불행한 결혼 생활 속에서도 심리적 안정감을 견지하는 백우영과 달리 혜숙의 경우 폐병은 물론 자살을 불러일으킬 만큼 극도의 정신적 불안감을 나타내고 있다. '연애'로 요약되는 이상으로서의 사랑과 보수적 현실 간의 간극, 그리고 이미지로서 '연애'의 '영구한 사랑'을 경험할 수밖에 없었던 근대 초기 조선 신청년들의 의식의 한계, 혜숙이 겪는 심신의 쇠잔함은 이처럼 현실과 환영, 이상과 현실 간의 충돌·간극에서 비롯된 것이라고 할 수 있다. '처녀'에 대한 히스테리컬한 반응 및 집착에도 불구, 정조의 상실을 이유로 백우영과 별다른 회의나 갈등 없이 결혼에 이르려는 혜숙의 모습은 이에 대한 하나의 예로서 제시될 수 있다. '영구한 사랑' 혹은 전일적(全一的) 사랑에 대한 환영 속에서 죽음에 이르리는 혜숙과는 달리 사랑의 유한성에 대한 절망 속에서 죽음에 이르려는 기생 설화의 사랑에 대한 정의는 이 점에서 주의를 요한다.

> 엎드린 설화의 마음은 천이면 천, 만이면 만 갈래로 흐트러졌다. 그가 영철에게 향하는 사랑이 그의 마음의 전부를 차지하였다는 것은 십 구 년 동

안이라는 세월을 살아온 설화로는 단정해 말할 수 없는 것이다. 그에게는 짓밟힘을 당한 아프고 쓰린 경험의 기억이 그의 마음 한 귀퉁이에 영원히 사라지지 않게 남아 있다. 그는 영철을 처음에는 사랑하였다. 그러하다가는 그것이 닳이 지나간 후에는 사랑하리라 하였다. 그리고 또 그것이 지나간 뒤에는 사랑하여야 하겠다 하였다. 그리고 영철은 나를 사랑한다 하였다. 그러다가는 사랑할 터이지 하였다. 또 그러다가는 사랑하지 않지는 못하렷다 하였다.

지금 와서는 다만 저의 남아 있는 반생의 모든 것은 당신에게 맡기었소 하리라 하였다. 그리고 맡기었다 하였다. 그러나 기생 노릇을 한 설화로서는 십분의 구로 영철을 사랑할는지는 몰라도 십분의 일은 결함으로 남아 있었다.24)

혜숙이 여학생의 신분으로서 청년음악회에서 김선용과 백우영을 만나 애정의 관계를 형성해 간다면 설화는 기생의 신분으로서 은행원 영철과 직업적 관계로 만나 사랑에 빠지게 된다. 기생으로서의 설화가 지닌 관능적 매력은 그녀와 영철 간의 애정 관계를 육애(肉愛)의 쪽으로 강하게 끌어가게 된다. 이는 남녀 애정 관계의 정신화에 대한 영철의 집요한 집착과 연결되면서 이들의 애정 관계를 파탄으로 이끌어 가는 주된 요인으로 작용한다. 1 : 1의 남녀 애정 관계를 규범으로 설정, '처녀'에 대한 강력한 동경을 내보이던 영철의 입장에서 볼 때 하룻밤의 쾌락을 집요하게 요구하는 백우영을 직업적 관계 속에서 능수능란하게 처리해 가면서 자신과의 애정 관계는 애정 관계대로 진행해 가는 설화의 태도란 쉽게 용인될 수 있는 문제의 것은 아니었던 것이다.

---

24) 나도향, 『환희』, 앞의 책, 290~291면.

이처럼 영철은 설화와의 애정 관계 속에서 '처녀'의 붉은 저고리를 떠올리고 끊임없이 정조의 문제를 거론할 정도로 사랑에 대해 불안정한 모습을 나타내고 있다. 이는 정신적 교류가 부재한 남녀 애정 관계란 것이 얼마나 유한적인가를 드러내고 있다는 점에서 작품의 시선을 '연애'에 대한 긍정 쪽으로 자연스레 연결시켜 간다. 백우영처럼 남녀 관계를 일종의 유흥으로 가볍게 이끌지 못하고 사랑의 감정으로 진지하게 밀고 가는 영철의 모습에서는 혜숙과 김선용에게서 나타난 것과 같은 정신적 교류, 전일적 합일로 요약되는 '연애'에의 동경이 상당 부분 발견되고 있었던 것이다.

사랑과 관련, 영철에게서 나타나는 이와 같은 낭만적 태도와는 달리 사랑을 바라보는 설화의 시선은 상당히 냉정하며 현실적이다. 설화의 경우 영철에게 자신을 영원히 잊지 말아 달라며 영원한 사랑의 약속을 요구하는 등 '영구한 사랑'에의 열망을 나타낸다. 그러나 사랑과 관련해서 실제로 그녀의 의식을 지배하고 있는 것은 '십분의 일의 결함'으로 요약되는 사랑의 불완전함이다. 설화는 영철에 대한 과다한 사랑의 열정에 휩쓸리면서도 한편으로는 자신과 영철 간의 사랑이 변화되어 가는 과정을 담담하게 직시한다. 이처럼 끊임없이 자신과 타인 간의 감정적 거리를 상정시켜 가는 설화의 모습에서 인간 사이는 물론 남녀 애정에도 엄격히 거리를 형성시키던 백우영의 모습을 떠올리게 되는 것은 바로 그 때문이다.

그런 점에서 '영구한 사랑' 혹은 정신적 애정에 기저 한 전일적(全一的) 합일을 주창하는 영철을 바라보며 '십분의 일의 결함'을 떠올리는 설화의 시선은 많은 점을 시사한다. 여기에는 삶의 풍화를 겪은 인생의 프로로서 느끼는 애잔함 그리고 조선의 풍토와는 유리된 '연애'의 제 의식에 급격히 편승해가는 부박한 신청년들에 대한 조소 어린 감정이 복잡하게 얽혀 있었던 것이다. 쉽게 사랑의 감정을 변환시키는 김선용·혜숙·영철 등과 달리 아이러니컬하게도 사랑의 상실로 인해 죽음에 이르는 설화의 모습이 '연애'의 이입에 직면한 당대 신청년들의 의식의 정도를 가늠케 해주는 것은 이 때문이다.

5. 결론

회상기의 형식으로 전개되는 나도향의 「출학(黜學)」에는 "저 봄에 목동의 피리 소리" 들리는 "넓고 넓은 잔디 위에 졸졸졸 졸 흐르는 시내"[25]와 같은 결코 조선적이라고 할 수 없는 이질적 풍경이 등장한다. 조선을 묘사하면서도 서구적 자연 풍경을 끌어올 수밖에 없었던 이와 같은 기이한 현상은 단지 나도향 문학에 국한되어 나타난 것만은 아니었다. 이는 나도향이 동인으로 활동했던 『백조(白潮)』, 나아가서는 초기 근대문학 전반에서 어렵지 않게 발견되는 문제였다는 점에서 근대 초기 조선사

---

25) 나도향, 「黜學」(『나도향전집』上), 집문당, 1988, 23면.

회의 의식의 정도를 가늠할 수 있는 중요한 요인으로 제시된다. 이처럼 자연 풍경조차도 주체적으로 인식할 수 없었던 초기 근대문학이 지닌 의식의 한계는 1910년대를 즈음하여 일본에서 조선으로 이입, 전개된 근대적 애정 형식 '연애'를 주요 테마로 한 나도향의 『환희』에서 충분히 드러나고 있다.

1922년 발표된 나도향의 『환희(幻戱)』에서 여주인공 혜숙을 비롯, 김선용·백우영·김영철 등은 '이상적 아내', '신성한 연애' 운운하며 '연애'에 대한 동경을 표하지만 애석하게 이들은 한번도 근대적 애정 형식으로서의 '연애'를 경험치 못한다. 예를 들자면 '영적(靈的) 사랑'의 중요성을 언급하면서도 쉽게 육체적으로 결합하는가 하면 사랑의 절대성을 주창하고 '영구한 사랑'을 끊임없이 갈망하면서도 별반 자각 없이 자신의 사랑의 감정을 배반해 가는 등 내면의 불안정함이 이들에게서 반복되어 나타나고 있었던 것이다. 뿐만 아니라 이들은 '연애'에 대한 동경 속에서 사랑조차도 인위적으로 조작, 경험하는 기묘한 모습을 연출하기도 한다. 사랑과 관련, 『환희(幻戱)』의 인물들에게서 나타나는 이와 같은 의식의 혼란 및 의식의 기묘한 전도 과정은 새로운 애정 형식 '연애'의 이입에 직면, 남녀 관계의 정신화, 영화(靈化)를 주창한 '연애'의 세 의식을 포즈의 수준에서 이해할 수밖에는 없었던 근대 초기 조선의 신청년들, 나아가서는 근대 초기 조선의 의식의 한계로 확대되어 이해될 수 있다.

이처럼 『환희(幻戱)』가 '연애'가 상징하는바, 근대적 세계에 대한 동경 속에서 환영으로서 이를 경험할 수밖에는 없었던 근대 초기 조선의 의식의 한계와 절묘하게 부합되는 작품이었다고 한다면 근대적 세계와의 갑작스런 조우 앞에서 혼란에 휩싸인 나도향의 모습 역시 이로부터 충분히 추출 가능하다. '페이브먼트 거리를 걷거나 파라솔과 오페라 백으로 장식한 근대적 여성들과의 한강 뱃놀이'가 행해지는 근대적 세계를 끝없이 동경하면서 무작정 일본을 외치는 『환희(幻戱)』의 김선용처럼 열띤 지향과 동경의 수준에서 근대에 대한 이해를 마감할 수밖에 없는 근대 초기 조선의 신청년 나도향의 모습이 『환희(幻戱)』의 배후에 있었던 것이다.

제7장

근대에의 열망과 자기 도착

기생 잡지 『장한(長恨)』

1. 서론

　기생은 이광수의 『무정(無情)』을 비롯하여, 김동인의 「눈을
겨우 뜰 때」, 나도향의 『환희(幻戲)』 등의 작품들 속에서 주인공
으로 등장하고 있다. 이들 작품들에 등장하는 기생은 외관이나
성향은 달라도 비극적 삶을 경험한다는 점에서는 동일한 특성
을 지니고 있다. 예를 들자면 상대 남성을 순수하게 사랑함에도
불구하고 그들의 사랑은 좌절되며 때로는 예기치 않게 정조를
유린당하기도 하고 혹은 자살에까지 이르게 되기도 하는 것이
다. 이처럼 한국 근대소설 속에서 기생은 몰락을 거듭하는 모습
으로 그려지고 있다. 작품 속 기생들이 지닌 여학생에 대한 동

경의 시선에서도 나타나듯 여기에는 여성의 교육과 지위 향상에 대한 당대 사회의 관심이 중요 요인으로 자리하고 있었다.

1886년 최초의 여학교인 이화학당의 설립을 기점으로 시작된 여성의 교육과 지위 향상에 대한 관심은 1920년대에 이르러 상당한 발전을 보이기 시작한다. 1920년대 들어서면서, 서울을 중심으로만 운영되었던 여성운동 단체들이 조선의 각 지역별로 확산, 발기되기 시작하며 김원주·나혜석 등이 중심이 된 『신여자(新女子)』(1920)를 비롯하여, 『여자계(女子界)』(1920), 『신여성(新女性)』(1923), 『부녀지광(婦女之光)』(1924) 등[1] 각종의 여성지들이 속속 창간된다. 뿐만 아니라 각종 사회주의 단체들과의 긴밀한 유대를 지닌 여성운동 단체들이 '부인의 해방' 혹은 '조선여성의 해방'과 같은 슬로건을 내걸고 탄생, 경제적 남녀평등과 무산계급여성의 해방을 주창하며 조직적으로 그 움직임을 전개[2]시켜 가기도 한다.

이와 같은 대사회적 분위기 속에서 1920년대 말 이질적 외향을 지닌 잡지 한 권이 등장한다. 1927년 1월 창간된 기생 잡지 『장한(長恨)』이 그것이다. 여성의 지위 향상에 대한 요구가 곧바로 기생에 대한 멸시와 거부로 이어졌던 당대의 시대적 정황을 고려한다면 잡지 『장한(長恨)』의 등장은 상당히 주의를 요한다

---

1) 이외에도 1920년대에 나온 잡지로는 『女子時論』(1920), 『晨鷄』(1921), 『新家庭』(1921), 『活婦女』(1926), 『百合花』(1927), 『婦女世界』(1927) 등이 있다.
2) 1920년대에 들어서면 공장 여직공들을 중심으로 한 노동파업이 빈번하게 발생하며, 1924년에는 사회주의 여성들이 발기인이 되어 '부인의 해방'을 내어 걸고 〈朝鮮女性同友會〉를 조직, 이 모임이 다시 민족주의 진영 여성들까지 포섭 1927년에는 〈槿友會〉가 결성된다.

고 할 수 있다. 그런 점에서 『장한(長恨)』에 대한 고찰은 이와 같은 1920년대의 사회적 분위기, 나아가서는 당대의 근대성의 척도를 감지할 수 있는 좋은 예가 된다고도 할 수 있다.

2. 여성으로서의 글쓰기와 『장한(長恨)』

『장한(長恨)』은 1927년 1월 창간되어 단 일회로서 폐간된 잡지이다.[3] 잡지의 구성은 111쪽에 달하는 본 내용과 그에 이어지는 10쪽 정도의 광고로 이루어져 있으며 설문 형식의 몇몇 글을 제외하면 필진이 모두 기생들로 이루어져 있다는 점이 특징적이다. "각 권번반의 기생들이 모여" 만든 기생 잡지라는 특수성으로 인해 기생으로서의 삶의 고달픔과 참담함을 토로함에 내용이 집중되어 있기는 하나 여성의 단발이라든가 이혼 문제 등 당대 여성 문제의 첨예한 이슈들을 게재함에 의해 그와 같은 한계성을 다소간 완화시키고 있기도 하다. 또한 투게르네프의 「연기(烟氣)」와 같은 세계 명작 소개에서부터 가극·소설·

---

3) 『韓國女性史』(梨花女子大學校 韓國女性史編纂委員會, 『韓國女性史』附錄, 梨大出版部, 1972)에는 『長恨』의 발간 연대가 1926년 12월로 되어 있으나 이는 『長恨』이 원래 1926년 송구호를 낼 예정이었으나 편집 사정상 익년 1월에 발간되었다는 점에서 기인한 착각으로 고려된다. 『長恨』의 편집 후기에 "처음에는 송구호로 편즙하여서 보내는 묵은해를 그렴하려 하엿삽드니 일이 이러케 느저지엇습니다"라고 적혀 있다.

동화, 그리고 영화배우 발렌티노의 죽음에 대한 기사에 이르기까지 문화 예술 전반에 대한 다양한 기사의 수록은 종합 전문지로서의 『장한(長恨)』의 외관 형성에 중요한 역할을 하고 있다.

『장한(長恨)』이 이처럼 종합 교양지의 외형을 갖추기 위해 노력하고 있었다고는 해도 거기에는 기생들의 권익 보호를 위한 기관지로서의 측면이 훨씬 강하게 내재되어 있었던 듯하다. 이는 잡지에 실린 다수의 글에서 발견된다. 기생들의 동향을 알림으로써 기생들의 연결 끈 역할을 한 「무선전화(無線電話)」, 기생들의 사회적 생존을 위한 이미지 쇄신을 촉구하는 「외국인(外國人)이 본 조선기생(朝鮮妓生)」, 기생에 대한 대사회적 이해를 호소하는 설문항 「내가 만일 손님이라면」, 그리고 이미 제목에서부터 기생으로서의 삶의 "눈물겨운 애화(哀話)"가 나타나 있는 「파란중첩(波瀾重疊)한 나의 전반생(前半生)」, 「초로(草露)가 튼 인생」 등은 기생들의 권익 보호 및 기생들에 대한 대사회적 배려를 호소하는 글의 단적인 예로서 제시될 수 있다. 말하자면 기생으로서 "이 사회에 살어 가자면 조직적으로 단합할 필요가 잇"으므로 기생의 "생활과 의사와 서름과 깃븜을 거침 업시 발표하는 마웃스퍼어스(Mouthpiece)",[4] 즉 "통신긔관"[5]에 대한 필요성이 『장한(長恨)』 발간의 한 요인이 되고 있었다고 할 수 있다.

그러나 『장한(長恨)』의 발간에는 기생들의 권익보호 및 사회적 배려 촉구라는 요소만으로는 결론 내려질 수 없는, 좀 더 복

---

4) 박록주, 「『長恨』에 대하야」, 『長恨』, 1927.1, 45면.
5) 梅軒, 「우름이라도맘껏울어보자」, 『長恨』, 1927.1, 6면.

잡한 사회적 상황이 내재되어 있었던 듯하다. 1920년대에 들어서면서 본격적으로 진행되기 시작한 기생 격리 작업, 예를 들자면 여학생을 기생과 분리시키기 위해 교복과 교포를 제정·착용케 하6)는 등의 대사회적 움직임에는 남녀 관계에 있어서 정신성에 기초한 새로운 애정 관계를 설정, 남녀평등의 근대적 세계로 나가고자 했던 당대 사회의 모습이 중요한 요인으로 작용하고 있었다고 할 수 있다. 이를 위해서 한편으로는 일부일처제 준수라는 사회제도의 변화가 그리고 한편으로는 여성의 지적 수준의 상승, 즉 남성과 동일한 정도의 여성의 교육 습득이 요구되게 된다. 신교육을 습득한 여학생, 즉 신여성들이 이 점에 의거 시대의 히로인으로 부상했던 반면 일부다처제의 상징적 존재였던 기생은 이 점 때문에 몰락의 길을 걸을 수밖에 없게 된다.

이 변화의 과정은 신여성, 기생 양자 모두에게 좌절과 혼란을 안겨주게 된다. 1920년 『신여자(新女子)』에 실린 신여성을 바라보는 사회 일각의 비난 섞인 시선을 묘사한 나혜석의 풍자만화7)에서 보여지듯 신여성이 그들의 진보성으로 인해 사회적 동의를 얻을 수 없었다면 역설적이게도 기생의 경우 근대적 세계

6) 『新女性』 1923년 11월호에는 「女學生制服과 校表問題」라는 기획 아래, 여학생의 제복과 교표의 제정을 바라보는 여러 여학생 및 사회 인사들의 의견을 싣고 있다. 이에 의하면 여학생 제복과 교표의 제정은 풍기 문란, 즉 기생과 여학생을 엄격히 구별함에 기인하고 있다고 한다(『新女性』, 1923.11).
7) 1920년 4월, 바이얼린을 든 신여성과 그를 바라보는 양반, 청년의 조소 섞인 시선을 그린 풍자 만화를 통하여 나혜석은 신여성에 대한 당대 사회의 태도를 단적으로 묘사하고 있다(나혜석, 「저것이 무엇인고」, 『新女子』 2, 1920.4).

로의 이행을 준비하는 당대 사회에 역행함으로 인해 사회로부터 소외당할 수밖에 없게 된다. 이들 중 전통적 기예(技藝)를 습득, 문화의 전수자 혹은 풍류의 창출자로서의 역할을 자부해왔던 예기(藝妓)의 경우 특히 깊은 좌절과 전락을 맛보게 된다. 당시 소설에서 간혹 발견되는 기생의 자살은 기예 전수자로서의 위치에서 갑작스레 '웃음'을 팔고 '고기'를 파는 창기(娼妓) 혹은 매소부(賣笑婦)의 위치로 전락되어 파악되는 과정에서 이들 예기(藝妓)들이 겪게 되는 정신적 혼돈과 좌절의 표현에 다름 아니었다고 할 수 있다.『장한(長恨)』에 실린 「지금부터 다시 살자」는 그런 의미에서 주의를 요한다.

> 미술적화장은 선녀의본을바더 장엄한 태도와 온화한동작을보일뿐이오 절대로 매춘부의 미혹적추태는아니엇고 시적음률사됴는 정중히평심단좌하야 관현에올니여 사람으로하여곰 속된현실을떠나 신비의세계로 들어가게 함이잇고 극적무도는 선궁으로배경을삼어 요지연에반도를드리고 항아가단계를찍는 것으로 마세성중에태평건곤을 일우는것이엇다. 그러면 우리의긔원과 목적과기술이 얼마나 고상한가. 이러한몸으로서 우리는엇더한 대우를 바덧는가 천대를바덧는가 후대를바덧는가 (…중략…) 천대와무시는 우리가 자취한 것이다. 우리가 우리의긔원과 목적을몰으고 일시적 액운에빠저 엽길로 빗그러저서 직업적으로 물질을탐내여 신성을 일허버린까닭이다.[8]

기생의 기원과 목적, 기술의 고상함을 예찬하는 이 글의 이면에는 "기생과 창기를 혼동해보"는 당대의 "폐단"[9]에 대한 기생, 즉 예기(藝妓)들의 항변과 좌절이 깊이 내재되어 있다. 이는

---

8) 김계현, 「지금부터다시살자」, 『長恨』, 1927.1, 29면.
9) 一妓生, 「보통인간으로 대하야주엇스면」, 『長恨』, 1927.1, 62~63면.

『장한(長恨)』의 몇몇 논설들이 예술의 구현자 혹은 민중의 위안자[10]로서의 기생의 숭고한 임무를 아무리 강조하고 있다고 하더라도 실제로 당시 기생들의 의식을 지배하고 있었던 것은 "사람의 부속물"[11] 혹은 "노래팔고 우슴 파는"[12] 자와 같은 극도의 자괴감이었다는 점에서도 충분 드러나고 있다. 이처럼 예기·창기를 구별하지 않고 일률적으로 파악, 제거 작업을 벌여가던 당대의 사회적 상황 속에서 많은 기생들이 기예를 습득한 자로서의 자부심을 상실함은 물론, 사회적 생존에 있어서조차 극심한 위기감을 느끼고 있었다. 이 시기 기생사회에서 심심찮게 발견되는 신극(新劇) 극단으로 흡수되어 가는 기생의 모습[13]은 이와 같은 당대 상황을 읽을 수 있는 좋은 일례라고 할 수 있다.

일부일처제, 남녀평등과 같은 신(新)사상·제도의 이입 속에서 기생들이 겪는 이와 같은 소외, 존립의 위기의식, 자괴감, 자기 멸시 등의 정신적 혼란이 『장한(長恨)』의 발간으로까지 이어

---

10) 「지금부터다시살자」라는 글에서는 기생의 기원을 신라가 삼국을 통일할 시기 백제, 고구려의 귀부인들이 노예로 강등 "래빈지객들의 지영접대와 진신귀인들의 위안대상이외여 대소연회에가무를 연주케" 된 것에서 찾고 있다. 아울러 기생의 목적 역시 이처럼 예술적 자질을 통해 "민중에게 위안을 주는 것"이라 하여 예기로서의 특징을 강력히 설파하고 있다(김계현, 「지금부터다시살자」, 『長恨』, 1927.1, 28면).

11) 김채봉, 「첫소리」, 『長恨』, 1927.1, 12면.

12) 李月香, 「눈물겨운나의애화(哀話)」, 『長恨』, 1927.1, 11면.

13) 「여배우와 기생」란을 보면, "女俳優가 藝術家이고 따러서 妓生도 藝術家이니까 그런지는모르겠지만 조선의 녀배우와 기생과는 끈을래야 끈을수업는 무슨 김흔관계가 잇는듯십다"며 기생의 신분으로 조선극단에서 손가락 꼽히는 여배우가 된 경우에 대해 설명하고 있다(K.O. 生, 「女俳優와 妓生」, 『長恨』, 1927.1, 32면).

지고 있었다고 한다면 이는 기생들의 권익 옹호, 기생들에 대한 대사회적 배려 호소와는 다른 별개의 의미가 『장한(長恨)』의 발간에는 내재해 있었음을 고려케 하기도 한다. 기생들의 잡지 발간 행위, 즉 글 쓰는 행위에 대해 적지 않게 퍼부어졌던 "세상의 꾸지람"[14]은 별개의 의미가 어디에 있는가를 엿볼 수 있는 부분이다.

여보소! 동모님네 長恨! 長恨하니 長恨이 다무엇인가 녯날에楊貴妃는 長恨歌잇다더니 只今의동모들은長恨雜誌를한다네그려 한숨은쉬여東南風되고 눈물은흘러漢江水라 눈물만코恨만

흔 우리네妓生들이 自由解放을 위하야는 雜誌도조코 新聞도좃타만은 제손으로못하고서 남의손을비러다가 浮浪者얼치기文士놈들의배만불니면 그안이원통하고可憐하냐 엇잿든 只今의동모들은 鬼神의造化가 다만쿠나 편지한장못쓰면서 長恨 그것이 웬일이냐 이생과저생이 소원한까닭에 알지를 못하니 궁금하고도 답답하다[15]

기생의 문제를 계급 차별의 개념 속에서 바라보는 점 등 당대 사회를 중심으로 확산되기 시작한 사회주의 의식이 『장한(長恨)』에서도 설익은 형태로 더러 발견되고 있다는 점은 '남의 손'을 빌어 이루어졌다는 『장한(長恨)』의 발간을 향해 퍼부어진 의심의 시선에 대해 다소간 수긍이 가기도 한다. 그러나 『장한(長恨)』의 발간에 퍼부어진 이와 같은 비난에는 그보다는 오히려 기생들의 글 쓰는 행위 자체에 대해 당대 사회가 느끼는 불쾌감이 훨씬 강하게 내재되어 있었다. 조선 최초의 여성 잡지로

---

14) 梅軒, 「우름이라도 맘껏 울어보자」, 『長恨』, 1927.1, 6면.
15) 論介, 「現代의 娼妓娼婦에게 與하노라」, 『別乾坤』, 1927.3, 52면.

평가되는 『신여자(新女子)』의 발간 목적에 대해 "땅에 묻힌 천재들을 세상에 내기 위해 출판했다"[16]고 하는 김일엽의 언급이나 『신여자(新女子)』가 "이루어낸 제일 중요한 역할은 여성이 '쓰는 場'을 만들었다는 점"[17]이라는 후대의 평가는 그런 점에서 주목할 만하다. 『신여자(新女子)』가 주장하듯 당대 사회 내에서 여성으로서 글을 쓰는 행위가 "남성 작가에 맞"[18]서는 행위, 즉 남성 중심의 봉건적 도덕에 맞서는 선각자적인 의미를 강하게 띠고 있었다고 할 때 적어도 그 '천재'의 역할은 신교육을 받은 신여성들의 몫이었지 남성 예속적인 기생의 몫은 아니었던 것이다.

그러나 아이러니컬하게도 『장한(長恨)』의 발간에 대해 당대 사회가 지녔던 이와 같은 불쾌감의 근거가 오히려 『장한(長恨)』 발간의 한 요인으로 작용하고 있었다고 할 수 있다. 여기에는 경성 각 권번을 중심으로 1923년 일어난 기생의 여학생 복장 착용 금지운동[19]에서부터 『장한(長恨)』 발간, 불과 한 달 후 개최된 고학생을 위한 기생연주회[20]에 이르기까지 기생사회를 중심

---

16) 金一葉, 『新女子』 二號, 1920.4, 16면.
17) 孫知延, 「민족과 여성, 흔들리는 〈새로운 여자〉」, 『日本文學』, 2000.5, 61면.
18) 金一葉, 『新女子』 第二號, 1920.4, 16면.
19) 『東亞日報』 1923년 1월 29일자에는, 경성의 4대 권번들이 모여 "기생의 품격을 향상케하는동시에 사회의 풍귀를 유지하기위하"여 기생의 여학생 복장 착용을 엄중이 금지하기로 했다는 기사가 실려 있다(『동아일보』, 1923.1.29, 3면).
20) 1927년 『東亞日報』 2월 24일자 신문에는 경성 시내 권번 기생들 중 가장 가무에 뛰어난 기생들 십여 명의 발기로 이십육~이십칠 일 양일간 고학생을 위한 연주회가 개최될 예정이라는 기사가 실려 있다(『東亞日報』, 1927.2.24, 3면). 그러나 이와 같은 기생들의 움직임은, 여학생들을 중심으로 성행하던 야학 개설 혹은 자선 연주회를 그대로 답습하고 있다는 점에서 주의를 요한다.

으로 불기 시작했던 일종의 '품격향상'운동이 중요한 단서로서 제시될 수 있다. 기생 나름의 복장을 고수하고 연주회를 개최하는 등의 행위가 기생의 사회적 이미지를 부분적으로 쇄신시킬 수 있었다면 이를 위해서는 보다 더 근본적 측면에서 기생의 이미지를 향상시킬 수 있는 작업이 필요했었다고 할 수 있다. 기생들을 향한 당대 사회의 지탄이 남성과의 애정 관계 형성에 있어 기생들이 일반적으로 나타내는 특질, 육애(肉愛)에 기초한 예속성에서 주로 비롯되었다고 할 때 잡지 『장한(長恨)』의 발간, 즉 글을 쓴다는 행위야말로 그에 대항, 기생의 정신성을 보증할 수 있는 작업이었던 것이다.

그러나 이와 같은 『장한(長恨)』의 발간 의도는 창간호에서 잡지가 폐간된 것을 볼 때 별반 실효성을 거두지 못했던 듯하다. 여기에는 근대적 세계로의 전환을 도모하고 있었던 당대 사회의 정황, 그리고 여학생을 향한 끝없는 동경 속에서 여학생 복장 애용처럼 외형의 모방은 가능했지만 내면까지는 쫓아 갈 수 없었던 당대 기생들이 지닌 의식의 한계가 중요한 요인으로 작용하고 있다. 그 점 『장한(長恨)』에 실린 기사들을 중심으로 살펴보기로 하겠다.

3. 『장한(長恨)』과 의식의 이율배반성

『장한(長恨)』은 기생에 의해 만들어진 기생 잡지였던 만큼 형식적 구성에서 기생 세계의 특질을 적잖게 노출시키고 있다. 수페이지에 걸쳐 계속되는 명월관을 비롯하여 당대 일류 요리집 광고라든가 성병들에 대한 상세한 서술과 함께 그 치료약을 처방해놓은 한약방 광고, 그리고 논설 형식을 띤 글의 경우, 특이하게도 화려하게 치장한 필자의 전신사진을 함께 게재하는 등의 구성은 동시대의 여타 잡지들과 비교할 때 기생 잡지로서의 『장한(長恨)』의 성격을 드러내는 독특한 특징으로 거론될 수 있다. 『장한(長恨)』의 한 논설에서도 나타나듯 당대가 "녀성해방운동이 이러나는" 시기, 즉 여성의 지위 향상에 대한 관심이 고조되던 시기였다는 점을 감안한다면 『장한(長恨)』의 발간 및 이와 같은 형식적 구성은 의외라고 하지 않을 수 없다. 『장한(長恨)』의 발간 목적을 밝힌 창간사는 그런 점에서 주의할 만하다.

그러나 사람에게는 그만한 변화가잇다고 모든 것을 내버려 둘수는 업는 것이다. 자신에게나 사회에나 불행하며 불리할줄을 알면 업새버려야하며 아니하여야 할 것이다. 이점에잇서서 조선에기생은 하로밧비 업새야하겟스며 아니하여야 하겟다. 그것은 기생자신에 참담한말로를 짓게되며 일반사회에 만흔 해독을 끼치는 까닭이다. 될 수만잇스면 기생자신을위하야 또는 일반사회를 위하야 기생이란 부자연한 제도가어서 폐지되어야하겟다.

그러나 현하사회 제도가 아직 이것을 허락지안는 것은 부인 하지 못할사 실이니 그대로 계속하야 잇기로 말하면 모든점에 잇서서 향상되며 진보되

여야하겠다. 그리하야 사회에 끼쳐지는 해독이 업도록하며 자신에 도라오는 참담을 면하도록 하여야하겠다. 이와가튼 취지에잇서서 문화덕시설의 하나이며 향상 진보긔관의 하나로 잡지 쟝한(長恨)을 발행하는것이다.[21]

기생제도를 "사회제도의 진보"를 저해하는 해독적 요소로서 규정, 그 폐지를 도모하기 위해 "문화덕 시설의 하나이며 향상 진보긔관"으로서 『쟝한(長恨)』을 발간한다는 창간사는 『쟝한(長恨)』 발간의 기본 의도가 어디에 있는가를 충분 드러내고 있다. 이는 "인습을 타파하고 새 풍조의 눈뜨는 마음이 강렬한 녀성"[22]을 이상적 여성으로 제시한 반면 기생을 "신성을 일어버린"[23] 자로서 그리고 기생 노릇을 "이생감옥에 종신징역"을 사는 "일생의 액운"으로서 규정해버리는 논설들에서도 동일하게 확인된다. 이처럼 『쟝한(長恨)』은 기생에 의해 만들어진 기생 잡지임에도 불구, 오히려 기생폐지론을 강하게 주창하고 나서는데 이와 같은 태도는 『신여성(新女性)』·『신여자(新女子)』 등 여성의 교육과 지위 향상을 도모했던 동 시기 다수의 여성 잡지들과 동궤에서 『쟝한(長恨)』을 파악케 하는 주된 근거로서 작용한다. 특히 여성의 단발과 이혼 문제, 그리고 투게르네프의 소설 번역이라든가 영화배우 발렌티노의 죽음을 다룬 기사 등은 이 잡지가 새로운 시대의 의식을 흡수하고 있는 듯한 인상을 풍기는 데 상당한 역할을 하고 있기도 하다.

그러나 『쟝한(長恨)』이 이처럼 근대적 외형과 사회 계몽적 태

---

21) 金月仙, 「創刊에 際하야」, 『長恨』, 1927.1, 4면.
22) 정류록, 「내가바라는 女性」, 『長恨』, 1927.1, 59면.
23) 김계현, 「지금부터다시살자」, 『長恨』, 1927.1, 28면.

도를 표방하고 있었다고 해도 그 인식의 정도에 있어서는 신여
성을 주된 테마로 했던 동 시대 여타의 여성 잡지들과 상당한
차이를 지니고 있었던 듯하다. 기생폐지론을 주창하면서도, 한
편으로는 기생의 사회적 생존을 위해 적극적 자세를 취했던
『장한(長恨)』의 이율배반성은 이에 대한 하나의 예로서 제시될
수 있다. "기생은 어디까지나 조선에 고유한 조선적 정서가 잇
서야"24) 한다거나 "옛날의 기생은 정중하고 고상"한 반면 "지
금의 기생은 경솔하고 야비하다"25)라는 기생에 대한 단평(短評)
들은, 기생의 품격 향상을 통한 기생제도의 확립 도모뿐 아니라
일부다처제의 전근대적 세계로의 복귀의 분위기를 풍기기도 한
다는 점에서 주의를 요한다. 이는 당대 여성 문제의 주요 이슈
였던 단발과 이혼 문제, 특히 여성의 단발을 다루는 『장한(長
恨)』의 태도에서도 충분 드러나고 있다.

「여자의 단발」, 「기생과 단발」, 「자살과 단발」 등의 단평들에
서부터 타의에 의해 단발을 당한 후 극심한 충격을 받은 기생
에 관한 에피소드류의 기사에 이르기까지 『장한(長恨)』에는 단
일 주제로는 드물게도 여성의 단발에 대한 논의가 빈번하게 등
장하고 있다. 물론 당대 사회 내에서 여성의 단발이 지닌 혁신
적 의미를 고려할 때 이 논의의 빈복적 기론은 『장한(長恨)』의
근대적 외형 형성에 상당 부분 도움을 주기도 한다. 그러나 여
성의 단발 문제가 이미 『장한(長恨)』 창간 2년 전인 1925년 『신
여성(新女性)』의 기획특집으로 다루어졌다는 점을 감안한다면

---

24) 木村一郎, 「朝鮮的의 妓生이 되라」, 『長恨』, 1927.2, 19면.
25) 王大名, 「藝術的 妓生이 되라」, 『長恨』, 1927.2, 21면.

이와 같은 『장한(長恨)』의 논의는 시효성의 측면에서 의문을 불러일으키기도 한다. 즉 시간적 효력이 상당 부분 상실되었음에도 여성의 단발을 재차 거론하는 『장한(長恨)』의 태도에는 새로운 사조에 대한 단순한 편승만으로는 결론 내릴 수 없는 이면적 의미가 엿보이기 때문이다. 여성의 단발을 기획 특집으로 다룬 『신여성(新女性)』의 편집후기는 이 점에서 주목할 만하다.

> 그런데 여러분이 보시는바와갓치 이번호는 여자단발(女子斷髮)문데를중심삼어가지고 이제까지멧천년동안 아모의의없시긴머리를가지고 남자가보기좃케 남자의 노리개의장식쯤으로 미(美)가아닌미(美)에 녀자의전로력을 다하여왓든 그머리! 그머리가 과연합흐로도 그대로계속할넌지? 또 이제그 머리를 잘는다면 엇더케될는지는 적어도우리부인게의 큰문데이오 따라서 지금까지의 우리생활의큰변천(變遷)이라고 생각합니다. 그래서 이문데로 만흔여학생을지도하시는 각녀학교책임자제씨와 사회각유지제씨의 여러 가지각각다른의견을 듯게되엿습니다 여러분께서도 물논만흔흥미를가지시고 보실줄압니다. 또압흐로는 우리살님에 새로운변화가잇스리라고밋습니다.[26]

전통적 머리 형태, 즉 트레머리라든가 쪽머리를 만드는데 걸리는 불필요한 시간의 절약과 장식에 드는 돈의 절약, 그와 더불어 청결한 위생[27] 등 단발이 지닌 효율적이고도 실용적 측면은 단발 찬성론자들에 의해 그 도입을 권장하는 요인으로 제기되기도 한다. 그러나 이와 같은 단발의 효율성에도 불구, 여성의 단발은 당대 조선사회에서 별반 긍정적 반응을 얻지 못했던

---

26) 「편즙을맛치고나서」, 『新女性』, 1925.8.
27) 『新女性』 1925년 8월호에는 기획 특집으로 '여성의 단발' 문제가 다루어지고 있다. 여기서 주로 단발에 우호적이거나 단발을 실제로 한 여성들의 경우 대개가 청결·경제성·미관 등을 단발의 장점으로 거론하고 있다(『新女性』, 1925.8).

듯하다. '단발미인(斷髮美人)' 혹은 '단발랑(斷髮娘)'이라는 일견 조소 섞인 호칭에서부터 "在來의 風俗이니 道德이니 모도다否認"하는 "禮義廉恥"가 없는 "別物"[28]로서 단발 여성을 파악한다든가 "조혼작란"의 기분으로 단발 여성의 뒤를 미행하고 그에 대한 감상을 적은 '미행기(尾行記)'가 문예지에 발표되기도 하는 등은 이들 단발 여성들이 처한 상황을 충분 드러내고 있다. 물론 여기에는 당대의 신여성이었던 '단발미인(斷髮美人)'들에게서 적잖게 나타났던 문제점들, 예를 들자면 유행에의 부박한 편승, 과도한 허영 등의 결함이 다소간 영향을 미쳤음 역시 부인할 수는 없다. 그러나 그보다는 여성의 단발이 가진 대 사회적 의미, 즉 남성과 동등하게 "自由로운 個性"[29]을 지닌 인간으로서 존립하고자 하는 의지 및 그를 가능케 할 새로운 사회를 형성하고자 하는 의지, 이에 대해 당대 사회가 느낀 위기 감이 훨씬 더 중요한 요인으로 작용했었던 듯하다. 결발(結髮)의 의미를 "남자에게 보기좃케 아름다운 완구물(完具物)이 되[30]려는 것에서 찾은 이 시기의 혁신적 논설에 대해 그래도 "女子의 唯一의美"[31]는 머리에 있다며 '단발낭(斷髮娘)'의 비리를 캐기에 급급했던 보수적 단평은 이에 대한 좋은 예로서 제시될 수 있다.

이처럼 1920년대 조선사회에서 여성의 단발은 일부일처제에

---

28) 覆面子, 「斷髮娘尾行記」, 『別乾坤』, 1925.6, 69~70면.
29) S生, 「나의斷髮後感想」, 『新女性』, 1925.8, 50면.
30) 위의 글, 같은 면.
31) 覆面子, 「斷髮娘尾行記」, 1927.1, 70면.

기반한 평등한 남녀 관계에 대한 지향을 그 정신적 토대로 하고 있었던 것으로 이는 왜 단발의 주된 실행자가 신교육을 받은 신여성들이었던가를 설명해주기도 한다. 그렇다고 단발의 수용이 신여성에만 한정되어 일어났던 것은 아니다. 새로운 헤어스타일 단발은 시간이 지남에 따라 비단 신여성뿐 아니라 기생에게서도 쉽게 발견된다. 기생들간에 일어난 단발의 유행에는 유행에 단순히 편승하려한 것에서부터 사회주의 및 폐창(廢娼)운동에 동조했던 몇몇 기생에게서 나타났던 기생 생활 청산의 의미 등 다양한 측면이 존재한다. 그러나 기생들에게서조차 단발이 기생제도에 대한 거부의 의미로서 사용되기도 했었다는 점은 상당히 흥미롭다. 여성의 단발을 다룬 『장한(長恨)』의 다음의 논설은 그런 점에서 주의할 만하다.

> 우리나라 녀자는 본시머리털노하여금 녀자의 생명으로 아러왔스며 또한 동양(東洋)의 녀자의 체격상으로도 머리를 잘느고 다니는 것이 그을마나 미태(美態)를 손모하는가함은 누구를물론하고 다아는바이다. 더욱이 기생은 제일사람의 눈에 아름답게보이는 것이 가장중요한일인데 단발을하야 아름다운 태도를 업게한다함은 아모리 생각하야도 자미업는 일이라할것이다. (⋯중략⋯) 생명보다중히녁이는 녀자의 머리를 가룹게 짤는다함은 그경솔한 행동 누구든지한번웃고 한번비우슬것이라한다.[32]

남성 예속적 상황에서 벗어나기 위해 '결발(結髮)타파'를 주창했던 『신여성(新女性)』의 논설을 고려할 때 "머리털로써 女性美의 한 큰 조건을 이룬 朝鮮婦人"[33]이라든가, '생명보다 중히

---

32) 오므브, 「妓生과 斷髮」, 『長恨』, 1927.1, 34면.
33) ᄒ. ᄌ. ᄏ, 「女子의斷髮」, 『長恨』, 1927.1, 17면.

녁이는 녀자의 머리'라는『장한(長恨)』의 논설의 표현은 이 잡지의 지향점이 어디에 있는가를 보여준다고 할 수 있다. 이는 "자살이나 단발은 그 순간의 착각(錯覺)으로 인하야 이러나는 현상",[34] 즉 비이성적인 '심적 충동'의 결과로서 단발 행위를 규정한 다소간 과격한 또 다른 논설의 논조에서도 동일하게 파악된다. 물론 "재래의 인습을 타파한다는 의미"[35]로서, 여성의 단발이 지닌 사회적 의미를 다소간 짚어내기도 하지만『장한(長恨)』의 논설들은 대체로 근본적으로는 단발에 대한 강력한 거부에서 그 태도를 끝내고 있다.

이처럼 여성의 단발에 대한『장한(長恨)』의 비판, 확대 표현하자면 결발(結髮)의 옹호에 대해 '미태(美態)', '사람의 눈에 아름답게 보이'기 위한 것을 운운하고 있기는 하지만, 그것이 실은 남성을 위한 여성성의 추구를 목적으로 하고 있다는 점에서 일부다처제, 남존여비의 전근대적 구습의 복원으로 자연스럽게 연결되기도 한다. 이 점에서 볼 때『장한(長恨)』은 기생제도의 폐지를 통한 사회 진보를 주창하고 있었음에도 그 내용에 있어서는 결국 '연애'의 이입, 여학생의 등장, 단발의 실행으로 상징되는 남녀평등의식의 팽배 속에서 몰락의 기로에 선 기생들의 존립을 도모한 기생을 위한 가장 기생디운 잡지이기도 했던 것이다.

---

34) 嚴山月,「斷髮과 自殺」,『長恨』, 1927.1, 67면.
35) 오므브,「妓生과斷髮」,『長恨』, 1927.1, 33면.

4. 결론

　『장한(長恨)』은 기생들에 의해 1927년 창간된 기생 잡지이다. 이 잡지는 신여성을 중심 테마로 한 다수 여성 잡지 틈에서 기생들의 '눈물겨운 애화(哀話)'를 담은 '통신 수단'으로서의 역할을 노정시키고 출발했음에도 불구하고 단 1회로 폐간되고 만다. 동(同) 시기의 잡지 『신여성(新女性)』이 3~4년이 넘는 기간을 지속, 간행되었음을 고려할 때 다소간 의외라고도 할 수 있는 이 잡지의 지나친 단명(短命)에는 『장한(長恨)』이 지닌 의식의 한계성 및 기생에 우호적이지 않았던 당대 사회의 엄격한 분위기가 주요 요인으로 제시될 수 있다.

　1920년대는 일부일처제에 기반한 남녀평등의식을 기저로 한 '연애'라는 용어의 급작스러운 유행과 전파에서도 나타나듯 여성의 지위 향상, 여성의 교육에 대한 관심이 고조되던 시기였다. 이 시기에 『장한(長恨)』은 기생제도 폐지를 통한 사회 진보, 혹은 사회제도 개선을 모토로 해서 등장한다. 『장한(長恨)』이 비록 영화배우의 죽음, 외국 소설의 번역, 여성의 단발, 이혼 문제 등 '신(新)'이라는 용어가 붙을 수 있는 모든 새로운 테마를 선택, 근대적 외형을 형성하고 있기는 하지만 그 내용에 있어서는 전근대적 사회의 상징적 존재로서의 기생이 지녔던 의미를 별반 벗어나지 못하고 있다.

　예를 들어 당대 사회적 논란을 불러일으켰던 단발에 대해서 남성 예속적인 여성의 상황을 타파하기 위해 단발을 강력 권고

했던 당대 여성 잡지들과는 반대로 『장한(長恨)』은 결발(結髮)의 옹호를 강력하게 주창, 일부다처제에 기반한 남존여비의 전근대적 세계의 또 다른 형상을 제시하기도 한다. 이는 『장한(長恨)』에서 처첩간의 갈등, 권선징악적 결말 등 고소설적 분위기를 강하게 띤 『당명황과 양귀비』를 창작소설로서 연재하고 있음에서도 감지된다.

『장한(長恨)』이 단발에 대해 결발(結髮)을 강조하듯, 끊임없이 전통적 정조를 환기시키고 남성 중심의 남녀 관계, 즉 일부다처제에 기반한 전근대적 세계로의 복귀의 분위기를 강력히 요구하는 것에는 존립의 기로에 선 당대 기생들의 사회적 상황이 주요 요인으로 자리하고 있었다. 기생이란 존재는 새롭게 다가오는 근대적 세계에서는 존립 불가능하다는 점, 즉 기생들은 몰락하는 전근대적 세계의 인물이라는 점에 대한 명료한 인식이 『장한(長恨)』에는 있었던 것이다. 그런 점에서 사회 계몽적 태도를 주창했음에도 기생제도를 옹호할 수밖에 없었던 『장한(長恨)』의 이율배반성은 전근대적 구습 타파를 통해 새로운 시대로의 이행을 준비하던 1920년대 조선의 과도기적 상황을 대변한다고도 할 수 있다. 그러나 『장한(長恨)』의 발간에서 나타나는 것과 같은 기생 청산 작업이 사회 전체의 전면적 동의를 얻고 있었다는 점은 우리 문화의 내구력을 깊이 의심치 않을 수 없는 부분이다.

근대적 관념과 전근대적 도시 공간
김동인 소설과 평양

1. 서론

　김동인 소설에는 평양을 주된 공간적 배경으로 설정하고 있는 작품이 다수 있다.[1] 「마음이 옅은 자(者)여」, 「눈을 겨우 뜰 때」, 「감자」, 「배따라기」 등의 단편을 비롯하여 『여인』·『김연실전』 등의 상편은 평양을 배경으로 진행된다. 물론 경주·서울·동경 그리고 당대 정치적 갈등의 중심지였던 만주에 이르기까지 다양한 지역이 김동인 작품의 공간적 배경으로 설정되고 있기는 하지만 동일 지역이 이처럼 반복적으로 등장하는 경

---

　1) 평양이라는 도시 공간 속에서의 김동인 소설 고찰에 대한 기존 연구로는 김윤식의 「대동강 사상」(김윤식, 『金東仁硏究』, 민음사, 1987)이 있다.

우는 평양 이외에는 찾아보기 어렵다. 여기에는 출생·성장지
로서의 평양에 대한 김동인 자신의 심적 친근성과 더불어 평양
의 독특한 도시적 특성이 주된 요인으로 거론될 수 있다.

　평양을 공간적 배경으로 전개되는 김동인 소설의 경우, 칠성
문에서 시작해서 대동강 상류에 이르는 지역에 한정되어 있다.
「마음이 옅은 자(者)여」의 보통문 밖과 대동강의 청류벽, 「눈을
겨우 뜰 때」의 모란봉 일대 「감자」의 칠성문 밖, 「배따라기」의
기자림, 이처럼 평양을 배경으로 한 김동인의 소설은 언제나 일
관되게 칠성문을 중심으로 해서 대동강 상류에 이르는 지역만
을 배경으로 채택하고 있다. 근대적 공간인 신시가(新市街)와 구
시가(舊市街)를 벗어나서 김동인의 소설이 왜 한결같이 모란봉
을밀대등 대동강 유역의 유흥지라든가 칠성문 밖의 빈민촌과
같은 비일상적인 공간만을 그리고 있는가의 문제는 당대 사회
에서 평양이 지닌 독특한 도시적 특성과의 긴밀한 연계를 통해
서만 설명 가능하다. 이를 위해 먼저 이인직과 이광수의 작품
속에서 평양이 지닌 의미를 고찰해보도록 하겠다.

2. 신소설과 초기 근대소설에 나타난 평양

　신소설이라는 제명(題名) 아래 1918년 발표된 「을밀대」[2]는 작
품 제목에서도 나타나듯 평양을 주된 공간적 배경으로 진행된

다. 이 작품에서 평양은 불의의 사고로 아버지를 잃은 후 그 원수를 갚기 위해 길을 떠난 남매가 삶의 절대절명의 위기를 겪게 되는 고난의 지역으로서 묘사되고 있다. 뿐만 아니라 평양은 채 어른이 되지 않은 순수한 어린 두 남매가 정당방위이기는 하지만 살인이라는 극한의 행위를 감행하는 비극적 장소이기도 하다. 평양의 이와 같은 부정적 이미지는 이인직과 이광수의 소설에서도 동일하게 발견된다. 평양을 주된 공간적 배경으로 설정하고 있는 두 작품, 최초의 신소설이라 일컬어지는 이인직의 『혈(血)의 누(淚)』와 최초의 근대소설이라 일컬어지는 이광수의 『무정(無情)』을 통해서 평양이라는 도시의 성격을 고찰해보면 다음과 같다.

1906년 발표된 이인직의 『혈(血)의 누(淚)』는 청일전쟁 당시의 평양을 주된 공간적 시간적 배경으로 하고 있다. 작품은 전쟁통에 부모와 생일별을 하게 된 여주인공 옥란이 천우신조로 일본으로 건너가서 신학문을 익혀 성공하고 다시 부모도 찾게 되는 과정을 그리고 있다. 이 작품에서 평양은 전쟁의 혼란과 죽음·강간·이별 등 부정적 이미지들로 이루어져 있다. 이는 여주인공 옥련의 삶을 통해서 동일하게 나타난다. 그녀에게 있어서 평양은 부모와 생이별을 겪게 되는 그녀 삶의 비극적 사건이 이루어지는 곳이다. 평생의 동반자가 될 구완서와의 만남, 미국 유학, 신학문의 습득과 같은 모든 인생의 행운들이 평양을 떠나는 순간부터 얻어진다는 점은 부정적 공간으로서의 평양의

---

2) 작자미상, 『을밀대』, 益慧出版社, 1918.

이미지를 설명하기에 충분하다고 할 수 있다. 즉 신학문의 습득, 의식의 향상, 상대남성과의 대등한 관계 형성 등과 같은 근대적 세계를 옥련이 경험케 되는 것은 평양과 결별하면서부터인 것이다. 1917년 발표된 이광수의 『무정(無情)』에서는 평양이 지닌 부정적 이미지가 직접적인 지역의 명시를 통해서 훨씬 명료하게 묘사되고 있다.

기생 영채와 신여성 선형의 사이에서 갈등 방황하던 『무정(無情)』의 주인공 이형식이 선형의 쪽으로 마음을 정하게 되는 것은 고향 평양을 다녀오면서이다. 물론 이와 같은 이형식의 결정에는 불의의 사고로 인해서 영채가 처녀성3)을 상실했다는 점이 중요한 원인으로 작용하고 있었다. 그러나 그 결정이 사고의 발생지인 서울에서가 아니라 평양 귀향 후 내려진다는 점, 영채의 행방을 찾기 위해 평양에 내려갔으면서도 별달리 행방도 찾아보지 않은 채 중도에서 갑작스레 귀경해버린다는 점 등은 선형을 선택한 이형식의 결정에 또 다른 원인이 작용하고 있음을 의미한다. 어린 시절 고향을 등진 후 서울, 동경, 서울의 생활 속에만 있던 이형식이 은인의 딸이었던 영채의 행방을 쫓아 우연치 않게 다시 찾게 된 고향 평양, 그 평양에서의 이형식의 행보를 살펴보는 것은 그런 의미에서 중요하다.

평양에서의 이형식의 행보는 그가 거처로 하고 있던 기생 계

---

3) 근대문학으로서 『無情』을 규정지어주는 중요한 내용적 특질 중의 하나가 '자유연애'임을 고려할 때 주인공 영채의 '처녀성 상실'은 간과할 수 없는 요소이다. 왜냐하면 '정신성'을 중심적 가치로 설정해두고 있는 '연애'에 있어서 육애(肉愛)의 제거를 상징하는 '처녀의 순결'은 기본적 요건이기 때문이다.

향의 집, 즉 평양의 시가 구조에서 볼 때 화류계가 밀집해 있었던 앵정(櫻町), 진정(賑町)이었음이 분명한 지역에서 시작해서 칠성문, 기자림에 이르는 지역에 걸쳐져 있다. 평양의 수많은 지역들 중 이형식이 화류가(花柳街)에서 시작해서 평양 최고의 경승지(景勝地)이면서 빈민가, 유흥지이기도 했던 칠성문·기자림을 거쳐 부벽루에 이르는 전통적인 공간을 행선지로 하고 있는 것은 문명 세계에 대한 이광수의 깊은 동경과 깊이 연관되어 있다고 할 수 있다.

은행·역·우편국 등 근대적 시설들이 속속 들어서고 있던 시가 중심지와 달리 칠성문·기자림 지역은 김동인의 「감자」라든가 김사량의 「기자림(箕子林)」에서 나타나듯이 구걸과 매음으로 가득 찬 도시 외곽의 빈민가였다. 이 거리를 걸으면서 이형식이 마주치는 때 묻은 아이들, 반라(半裸)의 여자, 야만적 폭력, 이 아비규환과 같은 모습들은 이곳이 이형식이 추구하는 문명 세계와는 얼마나 동떨어져 있는가를 새삼 느끼게 해준다. 근대적으로 청결하게 정돈된 시내와는 달리 쓰러져 가는 집들로 이루어진 칠성문을 나서면서 우연히 낡은 전통적 탕건을 쓴 노인과 마주치게 된 이형식이 그 대면에서 갖는 다음의 느낌은 평양이라는 공간이 지니고 있는 의미에 대한 중요한 설명이 된다.

그래서 그는 세상에서 버린 사람이 되고 세상은 그가 알지도 못하던, 또는 보지도 못하던 젊은 사람의 손으로 돌아가고 말았다. 그는 철도를 모르고 전신과 전화를 모르고 더구나 잠행정이나 수뢰정을 알 리가 없다.

그는 대동문 거리에서 오리가 못되는 칠성문 밖에 있으면서 평양성내에서 날마다 밤마다 어떠한 일이 일어나는지도 모른다. 그의 머리에는 선화

당이 있을 뿐이요, 도청(都廳)이라는 것을 알지 못한다. 그는 영구히 이 세
상이 무엇인지를 깨닫지 못하리니, 그는 이 세상에 살아 있으면서 이 세상
밖에 있음과 같다.

　형식과 그 노인은 전혀 말도 통하지 못하고 글도 통하지 못하는 딴나라
사람이다. '낙오자(落伍者), 과거의 사람'이라 하는 생각과 함께 자기가 아
무리 새세상 이야기를 하여도 못 알아듣다가 세상을 버린 자기의 종조부를
생각하였다. 그리고 형식은 그 노인에게 대하여 일종 말할 수 없는 설움을
깨달았다.[4]

　이형식에게 있어서 평양이 기생·불결·야만과 같은 전근대
적 세계를 상징하는 것이었다면 이 지역과의 결별이라는 것은
일부일처제, 위생, 문명과 같은 근대적 세계로의 완전한 귀속을
의미하는 것이었다. 칠성문 밖으로 지칭되는 이 지역이 이형식
이 접한 평양의 상징이었음은 새삼 언급할 필요가 없다. 함께
길을 걷던 기생 계향이라든가, 칠성문 바깥에서 만난 낡은 탕건
을 쓴 노인, 이들에 대해서 이형식이 갑작스레 '무궁대'의 거리
감을 느끼게 된다거나 칠성문 바깥에서 더 이상 영채를 찾으려
고도 하지 않은 채 갑작스레 서울로 귀경해버리는 것은 바로
그 이유에서이다. 칠성문 기자림 대동강으로 상징되고 있는 평
양은 이형식에게 있어서는 근대라는 새로운 시대와의 조우를
위해서 청산하지 않으면 안 될 전근대적 세계의 상징에 다름
아니었던 것이다.

　칠성문을 거쳐 대동강을 향해가면서 더운 여름의 열기로 인
해서 조금씩 지쳐가던 이형식이 칠성문·기자림·대동강으로

---

4) 李光洙, 『無情』(『李光洙全集』 第1卷), 三中堂, 1962, 146면.

상징되었던 평양을 빠져나오는 순간 '무한한 기쁨'을 얻는 것은 그런 점에서 상당히 상징적이라고 할 수 있다. 즉 이인직과 이광수는 근대적 세계로의 진입을 위해 청산하지 않으면 안 될 전근대적 세계의 상징으로서 평양이라는 하나의 관문을 설정시켜 두고 있었다. 그 전근대적 평양의 모습을 정확히 시사해주는 것이 바로 칠성문을 거쳐 대동강 상류 지역에 이르는 구시대의 전통적 공간이었다. 이 지역은 평양을 배경으로 한 김동인의 일련의 작품에서도 동일하게 다루어지고 있는 것으로 김동인의 작품을 중심으로 이들 지역의 특성을 살펴보도록 하겠다.

3. 근대의 이질적 공간으로서의 칠성문 밖

칠성문에서 대동강에 이르는 도시 외곽 지역은 평양을 배경으로 한 김동인의 다수의 작품에서 지속적으로 등장하고 있다. 「마음이 옅은 자(者)여」, 「눈을 겨우 뜰 때」의 을밀대·청류벽·능라도 등 대농상 상류 지역, 그리고 「감자」와 「배따라기」의 칠성문 바깥에서 기자림에 이르는 지역 등 평양을 배경으로 한 김동인의 소설은 항상 이 지역에서 머물고 있다. 뿐만 아니라 칠성문으로 상징되는 평양을 떠나 미국으로 향했던 『무정(無情)』의 이형식과 달리 「마음이 옅은 자(者)여」, 「배따라기」의 두 주인공은 근대적 공간인 서울과 동경에서 일부러 평양을 찾아 귀향하고 있기까지 하다. 그러므로 이상의 지역을 배경으로 한 김동인의 작품을 중심으로 이들 지역이 어떤 특성을 지니고 있었는지 살펴보기로 하겠다.

칠성문에서 대동강 상류에 이르는 지역은 크게 칠성문에서 기자림에 이르는 빈민촌 지역, 그리고 청류벽·부벽루·모란봉·을밀대 등의 대동강 상류의 유흥 지역, 이 두 지역으로 나누어 설명될 수 있다. 이 두 지역은 1923년 발표된 「눈을 겨우 뜰 때」, 1925년 발표된 「감자」에서 각각 중요한 공간적 배경으로 등장하고 있다. 먼저 「감자」를 통하여 칠성문 바깥 지역의 특성에 대해 살펴보면 다음과 같다. 작품은 가난하지만 정직한 농가에서 규범 있게 자라난 복녀라는 여주인공의 몰락 과정을 그리고 있다. 남편의 게으름과 무능으로 인해 소작은 물론 막벌이조차 불가능하게 된 복녀가 마지막으로 도착하게 되는 곳은 칠성문 밖의 빈민촌이다.

1919년 99개에 달하던 공장이 1929년에는 294개에 이르게 됨에서 나타나듯 조선 최대 공업도시로서의 평양의 면모가 대동강 중·하류 지역을 중심으로 형성되고 있었다.[5] 그와 더불어 칠성문 안쪽의 시가지를 중심으로 우체국·학교·역 등 근대적 시설들이 속속 들어서기 시작했다. 그 반면 평양신사(紳士)가 위치해 있던 도시 외곽 지역인 칠성문을 중심으로 한 일대에는

---

5) 평양은 수륙운송의 편리함, 무한의 공업용수로서의 대동강물의 사용, 광대한 공업연료의 매장 등에 힘입어 1920년대에 이르르면 조선 최대의 공업도시로서 성장한다. 그런데 대동강 상류 지역은 수원지가 있었던 반면 이와 같은 공업시설들은 대부분 대동강 중하류 지역에 밀집되어 있었다. 『平壤府要覽』(平壤商業會議所, 1919), 『平壤府』(朝鮮總督府, 1932)에서 참조.

칠성문 안의 근대적 문명세계와는 이질적인 공간이 형성되고 있었는데 그것이 바로 「감자」에서 언급되는 칠성문 밖 빈민촌 이다. 작품을 통해서 "싸움, 간통, 살인, 도둑, 구걸, 징역, 이 세 상의 모든 비극과 활극의 근원지"[6]라고 묘사되고 있는 칠성문 밖 빈민촌의 세밀한 지리적 위치에 대해서는 1940년 발표된 김 사량의 「기자림(箕子林)」에서 엿볼 수 있다.

성내로 들어가는 칠성문의 서쪽에, 조금 높은 만수대라는 언덕이 있다. 그 서쪽 비탈에는 초가지붕의 초라한 집들이 발들일 틈도 없이 촘촘히 들 어서 있다. 산 자락에는 질퍽질퍽한 저습지가 이어지고 멀리 남북으로는 작은 하천을 제방으로해서 철도선로대가 달리고 있다. 그것을 넘어서 널찍 한 평야의 조망이 펼쳐지고 있다. 옛날에는 이 언덕 일대에는 키 큰 나무 들이 울창했기때문에 교수형장으로 사용되었지만 지금은 여기는 유명한 빈민굴로 되어 있다.[7]

『무정(無情)』의 이형식이 환멸을 느끼며 지나갔으며 감자의 복녀가 마지막으로 정착했던 칠성문 밖 빈민촌이란 정확히 말 하자면 칠성문 서쪽에 위치한 만수대 아래에서 칠성문을 거쳐 기자림 입구에 이르는 지역을 의미했다. 이 지역은 얕은 하천을 사이에 두고 중국인 재배 밭과 이웃[8]해 있었으며 대동강변에서 그다지 멀리 떨어져 있지 않았기 때문에 매년 한번은 홍수로 인한 대동강의 범람을 만나는 지역이었다.[9] 그러므로 이 지역

6) 金東仁, 「감자」, 『金東仁 全集』 5, 三中堂, 1976, 214면.
7) 金史良, 「箕子林」, 『文藝首都』, 1940.6, 123면.
8) 이상의 내용은 칠성문 밖 빈민촌의 삶을 다룬 金史良의 「箕子林」(『文藝首都』, 1940.6)을 참조했다.
9) 이상의 내용은 「箕子林」과 더불어 칠성문 밖 빈민촌의 삶을 다룬 金史良의

에서는 대동강의 빈번한 범람[10]으로 인해 일정한 정착이 불가능했으며 「감자」의 복녀와 왕서방 간의 관계에서도 나타나듯 재배 밭 주인인 중국인들과 빈민촌의 조선 인간의 사소한 분쟁이 간헐적으로 발생하기도 했다. 이 칠성문 밖으로 옮겨오면서 복녀는 얼굴에 조금씩 분을 바르게 됨은 물론, "딴 사내와 관계를 한다는 것을 사람의 일이 아니요, 짐승의 하는 짓쯤으로만 알"던 이전의 태도에서 벗어나 그 관계의 "긴장된 유쾌"를 즐기게 되는 등 급격한 변화를 일으키게 된다. 복녀에게서 발생되는 이러한 모든 내적 외적 변화는 칠성문 안에서 밖으로의 그녀의 공간적 이동과 긴밀히 연결되어 발생되고 있다.

복녀뿐만이 아니라 복녀와 남편의 관계 역시 칠성문 밖으로 공간적 이동을 하면서 급격한 변화를 일으키고 있다. 남편의 게으름으로 인해 싸움이 끊이지 않던 칠성문 안에서의 생활에 비해 칠성문 밖으로 옮겨온 후 복녀와 남편은 복녀의 매음으로 들어오는 돈 덕택에 오히려 평화로운 부부 관계를 형성하게 된다. 남편은 매음을 나가는 복녀를 보며 "아랫목에 누워 벌신벌신 웃"는가 하면 복녀의 매음을 위해 자리를 비켜주기까지 하는 것이다. 복녀와 남편 간에 나타나는 부부 관계의 비정상성은 작품을 통하여 볼 때 이곳 빈민촌 사람들 모두에게서 공통적으로 발견되는 것으로 "긴장된 유쾌"와 "일 안하고도 돈 더 받"기

「土城廊」(『堤防』, 1936)을 참조했다.
10) 1923년과 1925년, 특히 1923년에는 대동강이 크게 범람, 시가지 일대를 덮을 정도로 수해가 극심했다고 한다(『平壤府』, 朝鮮總督府, 1932, 221~225면에서 참조).

위해 매음을 하는 여자들과, 유부녀이건 아니건 상관없이 여자들을 사는 남자들이 바로 칠성문 밖 빈민촌의 성격을 단적으로 설명해준다고 할 수 있다. 도시 운영에 청결과 위생 관념[11]을 도입하고 가족제도에 일부일처제의 준수[12]를 강력히 제시하면서 사회를 부단히 구획 정리해 나가던 근대의 노력들은 칠성문을 경계로 해서 안쪽의 지역에만 한정되어 있었을 뿐 바깥의 지역에까지는 미치지 못했던 것이다. 이처럼 칠성문 바깥의 빈민가 지역은 근대의 어둠의 부분이 부각된 공간으로서의 특성을 강하게 지니고 있던 곳으로 그 특성이 기자림을 중심으로 응축되어 나타나고 있다.

기자림을 중심으로 하는 칠성문 바깥의 지역은 평양부에서 도시사업의 일환으로 관할하던 임업시험지정 지역으로서 〈권업모범장평양출장소(勸業模範場平壤出張所)〉라든가 〈평양임업사무소(平壤林業事務所)〉[13]가 설치되어 있었다. 이곳에서 주로 양성되어진 수목은 밤나무·복숭아나무·공손수(公孫樹)·적송(赤

---

11) 당시 『매일신보』에는 '朝鮮人은 元來로 衛生에 注意치 아니' 한다는 부제를 단 「衛生과 修身」(1910.10.7)이라는 기사를 시작으로 「婦人과 衛生」(1911.7.25), 「淸潔의 時期」(1911.9.22), 「衛生의 時期」(1912.6.9) 등 위생과 청결에 관한 기사가 지속적으로 실리고 있다.

12) 『每日申報』와 『學之光』에는 전통적 가족제도에 대한 비판이 지속적으로 기재되고 있다. 「風流와 早婚」(『每日申報』, 1910.10.16), 「子女教養의 必究」(『每日申報』, 1910.11.19) 「思想改革論」(『學之光』, 1915.5), 「婚姻에 對한 管見」(『學之光』, 1917.4), 「우리의 家庭에 在한 新舊思想의 衝突」(『學之光』, 1917.7) 등이 그것으로 여기서는 주로 부모의 의사에 따른 조혼과 강압 결혼이 비인도적인 축첩행위의 주된 원인이 되고 있음을 비판하고 있다.

13) 〈勸業模範場平壤出張所〉는 처음에는 〈水原勸業模範場〉에서 평양에 시험장을 두는 형태로 1910년에 창설되었고, 〈平壤林業事務所〉는 〈平壤樹苗養成所〉라는 명칭으로 1908년 설치된다(『平壤府要覽』, 평양상업회의소, 1919, 87~88면).

松)・낙엽송(落葉松)・코르시카송(松)・포풀라 등 다양한 종류가 있었지만 주종은 노송(老松)・적송(赤松)・흑송(黑松) 등 소나무 였다. 특히 '유아(幽雅)한 선경(仙境)'을 자랑하는 기자림의 경우 노송으로 울창한 지역이었다.14) 그런 만큼 이 지역에서는 여름 이 되면 사람을 들여서 제거해야 할 만큼 송충이의 문제가 큰 골칫거리로 되고 있었다. 「감자」의 복녀도 평양부(府)에서 모집 한 기자림의 송충이잡이 작업의 인부로 뽑히게 되는데 모란대 위에서 보면 "하나의 밀림"15)으로 여겨질 정도로 소나무가 울 창한 이 기자림의 송충이잡이 작업에서 그녀는 처음 매음을 시 작하게 된다.

기자림은 "막연하마나 도덕이란 것에 대한 저픔"을 지니고 있었던 복녀가 도덕관에 있어서 큰 변혁을 겪게 되는 장소로서 설정되고 있다. 유부녀 복녀의 매음이 단지 복녀 개인의 상황에 한정되는 것이 아니라 작업에 나간 다수의 여인들의 공통된 상 황으로 확대된다는 점에서 기자림은 부도덕성이 일상화되는 일 종의 가치의 전도의 공간으로 정리 가능하다. 얼굴에 하얀 분칠 을 한 복녀가 낫을 들고 왕서방에게 뛰어들었다가 도리어 왕서 방에게 죽임을 당하는 등 광기로 가득 찬 비합리적 행위 역시 바로 칠성문 밖의 기자림을 중심 한 이질적인 공간이 지닌 이 와 같은 특성의 연장선상에서 설명된다. 기자림을 중심으로 한 칠성문 밖 지역이 왜 가치의 왜곡, 비합리적 행위의 발생과 이 처럼 긴밀하게 연관되고 있는가는 1921년 발표된 「배따라기」에

14) 이상의 내용은 『平壤府要覽』에서 참조한 것임.
15) 高濱虛子, 『朝鮮』, 『平壤發展史』, 平壤民團役所, 1932, 399면.

서 다소간의 답을 얻을 수 있다.

질투에 눈이 멀어 아내를 죽음에 이르게 한 한 남자의 비극적 삶을 다룬 이 작품에서 평양이 차지하는 분량은 서두의 잠시에 불과하다. 대동강가에서 청류벽 아래 기생의 뱃놀이를 바라보며 누워있던 나가 어디선가 들리는 영유 배따라기 노래에 끌려 그 노래를 부르는 당사자를 찾아 모란봉 꼭대기를 거쳐 현무문을 나서서 기자묘에 도착하기까지의 지역이 작품에 등장하는 평양의 전부이다. 이후 작품은 영유로 공간적 배경을 옮긴다. 그럼에도 「배따라기」의 전개에서 평양이라는 도시가 중요한 의미를 지니는 것은 한 남자와 한 여자에 얽힌 비극적 사건이 이야기를 통해서 현실화되고 있는 공간이 바로 기자묘이기 때문이다. 특히 그 이야기가 현실화되는 시기가 삼월 삼짇날의 전통적 명절이며 이야기가 현실화되는 장소가 기자조선의 설립자 기자를 모신 기자묘라는 점, 이 두 요소는 배따라기에 얽힌 사건의 성격을 규정함에 있어서 간과할 수 없는 의미를 지니고 있다. 실제로 아내와 동생의 사이를 의심한 한 남자와 그로 인해 자살에 이른 아내. 이들 인물들을 중심으로 한 「배따라기」의 주된 내용을 이루고 있는 것은 자살·질투·폭력 같은 정제되지 않은 감정과 행위늘로서 내넌 속에 잠재해 있던 이 감정들은 전통적 명절인 팔월 대보름날 표면화된다. 그리고 이십 년의 시간을 건너뛰어 전통적 명절인 삼월삼짇날 사건의 당사자였던 남편인 그의 입을 빌어 다시 이야기되고 있다.

자살·질투·폭력의 파행적 감정과 행위 그리고 팔월대보름이라는 사건의 시간적 배경은 이십 년이 지난 현재 그가 내어 뱉는 '운명이 제일 힘셉디다'라는 언급과 연결되어 이 사건이 현재화되고 있는 기자묘의 성격을 정확히 표현해준다. 운명론에 지배당할 뿐 아니라 비합리적이고 이성으로 통제되지 않은 감정에 휩싸인 인간들에 의해 이십 년 전 발생된 이 사건이 현실화의 장소로서 기자묘를 택한 것은 기자묘 역시 동질의 성격을 지닌 공간임을 의미함에 다름 아니라고 할 수 있다. 그런 의미에서 자살·폭력·질투 등의 파괴적 감정과 행위, 조야한 운명론에 휩싸여 있는 곳은 이십 년 전의 팔월대보름, 즉 가장 전통적 시간의 영유였을 뿐 아니라 현재, 삼월삼짇날이라는 가장 전통적 시간의 전통적 장소인 기자묘이기도 한 것이다.[16]

기자묘가 지닌 이와 같은 강력한 전근대적 전통은 기자림을 포함 칠성문 밖 전 지역이 지닌 특성이었으며 넓게는, 기독교의 전파, 우체국 학교 병원 등의 설립 속에서 근대적 세계로 점차 변모되어 가고 있던 평양의 근원을 이루고 있는 정신이기도 했다. 조야한 운명론의 추종, 정제되지 않은 무분별한 감정에 지배당하는 인간들의 모습이 칠성문 밖 빈민촌을 중심으로 적나라하게 드러나고 있었다면 이와 같은 특성은 칠성문 밖에서 시작해서 대동강 상류 지역에 이르는 평양의 전통적 공간에서도 역시 동일하게 나타나고 있다. 이 점, 근대의 과정 속에서 어둠의 부분으로서 탄생된 빈민촌과 그로부터 파생되는 숱한 악덕이 김동인 문학에서 전통적 공간과 굳게 결부되어 있음을 알 수 있다. 말하자면 양 지역은 어느 쪽이나 모두 근대문명에서

---

16) 1918년 발표된 『올밀대』(작자미상, 益慧出版社)에서도 역시 기자림은 살인이 모의되고, 살인이 자행되는 비극적인 장소로서 묘사되고 있다.

크게 밀려나 있으며 청산되어야 할 부분이라는 측면에서 동일한 의미를 갖고 있는 것이다.

평양의 빈민촌이 칠성문·기자림 지역을 중심으로 형성되어 있었다면 칠성문 기자림을 포함, 을밀대·부벽루·청류벽·현무문 등 평양의 명승고적으로 설정된 대동강 상류 지역에는 일종의 유원지가 형성되어 있었다. 평양의 전통적 유흥지이기도 했던 이 지역은 1911년 공원으로 계획 설계, 1913년에 이미 모란대 공원이라는 이름으로 불리기 시작하며 상품 진열소·찻집·호텔 등을 비롯한 여타의 근대적 유흥 시설들이 평양부(平壤府)의 지원 아래 이 일대에 지속적으로 설립되어 가고 있었다.[17] 평양을 배경으로 한 작품 속에서 김동인은 기자림에서 모란봉을 거쳐 능라도에 이르는 이 대동강 상류의 유흥 지역을 자주 다루고 있다. 특히 기생들의 놀잇배 유람 모습이 전개의 주된 부분을 이루고 있는 「눈을 겨우 뜰 때」는 전통적 유흥지로서의 대동강 상류 지역의 모습과 더불어 이 지역이 근대적 유원지로 점진적 변화를 일으켜 가는 모습을 읽을 수 있는 좋은 예가 된다.

사월초파일에서 오월 단오에 이르는 기간을 시간적 배경으로 뱃놀이가 최고조에 날한 평양의 대동강변을 공간적 배경으로 설정, 금패라는 기생의 비극적 삶을 다룬 이 작품은 전통적 명절인 사월초파일의 대동강 불놀이 묘사에서부터 시작된다.

---

17) 이상의 내용은 평양 여행기를 적은 名著인 高濱虛子의 『朝鮮』 중 『平壤發展史』에 발췌 수록된 부분과 『平壤府』를 중심으로 정리했다. 平壤民團役所編纂, 『平壤發展史』, 民友史, 1914; 朝鮮總督府, 『平壤府』, 朝鮮印刷株式會社, 1932.

반월도와 해관 선창에서 쏘는 연화가 하늘에 퍼지고, 부벽루에서 해관선창까지 달아 놓은 등에 불이 켜지는 순간 음식을 실은 오류백 척의 배들이 일제히 형형색색의 불을 켜달기 시작하는 등 일대장관을 이루는 대동강 불놀이에 대한 묘사는 꽤 긴 분량에 걸쳐서 계속된다. 여기에는 관등(觀燈)놀이로부터 깊은 감격을 받았던 김동인 자신의 개인적 경험[18]도 중요한 역할을 하고 있지만 그보다는 불놀이가 행해지는 대동강이 대동강 유역의 속성을 가장 정확하게 함축시키고 있음이 더 큰 이유가 되고 있다.

기생의 노래·매화포·연화·야회(夜會)·춤 등 끝없는 유흥과 유흥으로 이어지는 대동강 불놀이 묘사에서 시작된 이 작품은 기생의 놀잇배 장면이 상당 부분을 차지하고 있다. 반취(半醉)를 지나지 않아 계속 술을 요구하는 손님들, 왕복되는 술잔, 흥에 겨워 엉덩이를 들썩대며 장구를 끌어당기는 기생 등 작품의 많은 부분이 모란봉·부벽루·청류벽·능라도·반월도를 거쳐가면서, 오월 단옷날 행해지는 어죽놀이 등 놀잇배에 탄 기생과 손님들 간의 유흥의 장면을 묘사해가고 있다. 이 유흥은 작품 전면에 빈번하게 등장하는 "노세 노세 젊어 노세"라는 민요가사와 '유쾌하게'·'즐겁게'·'자유롭게'라는 어휘들과 연결되면서 작품 전체를 축제의 흥분 속으로 이끌어간다.

---

18) 1918년 사월 팔일, 신혼여행에서 돌아온 김동인은 수십 년 만에 행해진 대동강의 호화로운 觀燈놀이를 처음 목도, 실제로 배를 타고 그 관등놀이에 참석케 되는데 그로부터 얻은 개인적 경험이 「눈을 겨울 뜰 때」의 배경이 되고 있다(金東仁, 「文壇三十年史」, 『金東仁 文學全集』 12, 大衆書館, 1983, 258면).

이처럼 기생이 주인공으로 등장한다거나 기생과 손님들 간의 유흥 묘사에 주력이 두어지는 등 「눈을 겨우 뜰 때」의 내용적 특징은 모란봉·을밀대·부벽루·청류벽·능라도가 위치한 대동강 상류 지역을 공간적 배경으로 취하고 있다는 점과 깊이 연관되어 있다. 칠성문 밖 빈민촌의 성격이 「감자」의 복녀와 같은 인물들에 의해서 규정되어졌던 것처럼 대동강 상류 지역의 성격을 설명하기에는 이들 기생들이 가장 적합한 존재였던 것이다. 1898년 간행된 이자벨라 버드 비숍의 『조선과 그 이웃나라들』에 언급된 평양의 이미지 고찰은 그런 면에서 중요하다. 1894년 평양을 방문한 후 이자벨라 버드 비숍은 평양을 "기생과 고급 창녀, 요설가로 우글거렸고 부(富)와 파렴치한 비행"으로 인해 "소돔의 안개에 비견될 만한"[19] 도시로서 묘사하고 있다. 비숍에 의해 비도덕성과 방탕의 극치로 파악된 도시 평양은 기독교가 급격히 확산되고 근대적 제도가 본격적으로 이입되기 시작한 1910년대를 전후하여 근대적 도시로 점진적으로 변모하게 된다.[20] 그 변모 속에서 점차 밀려난 전통적이고도 전근대적 평양의 모습을 가장 강력하게 찾아볼 수 있는 곳이 바로 칠성문 외곽의 대동강 상류 지역이었다. 기생의 놀잇배가 떠 있는 대동강 상류 지역을 중심적 배경으로 진행되는 「눈을 겨우 뜰 때」가 사월초파일에서 오월 단오에 이르는 전통적 명절을 시간적 배

---

19) 이자벨라 버드 비숍, 이인화 역, 『한국과 그 이웃나라들』, 살림, 1994, 401~403면.
20) 경의철도설립(1904), 제1은행평양지점 개설(1904), 공립보통학교설립(1905), 관립일본어학교설립(1906), 수도개설 완공(1907), 근대적 사법제도인 三裁判所설치(1907), 평양금융조합설치(1911) 등이 그것이다.

경으로 선택하고 있음은 바로 대동강 상류 지역이 지닌 이와 같은 시대적 특성에서 기인된 것이라고 할 수 있다.

그렇다고 해서 밀려드는 근대의 세력으로부터 대동강 상류의 제 지역이 전면적으로 자유로울 수 있었던 것은 아니다. 주인공인 기생 금패가 작품 속에서 나타내는 일련의 내면적 변화들이 그 부분을 말해준다. 대동강에서 손님들과 여흥이나 즐기던 금패는 대동강에서 우연히 마주친 여학생들이 건넨 몇 마디 경멸의 말을 들은 후부터 갑작스레 자신의 입지에 대해 갈등하고 회의하기 시작한다.

> 자기네의 이 뒷 살림은 과연 여학생들의 말과 같이 구주주할까? 금패는 그것을 똑똑히 생각지 않으려 하였다. 그러나 그 동안에 순서 없이 몇 가지의 생각은 저절로 그의 머리에 지나갔다. 첩, 병, 매음, 매, 본마누라, 싸움, 이것이었다. 자기네의 앞에 막혀 있는 그림자는 이것이었다.[21]

이러한 금패의 갈등은 신교육을 받음직한 분위기를 풍기는 손님으로부터 기생에 대한 몇 마디 비난의 말을 들으면서 더욱 깊어지게 된다. "半醉를 지나지 않은 손님"들과의 술 대작, "흥에 겨워 저절로 장고를 찾아" 노래를 하게 되는 등의 그 유흥의 순간이야말로 "온갖 것을 초월한 삶의 문제"가 있다고 느꼈던 금패가 그 유흥에 대해 갑작스레 "술을 먹고는 거꾸러져서 정신을 못 차리는" 손님들과 고작해야 "음란한 노래와 음란한 말"이나 오가는 변변치 않음을 느끼게 되는 것이다.

금패가 이처럼 자신의 사회적 위치와 장래 등의 문제를 깊이

---

21) 金東仁, 「눈을 겨우 뜰 때」, 『金東仁 文學全集』 5, 大衆書館, 1983, 150면.

신경 쓰는 것에는, 척결해야 할 전근대적 유물의 하나로서 기생을 규정지었던 당대의 시선이 큰 역할을 하고 있다. 정신적 가치의 존중과 일부일처의 엄격한 준수 속에서 평등한 남녀 관계를 구현하고자했던 근대의 이상에서 볼 때 첩과 기생은 가장 먼저 청산되어할 전근대적 유산물[22]이었던 것이다. 신교육을 받은 듯한 두 손님이 금패를 찾아와서는 기생들을 '박쥐'나 '껍 발춘기'로 규정해 버린다거나 하는 것들은 모두 동일 맥락에서 이해 가능하다. 이처럼 이전시대 풍류의 창출자로서 많은 사랑을 받았던 기생이 몰락의 길을 걷게 된 반면 그 영광을 차지하고 들어서는 것이 바로 여학생이었다.

기생이 몰락해 가는 전근대적 세계의 상징적인 존재였다면 여학생은 근대적 세계의 상징적인 존재였다. 그런 점에서 불놀이가 거행되는 대동강에 여학생이 나타나고 그 여학생들에 의해 대동강 유흥의 주인공이었던 기생들이 경멸당하는 「눈을 겨우 뜰 때」의 일련의 구도는 상당히 상징적이라고 할 수 있다. 전근대적 유흥의 공간이었던 대동강에 나타난 여학생들의 모습은 결국 전근대적 세계를 급작스럽게 덮어오는 근대적 세계의 모습에 다름 아니었기 때문이다. 즉 대동강으로 밀려들어온 여학생들의 모습 뒤에는 고유의 영역이었던 대동강에서 밀려나가는 기생들의 모습이 있었던 것이다. 그네를 뛰던 금패가 사고인

---

22) 이 시기를 전후하여 조선 총독부 기관지인 『朝鮮』, 『朝鮮및 滿洲』에 실린 일련의 글들, 즉 「朝鮮婦人의 硏究」(1908), 「朝鮮婦人」(1915), 「朝鮮의 婚姻에 관해서」(1913), 「朝鮮의 舊習과 離婚」(1913) 및 『學之光』에 실린 이광수의 「婚姻에 關한 管見」 등은 이와 같은 당대의 태도를 충분 나타내고 있다고 하겠다.

지 자살인지는 명확히 명시되어 있지 않으나 그네에서 떨어져 죽어버리는 결말부와 금패의 죽음이 발생되는 곳이 바로 전근대적 공간의 상징인 기자림[23]이라는 점에는 기생의 몰락과 여학생의 등장 그리고 근대적 세계의 전면적 등장이라는 이와 같은 당대의 사회적 특성이 깊이 반영되고 있었다고 할 수 있다.

이상에서 살펴본 것처럼 김동인 작품의 주된 공간적 배경인 칠성문에서 대동강 상류역에 이르는 지역은 도덕성을 지닌 인간으로 하여금 쉽게 간음과 매음을 행하게 하고 사랑을 살인으로 귀결시키는 등 가치의 기묘한 변질이 발생하는 지역이다. 이 지역의 이와 같은 가치전도성은 주로 전통적 명절인 삼월 삼진, 혹은 사월초파일, 오월 단오와 같은 시간적 배경과의 연계를 통하여 전근대성이라는 특성으로 귀결된다. 작품을 통해 나타난 이 기묘한 가치전도성은 칠성문 밖 지역에 한정된 성격이라기보다는 단지 칠성문 안의 경우 속속 들어서던 근대적 건물의 설립 속에서 그 특성이 약화되어 있을 뿐 근대적 도시로의 외관을 갖추어 가던 평양이라는 도시 전체의 저변을 흐르고 있는 특성이라고 할 수 있다. 평양에서의 '연애'를 다루고 있는 「마

---

23) 기생의 죽음과 대동강 상류 지역의 연결은 1916년 발표된 「淸流壁」(小星, 「淸流壁」, 『學之光』 第10號, 1916)에서 이미 다루어진 바 있다. 남편에 의해 팔려가서 娼妓가 된 한 여자의 비극적 삶을 다루고 있는 이 작품에서 주인공인 기생 영은은 자신의 삶을 비관하여 자살을 하는데 그 자살 장소로 선택된 곳이 대동강 상류 지역에 위치한 청류벽이다. 일부일처제 준수, 첩과 기생에 대한 비판이 등장하기 시작한 것이 1900년대를 지나면서부터임을 감안할 때 유흥지였던 대동강 상류 지역에 위치한 청류벽에서의 기생의 죽음이라는 이 작품의 내용은 기생의 몰락과 근대적 세계의 형성이라는 당대적 특성과 무관할 수 없다고 할 수 있다.

음이 옅은 자(者)여」에 대한 고찰을 통해 그 점을 살펴보도록 하겠다.

4. 연애의 좌절 공간으로서의 평양

1919년 발표된 김동인의 「마음이 옅은 자(者)여」는 평양을 주된 공간적 배경으로 하고 있는 작품이다. 당대 신풍조였던 '연애'를 다루고 있는 이 작품은 주인공 나가 오 년 간의 서울 생활을 접고 평양으로 귀향하면서 시작된다. 나는 오 년 동안의 서울 유학을 마치고 기대에 부풀어 고향으로 돌아오지만 정작 나를 맞은 것은 공부는 전혀 하지 않고 변화 없이 살만 쪄있는 아내이다. 아내를 대면한 후 아내에 대한 환멸 속에서 경제적 문제를 이유로 아내와 아이들을 약간의 토지가 남아 있는 함종으로 내려보낸 후 나는 여교사 Y와 불륜의 애정 관계를 형성한다. 주인공 나가 이처럼 갑작스레 '공부' 운운하며 아내를 내치고서 미인도 아닌데다가 "입하나 밖에는 그외 상에서 아름다운 점은 약에 쓰려고 해도 없"이 느껴지는 Y와 별다른 감정적 끌림이 없으면서도 애정 관계를 형성하는 배경에는 당대 젊은 청년 지식인들을 매료시켰던 신풍조로서의 '연애'가 깊이 자리하고 있었다.

그러나 나와 Y의 관계는 남녀평등의 새로운 사회 구현 등 근대적 의식을 내포하고 있던 '연애'의 기본 취지와는 다른 형태로 진행된다. 일부일처제를 준수하고 정신적 가치를 우월시했던 근대적 남녀 관계와는 달리 나와 Y의 관계는 육체적 관계 일변도의 불륜의 형태로 일관되어 간다. '연애'에 대한 강렬한 동경에도 불구하고 이 두 남녀의 애정이 이처럼 비정상적이고도 파행적인 형태를 띠게 되는 이유로는 이들의 관계 진행이 평양을 배경으로 이루어지고 있다는 점이 중요한 요소로서 거론될 수 있다. 그러나 평양에서의 나의 주된 행보 역시 『무정(無情)』의 이형식으로 하여금 전근대적 도시로서의 평양의 면모를 명확히 인지케 했던 칠성문 기자림에서 청류벽에 이르는 지역에 동일하게 걸쳐져 있는데 평양 귀향이라는 이 작품의 구도와 연결해서 이 점을 고찰해보면 다음과 같다.

기대 속에서 돌아온 고향 평양에서의 나의 생활은 작품 서두, 아내의 모습에 대해 나가 느끼는 환멸감에서부터 이미 충분히 감지되고 있다. '공부'는 하지 않고 살만 쪄 있는 아내의 모습에 대하여 심하게 불평을 늘어놓던 나는 급기야는 별거 생활로 들어갈 만큼 아내와의 접촉을 기피하게 된다. 환멸감과 별거의 원인에 대해 나는 여러 가지 이유를 갖다대며 그 원인이 아내에게 있음을 열심히 설파하지만 그 가장 큰 원인이 되고 있는 것은 오히려 다름 아닌 나 자신이다. 서울 생활이라는 근대적 세계의 경험이 나의 의식까지도 변화시켜 놓았던 것이다. 아내와 신여성 Y, 전통적 결혼과 자유연애, 나가 나타내는 이 양자의 구별과 후자에 대한 전폭적 지지의 배후에는 바로 이처럼 근대적 도시인 서울 생활로부터 형성된 근대적 의식이 자리해 있었다고 할 수 있다. 그 근대적 세계로서의 서울의 대척점에 위치한 것이 시대적 변화를 전혀 감지하지 못하고 있는 아내가 있는 평양이다. 그런 의미에서 평양에서 Y와 '연애'를 시작하는 나의 행위는 곧 전근대적 세계에서 근대적 삶을 희구함에 다름 아닌 것으로 그 결과가 어떤 형식으로 진행이 될지는 충분 예측 가능하다.

작품에서 나는 '연애'에 대한 지향 속에서 신여성 Y와 교제를 시작하지만 그 관계는 오히려 일부일처제 준수[24]를 기본적 룰로 설정해두었던 '연애'의 제 형식과는 상반되게도 불륜이라는 파행적 형태로만 진행된다. 뿐만 아니라 별다른 의식의 교류 없이 발생하는 나와 Y 간의 빈번한 육체적 관계 역시 정신적 가치를 중시한 '연애'의 기본 태도와는 거대한 거리를 형성하고 있다고 할 수 있다. 그렇다고 나가 아내와의 이혼을 통해 Y와 새로운 일부일처의 결혼 관계를 형성하고자 하는 의지를 지니고 있는 것도 아니다. 이 점은 나의 연애 대상인 Y에게서도 동일하게 나타난다. 여교사인 Y는 외형만 근대적인 모습을 지니고 있을 뿐 내면은 극도로 전근대적이다. 건달인 아버지에 의해서 유년기에 정해진 어이없는 혼약을 아버지의 명령이기 때문에 따른다든가 혹은 나와의 관계에 있어서 주종 관계 일변도로 흐른다든가 하는 것이 바로 그 단적인 예이다. 그런 면에서

---

24) 전통적 가족제도에 대한 비판과 연애결혼의 권장을 주된 내용으로 하는 이광수의 「婚姻에 對한 管見」에서도 나타나고 있듯, 일부일처제의 준수는 남녀평등의 근대적 의식 실현을 위한 기본적 조건 중의 하나였다(李光洙, 「婚姻에 對한 管見」, 『學之光』, 1917.4).

Y는 외형만 다를 뿐 나가 환멸을 금치 못했던 아내, 더 나아가서는 아내의 모습을 통해 부조되고 있던 전근대적 평양의 모습과 별반 차이를 지니고 있지 않다고도 할 수 있다. 나 역시 그 점에 있어서는 Y와 별반 다르지 않다.

이처럼 주종적이고도 육체적인 교섭만으로 진행되는 Y와의 관계에 대해서 나는 정신적 사랑 운운하며 그 틈바구니에서 극도의 혼란을 일으킨다. 나의 의식 속에서 발생하는 이 혼란은 평양이라는 도시 특성과의 연계 속에서 설명 가능하다. '연애'에 대해 동경을 지니고 있던 나가 불륜에 빠지는 것도 평양에 도착해서이며 '연애'의 정신성을 중요시했던 나가 상대 여성과 육체적 관계 일변도로 나가게 되는 것도 평양에서이다. 이는 평양이라는 도시 자체가 불륜과 육체적 일변도의 주종적 남녀 관계를 일상적 삶으로 수용시킬 만큼 파행적이고 전근대적 특성을 소유한 지역임을 의미한다. 평양을 지배하고 있던 이 전근대성은 근대적 도시의 면모를 갖추어 가던 칠성문 안에서는 다소간 약화되어 가고 있던 반면 빈민가와 유원지가 밀집해 있는 칠성문 밖과 대동강 상류 지역에서는 강력한 형태로 잔존해 있었다. 그런 의미에서 근대적으로 새롭게 정비되어 가는 칠성문 안의 시가지와 칠성문 밖 대동강 상류 지역, 평양을 형성하고 있던 이 두 지역을 오가면서 나가 겪는 감정의 변화는 전근대적 평양의 정조 속으로 기묘하게 흡입되어 가는 나의 모습, 나아가서는 나의 의식의 원천을 보여줄 수 있는 좋은 예가 된다. Y의 혼약 사실을 안 후 갑작스레 자살과 같은 파괴적 충동에 휩싸인 나가 자살의 결행을 위해 반월도로 향했다가 청류벽 위에서 다시 삶의 의지를 회복하게 되는 다음의 부분은 그런 면에서 중요한 의미를 지닌다.

> 그때에 — 내 눈에 비친 것은 깎아 세운듯한 청류벽(淸流壁)의 천국 담장을 연상시키는 바위들이다. 이 경치는 이유없이 "살아야겠다"하는 생각을 내 머리에 넣어 주었다.
> 그 다음 순간, 내 눈에 비친 것은 청류벽 아래 그늘로 작은 물결들을 타고 떠 가는 청년 남녀 철학자들을 실은 요리(料理)배이다.
> "어화둥둥 내 사랑. 이리 보아도 내 사랑, 저리 보아도 내 사랑—."
> 그 배 가운데 여철학자가 목청을 높여 사랑가를 부른다. (그렇다! 사랑!) 어떤 큰 철리(哲理)의 번개가 번쩍 머리를 지나간다. 나는 언덕으로 뛰어 올라와서 모래 위에 번듯 누웠다.
> "나는 살았다."고 갑자기 기뻐졌다.[25]

나는 Y를 사랑한다고 했다가 아니라고 하고, 자신의 애정을 정신적인 것이라고 했다가 다시금 육체적인 것이라고 번복하는 등 극심한 의식의 혼란을 표출하며 그 혼란 속에서 자살을 감행하려는 지경에까지 이르게 된다. 그러나 자살을 위해 청류벽에 올라선 순간 갑작스레 안정을 회복한다. 청류벽에 올라서서 기생과 손님 간의 유흥이 벌어지는 뱃놀이 장면을 마주 대한 순간 나는 '사랑의 큰 철리'를 깨닫게 되는데 이 상황을 형성하는 청류벽은 이미 앞서 살펴보았듯 전통적인 평양, 즉 일부일처제의 윤리적 강령을 중요시하는 근대적 세계의 이질적 공간이라는 점에서 중요한 의미를 지닌다.

1919년 발표된 주요한의 「불놀이」에서 묘사되어졌듯이 대동

---

25) 金東仁, 「마음이 옅은 자(者)여」, 『金東仁 全集』 5, 三中堂, 1976, 73면.

강 뱃놀이 혹은 청류벽을 포함한 대동강 상류 지역의 실체는 장고소리에 맞춘 어린 기생의 사랑가, 그 가운데 벌어지는 남자들과 기생들 간의 유흥, 이 극단적인 무질서함으로 정리될 수 있다. 술과 불, 장고소리에 북돋워져 "불니는 욕심에 못견듸어 번득이는 눈으로 뱃가로 뛰여 나가"[26]는 남자들과 기생들에게 있어서 일부일처제의 준수를 의미하는 불륜이라는 용어는 그야 말로 "조름 오는 「니즘」"처럼 무의미한 어휘에 불과함은 당연한 일이다. 이 뱃놀이가 행해지는 봄의 대동강에 닿는 순간 나는 삶의 의지를 갑작스레 회복하게 된다. 이는 근대적 세계와 전근대적 세계 사이에서 혼란을 거듭하던 나의 의식이 대동강을 중심으로 한 전통적 평양의 정서와 완전하게 합치되었음을 의미한다.

이처럼 나는 칠성문 안의 근대적 시가(市街)를 벗어나서 전근대적 공간인 대동강 상류 지역에 가까워질수록 원기를 회복해 간다. 그러나 역으로 기생의 유흥이 있는 대동강 상류 지역을 벗어나서 칠성문 안의 근대적 세계로 들어서는 순간 다시금 걷잡을 수 없는 고독과 절망에 직면하는데 이런 나의 모습의 변화는 많은 의미를 함축하고 있다. 병원 삼층에서 밖을 내다보며 '이봐노비치의 「도나우의 줄기」'를 노래하는 여학생의 모습, 나에게 있어서 칠성문 안의 세계는 이렇게 정리되고 있다. 병원과 여학생이 제각기 형성해내는 청결과 질서의 이미지에서 나타나듯이 이 세계는 기생의 놀잇배가 떠 있는 대동강 유역과는 거

---

26) 주요한, 「불노리」, 『創造』, 1919.2, 1~2면.

대한 거리를 형성하고 있다.

기생의 사랑가가 흐르는 대동강 풍경 속에서 삶의 의지를 회복하던 때와 달리 나는 질서 잡히고 정갈한 칠성문 안의 풍경을 대면하면서 갑갑함과 쓸쓸함 그리고 극도의 이질감을 느끼고 있다. 나가 이 풍경 속의 여학생들을 향하여 '그들은 그들, 나는 나'라고 하면서 무궁대의 거리감을 상정시켜 버릴 때 그 이면에는 칠성문 안의 근대적 세계에 대한 거부, 그리고 칠성문 밖의 전근대적 세계로까지 자신의 영역을 넓혀오는 근대적 세계의 파괴적 힘에 대한 공포와 두려움이 놓여 있다고 할 수 있다. Y의 결혼, 조강지처 아내의 죽음, 그로 인한 나의 고립으로 이어지는 작품의 결말은 전근대적 세계를 뒤덮어 오는 바로 이와 같은 근대적 세계의 거대한 위력을 상징함에 다름 아니라고 할 수 있다. 그런 의미에서 결말부에서 나가 겪는 이 고립은 「눈을 겨우 뜰 때」의 기생 금패의 죽음이 갖는 의미와 동궤에 있다고 할 수 있다.

5. 결론

신소설과 초기 근대소설에서 평양은 작품의 주된 공간적 배경으로서 빈번하게 채택되고 있다. 이들 작품에 등장하는 평양이라는 도시 공간은 언제나 주인공 삶의 모든 비극이 발생하는 부정적 공간으로만 묘사되고 있다는 점에서 특징적이다. 『혈(血)의 누(淚)』와 『을밀대』에서는 주인공이 부모를 잃는다거나, 생명의 위기를 겪는 공간으로서, 『무정(無情)』에서는 여주인공 영채가 자살을 결행하러 떠나는 공간으로서 평양이 채택되고 있다. 한국 근대문학 내에서의 이들 작품의 선구자적 위치를 고려할 때 이와 같은 평양의 이미지 설정은 근대성에 대한 이들 작품의 강렬한 지향에서 기인된 것이라고 할 수 있다. 『혈(血)의 누(淚)』와 『무정(無情)』의 주인공들이 평양을 떠나는 순간 근대적 세계와의 해후가 가능해지는 것이 바로 그 단적인 예이다.

이처럼 근대적 세계의 대척점으로서의 평양, 즉 전근대적 세계의 상징으로서의 평양의 모습은 김동인의 다수의 소설들에서도 동일하게 발견된다. 「마음이 옅은 자(者)여」, 「눈을 겨우 뜰 때」, 「배따라기」, 「감자」 등 김동인의 다수의 소설들은 평양을 공간적 배경으로 설정하고 있으되, 칠성문 밖에서 대동강 상류에 이르는 일정 지역만을 반복적으로 취하고 있다. 칠성문을 경계로 했을 때 근대적 모습의 시가(市街)가 칠성문의 안쪽을 중심으로 형성되고 있었던 반면, 칠성문의 바깥쪽에 속하는 이 지역에는 빈민촌과 유흥지가 형성되어 있었다. 이 점을 중심으로 평양을 공간적 배경으로 취한 김동인의 작품을 살펴보았을 경우 하나의 공통된 특징이 도출되는데 작품 내부의 모든 사건과 인물들이 전근대성을 표방하고 있음이 그것이다.

예를 들면 가부장적인 아버지, 강제결혼, 일부일처제의 파탄, 조야한 운명론의 횡횡, 기생과 양반의 풍류 등이다. 작품 내부의 인물과 사건에서 도출되는 이와 같은 특성은 작품의 공간적 배경으로서의 평양의 성격 역시 동일하게 규정해주고 있다. 결국 전근대적 세계에 대한 지향을 표명함에 있어서 김동인이 칠성문 밖에서 대동강 상류에 이르는 지역을 공간적 배경으로 취하고 있음에는 이 지역을 통해 표출되는 평양이라는 도시의 강력한 전근대성이 결정적 이유로서 자리하고 있었던 것이다. 그리고 이것이 『혈(血)의 누(淚)』와 『무정(無情)』 등에서 주된 공간적 배경으로서 평양이 설정되고 있는 이유이기도 하다.

제 **9** 장

삶의 허위와 사랑의 허위
염상섭, 「너희들은 무엇을 어덧느냐」

1. 서론

1926년 8월 극작가 김우진과 성악가 윤심덕이 현해탄에 투신, 자살하는 사건이 조선에서 발생한다. 사건에 대한 특집[1]이 잡지에서 다루어질 정도로 많은 논란을 불러일으킨 이들의 정사(情死) 사진은 당대 신청년들을 열광시켰던 '연애'의 전말을 적나라하게 보여주고 있다는 점에서 관심을 모은다. 동경 음악학교를 졸업한 신여성 윤심덕과 와세다대학 출신의 김우진 간의 애정 관계는 구식 여성을 아내로 둔 기혼남과 신여성 간의

---

1) 윤심덕·김우진의 情死 사건에 대해서는 일간지는 물론 『新民』(1926.9.1)에서도 기획특집으로 다루어지고 있다.

사랑이라는 점에서 이미 변혁기 조선사회가 지닌 문제점을 충분 드러내고 있었다. 뿐만 아니라 다수의 남성들과 끊이지 않는 염문 속에서 급기야는 부호의 첩이 되었던 윤심덕의 이력은 당대의 언론들을 통해 지적된 신여성들의 부정적 행보를 그대로 답습하고 있기도 했던 것이다.

윤심덕과 김우진 간의 이와 같은 정사(情死) 사건은 정사(情死)가 지닌 센세이셔널한 측면을 넘어 근대적 의식의 조선적 수용의 문제와 깊이 연관되어 있기도 했다. 이들의 죽음에 대해, 과연 "純粹한 愛情에 依"[2]한 것인지를 반문하는가 하면 정사(情死)를 "一種의 文化的 特産物과가티 誤解"[3]하는 신청년들의 기묘한 풍조를 우려하는 당대 논설의 언급은 이와 같은 측면을 나타내는 것이라고 할 수 있다. 과연 이들이 죽음에 도달할 정도로 서로 깊이 사랑했었는가에 대한 이 시기 논설들의 거듭되는 반문은 1920년대를 휩싼 '연애'의 실재성에 대해서 회의케 함과 동시에 이들 신청년들이 경험한 근대의 실체를 새삼 고려케 한다. 1923년, 신청년들의 애정 풍속을 테마로 발표된 염상섭의 「너희들은 무엇을 어덧느냐」는 이 점에서 상당히 흥미롭다.

「너희들은 무엇을 어덧느냐」는 「만세전(萬歲前)」·「해바라기」에 연이어 발표된 작품으로서 '신여성의 모랄 비판'에 그 주안점을 두고 있다고 평해지는 작품이다. 이 "작품을 이루게끔 한 동기화는 여성혐오증",[4] 즉 신여성에 대한 경멸이다라는 후대

---

2) 安在鴻.「合意한伴行者」,『新民』, 1926.9.1, 68면.
3) 「情死問題批判」,『新民』, 1926.9.1, 68면.
4) 김윤식,『염상섭연구』, 서울대 출판부, 1999, 276면.

의 지적은 바로 이에 대한 한 예로서 제시될 수 있을 것이다. 그러나 「너희들은 ……」5)이 신여성을 포함 신청년들의 애정 관계를 주된 축으로 하고 있음은 이와 같은 지적을 넘어선 또 다른 해석의 여지를 남기게 된다. 김윤식이 지적하듯 염상섭이야 말로 "신여성과 그녀들을 둘러싼 동경 유학생 출신의 지식인 사내들의 취향, 성격, 생리, 내면 풍경을 손바닥같이 훤히 꿰뚫고 있"6)었다는 점을 감안한다면 적어도 이들 인물들간의 애정의 진행 과정은 조선의 근대성 여부와 맞닿아 있다고 할 수 있기 때문이다. 이를 위해 먼저 작품에 등장하는 신청년들의 성향에 대해 살펴보기로 하겠다.

2. 신청년들의 등장

「너희들은 무엇을 어덧느냐」는 일본 유학을 앞둔 덕순의 송별연 준비로부터 시작된다. 덕순은 여학교를 졸업, 잡지를 주관하고 있는 소위 신여성으로서 그녀의 송별연에 초대받은 인물들 역시 그와 같은 덕순의 면모에 어울리게 신지식을 습득, 근대적 외양을 지닌 신청년들이다. 신문기자 중환, 여교사 마리아, 일본 유학 출신의 룸펜 명수, 화가와 결혼해 있는 신여성

---

5) 이하, 「너희들은 무엇을 어덧느냐」를 생략, 「너희들은 ……」으로 표기.
6) 김윤식, 앞의 책, 276면.

정옥, 일본 청산학원에 유학중인 한규와 경애를 비롯하여, 고등 교육을 습득한 인물들과 이들을 중심으로 한 홍진·석태·문수 등이 그들이다. 작품은 일정한 주인공을 두지 않은 채 이들 모두가 뒤얽혀 애정 관계를 형성하면서 전개된다. 중편이라는 분량을 고려할 때, 다소 번잡한 느낌을 주는 이 다양한 인물군의 분포는 "3·1운동 직후 청년 지식인의 무방향성"[7] 등의 이 작품에 대한 종래의 지적을 넘어선 또 다른 해석을 고려케 한다.

1905년 을사보호조약 체결 후, 통감부시대가 열리면서 조선의 교육제도가 새롭게 개편된다. 1906년의 보통학교령 및 고등학교령, 사범학교령 그리고 1908년의 사립학교령의 공포를 통해 근대적 학제가 체계적으로 성립, 근대적 교육이 조선에서 실행되기 시작한다. 이 과정에서 종래의 소학교가 보통학교로 개칭되고 중학교 역시 고등학교로 변모, 수업연한은 전자가 4년으로 단축되고 후자가 3년에서 4년으로 확정된다. 물론 1883년 소·중학교 통합 과정인 원산학사가 설립되었고 1895년 소학교령이 공포되면서 근대적 교육제도가 이미 대사회적으로 시행되고 있기는 했었다. 그러나 소학교 설립을 의무적으로 수행할 수 있을 만한 재원의 부족, 신교육에 대한 국민적 이해 결여 그리고 무엇보다 신교육의 교습이 가능한 교사의 절대적 부족[8] 등

---

7) 김윤식, 위의 책, 278면.
8) 교원양성 기관인 한성사범학교 관제가 공포된 것은 1895년이다. 교원양성을 목적으로 한 이 학교는 수업연한이 본과 2년 속성과 6개월이며 교과과목은 교수법 및 역사·지리·수학 등으로 이루어져 있었다. 그러나 학과 과정이 "주로 한학에 힘쓰고 다른 보통학과는 거의 등한하게 하고 있"었다는 점은 실질적으로 근대적 교육 능력을 습득한 교원양성이 이 시기에 아직은 불가능했음을

의 이유로 인해 이 시기의 신교육은 실행에 있어서 상당 부분 난항을 겪고 있었다. 가령, 1905년 동경 부립 제1중학교 조선인 유학생 동맹 휴교의 계기가 된 사건, 근대 과학의 기초로 되는 여타 과목들에 대한 조선인 유학생들의 무지함을 민족적 역량의 문제로 연결시킨 일본인 교장의 인격 모독적 발언은 이들 유학생들이 섭렵했던 구한말 신교육의 현주소를 능히 짐작케 한다.[9]

이와 같은 요인에 의해서, 조선에서의 근대적 교육의 체계적 시행은 1906년의 보통학교령의 공포와 더불어 실질적으로 가능하게 된다. 이들 보통학교령의 개정은 여러 가지 면에서 이전의 소학교령을 보완하고 있다. 교과목의 부분에서 주목할 만한 변화는 일본어가 조선어와 동일한 비율의 시간 수를 차지한다는 점이다.[10] 통감부시대의 개막과 함께 조선의 일본화를 겨냥한

의미하는 것이라고 할 수 있다. 高橋濱吉, 『朝鮮敎育史考』, 제국지방행정학회 조선본부, 1929, 115면(咸宗圭, 韓國敎育課程變遷史硏究, 淑大出版部, 1976, 23면에서 재인용).

9) 1905년 동경부립일중학교에 재학중인 조선인 유학생이 동맹휴교 사건을 일으킨다. 그 원인은 12월 2일 勝浦교장이 報知신문과의 기자 인터뷰에서 조선인 유학생의 학습 상태, 특히 근대과학 관련 학과 수행 능력의 절대적 한계를 일본인과 비교, 혹독하게 비판한 것에서 비롯된다. 여기에는 조선을 보호국화하려는 일본의 치밀한 계획이 기저에 깔려 있었던 것으로, 이에 조선인 유학생이 동맹휴교로 대항 결국에는 전원 퇴학의 사태로까지 치닫게 된다. 문제는 갑오경장 이후 조선에서 신식교육이 실시되었음에도 조선인 유학생들의 대부분이 실질적으로 수학, 과학과 같은 근대과학 기초 과목들에 대한 지식이 거의 전무하였다는 점에 있다(上垣外憲一, 『日本留學と革命運動』, 東京大學出版會, 1982, 133~136면 참조).

10) 學部令 第23號로 公布된 보통학교 각 학년의 교과목 및 매주의 수업시수에 의하면, 국어 즉 조선어가 6시간, 일본어가 6시간, 산수가 6시간으로 최고의 시수를 차지하고 있다(咸宗圭, 앞의 책, 34면). 한말 소학교의 경우 외국어가 필수

변화 속에서 성장한 이들 세대가 사회에 전면적으로 대두되는 것이 대략 1910년대 중반을 넘어선 시기가 된다. 말하자면 1910대 중반을 넘어서면서 조선에 등장한 신청년들은 일본에 의해 체계화된 근대적 교육 및 일본어를 습득한 인물들로서 전통적 유교적 교육을 습득한 이전 세대와는 물론 한학을 주된 교과목으로 설정, 많은 시행착오 속에서 근대적 교육을 습득했던 구한말의 신교육 세대와도 분리되고 있었던 것이다.

염상섭의 「너희들은 ……」에 등장하는 다수의 신청년들은 1919년을 전후해서 조선사회에 대거 출현한 이와 같은 새로운 세대들이다. 열아홉에서 스물예닐곱에 분포되어 있는 이들의 연령대, 특히 현재 일본 유학중인 일부 인물들(한규 경애)의 나이 및 이들과 선후배 관계를 형성한 나머지 연장자들의 나이에 비추어 볼 때 이들은 적어도 1906년 보통학교령 및 고등학교령의 공포 이후 체계적으로 근대교육을 습득해간 인물들인 것이다. 일본인 상점에 취업할 정도의 탁월한 작중 인물 명수의 일본어 실력은 몇 년 간의 일본 유학 덕으로 돌린다고 하더라도 기생집에서조차 일본어로 대화를 주고받을 정도로 생활화된 작중 인물들의 일본어 습관은 쉽게 간과할 수 있는 문제는 아닌 것이다.

근대적 신교육의 체계적 습득, 일본어의 활용을 통한 근대적 문물의 직접적 흡수, 신시대적 감각의 체득 등 1910년대 말의 조선은 이와 같은 신청년들의 대거 등장과 더불어 새로운 시기

였다기보다는 선택으로 되고 있었다는 점을 고려한다면 상당한 변화라고 하지 않을 수 없다.

로 들어서고 있었다. 그런 점에서 남편과 결별, 일본 유학을 감행하는 신여성 덕순의 급격한 행위를 1919년의 만세운동 직후의 사회적 분위기 속에서 파악하는 염상섭의 태도는 상당히 주목할 만하다. 다음은 일본 유학을 둘러싼 덕순의 행위에 대한 후배 경애의 언급이다.

경우루 따지면야 그두 그러치만 아무것두 몰낫스면 그대루 지내겟지만 무얼 좀 알게 되니까 쿵쿵증이 나서 그대루 지내겟소? 덕순이의 형님두 만세 이후로 급작실히 퍽 변한 모양입듸다. 게다가 글짜나 쓰는 사람들하구 추축을 하고 잡지니 문학이니 하게 되니까 딴 세상 가튼 생각이 나는게지 (…중략…) 그건 고사하고 '엘런, 케이'니 '입센'이니 '노라'니 하는 자유사상의 맛을 보게 되니까 모든 것을 자긔의처디에만 비교해 보고 한층 더 마음이 음즉이지 안켓소[11]

1925년 『개벽(開闢)』에 실린 「최근조선(最近朝鮮)에 유행(流行)하는 신술어(新述語)」[12]라는 제명(題名)의 글은 '만세운동' 이후 조선에 등장한 '신술어(新述語)'를 열거, '기미년 만세운동' 이후 조선의 사회적 변모를 간략하게 보여주고 있다. 이 글에 의하면 '만세운동'을 기점으로 조선에서는 "前에 보지못하든 새현상이 만히생겻"고 "前에듣지못하든 새말도만히생기고 前에쓰지못하든 새义字도 만히쓰게되"었다는 것이다. '不逞鮮人', '口鮮融和', '親日本主義'처럼 3·1운동 이후의 정치적 상황을 지칭하는 용어와 더불어 이 글에서 대표적인 예로서 제시된 용어들, 예를 들자면 '민중(民衆)'·'푸로레타리아'·'대회(大會)'·'해방

---

11) 염상섭, 「너희들은 무엇을 어덧느냐」, 『廉想涉全集』1, 민음사, 1987, 190면.
12) 「最近朝鮮에 流行하는 新述語」, 『開闢』, 1925.3.

(解放)'·'계급투쟁(階級鬪爭)'·'연애자유(戀愛自由)'·'번민고뇌 (煩悶苦惱)'·'어린이' 등13) 근대적 사상의 이입을 상징하는 용 어들의 범람은 이 시기 조선이 겪은 다양한 사상 및 의식의 혼 재를 충분 감지케 한다.

물론 이와 같은 조선의 변모에는 널리 알려진 것처럼 3·1 운동의 실패, 문화정치로 이어지는 조선의 사회·정치적 상황 이 긴밀하게 작용하고 있기는 했다. 그러나 그와 더불어 근대 적 문물을 수용할 만한 계층의 성립이라는 문제 역시 무시할 수가 없는 것이다. 이는 앞서 살펴보았듯 염상섭이 덕순의 급 격한 의식의 변모를 만세운동 직후로 연결시키고 있다고 하더 라도 덕순에게서 발견되는 것과 같은 전통적 가치 체계의 붕 괴를 실은 이미 만세 전부터 읽어내고 있다는 점에서 감지된 다. 3·1운동 직전의 조선의 상황을 그린 「만세전(萬歲前)」에서 일본 유학생 이인화의 눈에 포착된 형의 모습은 그런 점에서 많은 의미를 지닌다.

> 묘님은 만또밋흐로 내어다보이는 鍍金을 물린 검정還刀끗치 다리에 터 덜거리며 부딋는 것을 외인손으로 꼭붓들고 땅이꺼질 듯이 살금살금거러 나오다가, 천천히 그동안 經過를이약이하야들려준다. (…중략…) 이 묘님이 라는사람은 漢學으로 다저만든村生員님이나 新學問에도 그리어둡지는안 흘뿐안이라, 우리집에는 업스면안이될사람이다. 父親이, 合倂前後에, 거진 政治狂 名譽狂에달떠서京鄕으로東奔西走하며 넉넉지안은財産을 흐지부 지축을내어노흔분수로 보아서는 只今쯤 내가 留學을하기는고사하고 밥을

---

13) 이외에도 '文化活動', '實力養成', '無産者', '埋葬', '大會', '過渡期' 등이 열 거되고 있다.

굶은지가 벌서오랜일이엇겟지만, 얼마안이남은 것을, 이믜님이 붓들고 안
저서 바자위게 꾸려나가기 때문에 이만치라도 托持를하게된 것이다.[14]

　여기서 이인화가 목도하는 "도금(鍍金)을 물린 환도(刀)"와 망
토로 치장된 형의 모습은 거리를 채워오고 있는 일본 집들과
더불어 변모된 조선의 풍경을 형성해준다. 염상섭이 형의 변모
된 외형에 대해 이인화의 입을 빌어서까지 세밀하게 묘사해 가
는 이유는 형이 조선의 전통적 정신 체계를 형성한 한학(漢學)
으로 다져진 인물이라는 점에 있다. 말하자면 형은 봉건적 유교
윤리에 깊이 젖은 이인화의 표현을 빌자면 "보수적이고 전형
적" 조선적 세계를 상징하고 있었던 것이다. 그러므로 일본화
되어 가는 형의 모습에는 식민지와 제국 간의 정치적 관계를
떠나 일본으로 상징되는 근대적 문물의 잠입 속에서 급격하게
몰락, 붕괴되어 가는 전통적 조선의 모습이 부조되고 있었다.
그 조선을 새롭게 채워오는 것이 바로 다름 아닌 이인화처럼
1906년 발포된 보통학교령 아래 혹은 1911년의 조선교육령 아
래서 근대적 교육을 체계적으로 습득하고, 학습으로 익힌 일본
어를 통해 근대적 문물을 직접 흡수하면서, 전통적 조선과 자신
간에 "통로(通路)가 전연(全然)히 두절(杜絶)"되었다고 느끼는 인
물들이다. 「너희들은……」은 바로 이 인물들이 조선에 대서 출
현해오는 그와 같은 시대적 상황 속에서 전개된다. 그러므로 이
들이 어떠한 의식의 정도를 지녔을까는 조선의 근대를 이해함
에 있어서 중요한 실마리가 된다고 할 수 있다.

---

14) 염상섭, 「만세전(萬歲前)」, 『廉想涉全集』, 민음사, 1987, 61~62면.

3. 타인의 삶을 향한 시선

1923년 발표된 김동인의 「마음이 옅은 자(者)여」에서 신교육을 습득한 기혼자 나는 연애에 대한 동경 속에서 운 좋게 신여성 'Y'와의 교제에 성공하게 된다. 그러나 '러브'라는 영어를 사용하면서까지 자신의 애정을 과장되게 표현해대던 나는 자신과 Y의 실제 애정 관계를 설명하는 순간에서는 여타 애정 소설의 전개 과정을 전범으로 사용한다. 복카치오의 소설을 인용하는가 하면 아리시마 다케오(有島武郎)의 『어떤 여자』15)의 흐름을 쫓아 자신의 감정을 진행시키고 Y의 상황을 이해하는 것이다. 물론 여기에는 끊임없이 해조음을 듣는 『어떤 여자』의 여주인공과 연못의 거문고 소리를 듣는 「마음이 옅은 자(者)여」의 여주인공 간의 유사점처럼16) 쉽게 단언 내리기는 힘드나 부정할 수도 없는 미묘한 영향 관계가 자리하고 있었던 것을 부인할 수는 없다.

이처럼 「마음이 옅은 자(者)여」의 나에게서 나타나는 판단과 행위의 비자율성 문제가 염상섭의 「너희들은……」의 덕순을

---

15) 김동인의 「마음이 옅은 자(者)여」에서는 '나'가 읽는 일본 소설이 단지 有島武郎의 작품이란 것만 명시할 뿐 작품명까지는 언급되고 있지 않다. 그러나 '나'의 언급을 통해 전개되는 줄거리를 살펴볼 때, 이 작품은 有島武郎의 대표 장편 『惑子女』(1919년 간행)임에 분명하다.

16) 여주인공이 자궁의 병을 앓아 아이를 가질 수 없다는 점, 그리고 여주인공이 끊임없이 해조음(『어떤 여자』), 혹은 연못의 거문고 소리(「마음이 옅은 자(者)여」) 등의 핵심적 요소의 동질성은 이 작품들 간의 영향 관계를 충분 감지케 한다. 이상의 내용에 대해서는 『惑る女』(有島武郎, 岩波文庫, 1998) 참조

비롯해서 몇 몇 등장인물들에게서 동일하게 발견되고 있다는 점은 쉽게 간과하기 힘든다. 작품을 통해 볼 때 덕순은 여학교를 졸업, 아버지뻘 되는 재력가 응화와 결혼해 있는 인물이다. 덕순으로서는 초혼, 응화로서는 세 번째 결혼인 이들의 결합, 특히 한쪽 다리가 없는 장애인에 전실 아들까지 둔 응화와 신여성 덕순 간의 다소 격에 맞지 않는 결합은 당대 여학생들이 처한 현실적 정황 및 신분적 한계를 벗어나서는 이해하기 힘든다. 1886년 이화학당의 설립을 기점으로 첫 선을 보인 조선의 여학교는 을사보호조약 직후인 1906년부터 1910년에 걸쳐 급격히 증가된다.[17] 그 결과 대략 1910년을 전후한 시기부터 1915년에 이르기까지 다수의 여학생들이 사회로 배출되는데 나혜석·김원주·김명순 등이 바로 이 시기 여학교를 졸업했던 인물들이다.

그러나 이들 초창기 여학생들은 신교육을 습득, 신여성의 상징적 존재로서 당시 조선사회의 주목을 한 몸에 받기는 했지만 실질적으로는 내외법(內外法)과 조혼의 풍습이 강력하게 남아 있던 전근대적 조선의 풍토 속에서 사회적 진출의 기회를 거의 얻지 못하게 된다.[18] 이 무리 속에 「너희들은 ……」의 덕순이

---

17) 사립학교가 대다수를 차지했던 이와 같은 여학교의 증가에는 여성 교육에 대한 대사회적 관심 대두 및 을사보호조약을 둘러싼 다양한 사회적 요인들이 자리하고 있었다. 그러나 남존여비와 내외법의 유교적 전통이 아직 강력하게 남아 있었던 보수적 조선의 분위기, 그리고 1910년 4월 7일 『皇城新聞』에 발표되던 첩들의 여학교 설립 요구 등은 이 시기 여학생들의 신분적 기반을 감지케 해주기도 한다.

18) 의사 혹은 교원과 같은 전문직을 제외하고는, 여학교를 졸업한 여학생들이 취업할 수 있는 기회란 거의 주어지지 않았다. 이는 고등보통학교 출신의 첫 여사

끼어 있다. 말하자면 덕순은 을사보호조약 후 여학교 설립의 붐 속에서 여학교에 진학하기는 했으나 자신이 습득한 신교육을 사회 진출의 기회로 연결시킬 수 없었던 바로 그 여학생들 중의 하나였다고 할 수 있다. 결혼과 관련된 이와 같은 에피소드를 고려할 때 작품에서 발견되는 덕순의 선택, 예를 들자면 사고무친의 상황에서 남편과의 결별, 일본 유학, 후배 애인과의 추문으로 이어지는 행위의 전개는 무모하다고밖에는 달리 표현할 방법이 없는 것이다. 이는, 덕순의 일본 유학 결정에 대해 "일가친척도 업고 도라다볼 사람도 업는 것을 번연히 알면서 덥허노코 뛰여나오면 허영만 날 뿐"이라는 지인(知人) 한규의 걱정 반 조소 반 섞인 언급을 통해서도 충분 감지된다.

이처럼 남편과의 결별까지 의도한 덕순의 일본 유학이 아무런 준비, 목적 없이 행해지고 있다는 점은 유학에 이르는 덕순의 의식에 대해 많은 점을 고려케 한다. 실제로 작품을 통해 볼 때 덕순의 일본행은 학문적 목적이나 준비가 없이 즉흥적으로 형성, 즉 유학에 대한 막연한 동경 속에서 행해지고 있다. 일본어 공부를 한답시고 후배 애인 한규를 불러들여 어줍잖은 연애 행각을 벌인다거나 조선의 명수에게 추파에 가까운 구애 편지를 보내는 것과 같은 일본에서의 덕순의 행각은 그녀 유학의 무목적성, 즉흥성에서 볼 때 당연한 귀결이라고 할 수 있다. 이와 같은 덕순의 의식의 변모, 행위의 급진성을 이해하기 위해서

___

무원 모집이 1909년에 있었으며 이 다음의 여사무원 모집이 3년이나 지난 다음에 있었다는 점에서도 알 수 있다(梨花女子大學校韓國女性史編纂委員會, 『韓國女性史』 2, 梨大出版部, 1972, 72면 참조).

는 덕순이 자주 언급하는 일본의 'B여사 사건'을 살펴볼 필요가 있다.

'B여사 사건'이란 '백련여사(白蓮女史)'라는 필명으로 유명했던 가인(歌人) 이토 아키코(伊藤燁子, 당시 36세)가 남편인 큐슈의 탄광왕(炭鑛王) 이토텐유이몬(伊藤伝右衛門)에게 십 년 결혼 생활을 마감하는 절연장을 쓰고는 1921년 10월, 동대(東大) 신인회(新人會) 회원이면서 브나르도운동에 관여하고 있던 연인 미야자키 료스케(宮岐龍介, 당시 27세)에게로 가버린 사건을 말한다.[19] 개성 존중을 주창한 백화파(白樺派)의 성행 속에서 일본사회의 찬탄과 비난을 함께 받았던 이 사건을 염상섭이 작품에 등장시키고 있는 것에 대해 시라카와 유라카(白川豊) 교수는 여성의 독자의 판단과 자립, 즉 개성 존중에 대한 염상섭의 '공명(共鳴)'에서 기인되고 있다고 언급하고 있다.[20] 그러나 백련여사(白蓮女史) '이토 아키코(伊藤燁子)'의 연애 사건이 조선의 신여성 덕순의 입을 통해서 언급되고 있고 그녀 행동의 지표가 되고 있다는 점은 염상섭의 의도가 과연 그와 같은 '공명(共鳴)'에 있었던 것일까라는 의문을 느끼게 한다.

실제로 덕순은 남편과 결별, 목적 없는 일본 유학 감행과 같은 무모한 결정을 내릴 때에도 그리고 일본 유학 생활에서 후배 애인 한규 또는 지인(知人) 명수와 기묘한 애정 행각을 벌이

---

19) 이상의 사건에 대해서는 『朝日新聞記事にみる〈戀愛と結婚〉』(朝日新聞社, 1997)과 白川豊의 「1920年代廉想涉小說と日本」(大村益夫外七名, 『朝鮮近代文學者와日本』, 平成11〜平成13年度科學研究費基盤研究B(1)研究成果報告書, 2002.2)을 참조했음.

20) 白川 豊, 위의 글, 17면.

려 할 때에도 어김없이 B여사의 연애 사건을 언급, 자신의 행위를 B여사의 연애 사건과 연결시키고 있다. B여사의 연애 사건에 대해 '용장'·'찬미'·'축복'이라는 용어로서 찬양하면서 무모한 일본 유학을 감행하는가 하면 '노라의 리지적 개인주의보다는 B여사의 연애 생활이 가치'가 있다고 언급하면서 후배 애인과 애정 행각 속으로 들어가는 것이다. 자타(自他)간의 경계 없이 B여사의 모습을 자신의 모습에 전적으로 투영시켜 버리는 순진무구하다고 표현할 수밖에 없는 덕순의 모습은 문화의 수용 관계, 혹은 신여성의 허영이라는 종래의 지적을 넘어 당대 신청년들의 '내면'의 실재성 문제로 연결된다.

B여사를 삶의 전범(典範)으로 설정, 그 전범(典範)을 쫓아가는 덕순의 모습은 다소 정도의 차이는 있어도, 한규·경애·명수·마리아 등 「너희들은……」의 다수의 신청년들에게서 동일하게 발견되고 있다. 오스카 와일드의 소설을 탐독, 그 내용의 전개에 따라 경제력과 애정 간의 관계를 해명해 가는 한규·덕순의 행위를 『인형의 집』의 노라의 모습과 연결시키는 경애, 그리고 아리시마 다케오(有島武郎)의 소설을 전범(典範)으로 설정, 등장인물들의 행동에 자신의 행위를 일치시켜 가는 마리아에 이르기까지 이들 신청년들은 끊임없이 타인의 삶을 자신의 삶으로 수용해간다. 그러나 미야자키 료스케(宮岐龍介)와의 사랑을 선택하기 위해 남편에게 절연장을 제출, 애인에게도 달려간 B여사, 즉 이토 아키코(伊藤燁子)와 남편과의 결별도 제대로 안 된 상태에서 후배의 애인과 갑자기 염문을 뿌려대는 덕순 간에는 어떻게 해서도 메워질 수 없는 거대한 간극이 존재하고 있었다.

염상섭은 남편과의 결별을 준비하는 덕순과 그런 덕순을 바라보는 경애의 기묘한 시선을 통해 이를 짚어내고 있다. 예를 들자면 일본 유학을 구실로 남편에게 체제비를 뜯어냄은 물론 자기의 옷가지까지 모두 들고 나오려는 덕순의 모습을 보며 절연장과 함께 끼고 있던 반지까지 남편에게 돌려보낸 이토 아키코(伊藤燁子)의 모습을 경애가 떠올릴 때 거기에는 일본과 조선 간의 단순한 문화적 편차를 넘어 이를 '내면'의 실재성 문제로 밀고 나가고자 한 염상섭의 태도가 깊이 작용하고 있었다고 할 수 있다. 적어도 '러브'를 신조어 '연애(戀愛)'로서 번역, 주체적으로 이를 수용했던 측과 번역어 '연애(戀愛)'를 '연애'로서 일방적으로 수용할 수밖에 없었던 측간의 차이를 염상섭은 감지하고 있었던 것이다. 그가 명수의 입을 통해 "소설의 인물을 모방"하는 행위를 "자기라는 것을 작난감으로 알고 인생이란 것을 유희로 아는 어릿광대의 심심푸리"로서 비난하는 것은 이 때문이다.

이에 근거할 때 작품의 인물을 통해 드러나는 염상섭의 일본 편향적 태도, 예를 들자면 예기(藝妓)의 진정한 면모를 일본 기생에게서 찾는가 하면 진정한 연애란 일본 여성과의 관계에서만 가능하다고 하는 등의 일본 편향적 태도 역시 정치적 문맥을 넘어 보다 신축성 있는 해석을 요구하게 된다. 말하자면 '연애'의 실현 여부에 대한 염상섭의 발언은 '내면'의 형성 문제, 그리고 확대하자면 조선적 근대의 실체 여부와 같은 본질적 문제들을 내재시키고 있었던 것이다. '내면'이란 것이 "사물에 앞서 존재하는 '개념' 또는 형상적 언어가 무화"되는 순간 형성되는 것이라고 하다면 '충', '효'와 같은 유교 이데올로기의 자리를 '연애'로 대체, 절대규범에 자신을 의탁시켜 버리는 덕순에게 적어도 '내면'이 성립될 여지란 없기 때문이다. 문제는 이와 같은 문제가 덕순 혹은 몇 명의 허영심 많은 신여성들에게 한정된 것이 아니라 작품에 등장하는 다수 신청년들에게 일반적으로 발견된다는 점에 있다. 그런 점에서 이들이 '사랑'을 체현해 가는 방법은 상당히 흥미롭다.

4. 영혼의 사랑과 실재하는 사랑 간의 거리

1922년 발표된 나도향의 『환희(幻戲)』에서 여학생 혜숙은 동경 유학생 선용을 겨우 두 번 만나고는 연모의 감정을 고백하는가 하면 별다른 감정적 연계도 형성되지 않은 상태에서 동경(東京)으로 연서(戀書)까지 보낸다. 이와 같은 혜숙의 행위는 너무 갑작스러워서 당사자인 선용조차도 "그날 그 짧은 시간의 한 마디를 꾸미고 사라진 두 사람의 이야기가 과연 자기와 혜숙 사이를 굳고 굳게 사랑의 가닥으로 얽어놓았을는지 의문"을 느낀다고 할 정도인 것이다. 선용이 지닌 이 의문은 신여성 나혜석이 조선에서의 '연애'의 실현 가능성에 대해 표했던 회의적 반응에서도 동일하게 감지된다. 나혜석은 1923년, 기생 강명화의 자살을 테마로 한 논설을 통해 조선에서의 '연애'는 기생사회에선

가능할 뿐이라며 실질적으로는 조선에서의 '연애'의 성립 가능성을 전적으로 부정하고 있다.[21] 특히 조선 여학생들의 이성교제에 대해 "不可思議의 本能性으로만 無意識하게 異性에 接"할 뿐이라는 나혜석의 지적은 당시 조선을 휩쌌던 '연애'의 실체에 대해 많은 의문을 지니게 한다. 「너희들은 ……」에서 신문기자 중환의 입을 빌어 염상섭이 설파하는 조선의 '연애'에 대한 정의는 이 점에서 주목할 만하다.

　(…중략…) 요컨대 조선 사람이란 련애라는 행복을 타지 못하고 나온 인종일세. 근긔두 정열두 업는 사람에게 련애가 잇슬 리가 잇나! 그러면 련애를 찾지 안느냐 하면 그러치두 안치! 그러나 니가 업서 씹지를 못하느니! 하기 때문에 마치 '피애니스트'의 손가락이 '키─'우로 날아단이듯이 입술에서 입술로 날아단이는 련애밧게는 업슬테지! 련애 업는 민족! 그거야말로 죄악돌이 깔닌 길을 징 박은 신발로 밟는 것 가튼 것이 아닌가?[22] (…중략…)

아울러 중환은 "련애를 할 만한 모든 조건과 조짐이 조선 사람에게 잇섯스면 조켓다"고 언급한 후 '연애'의 조건과 조짐에 대해 언급한다. 중환이 제시하는 '연애'의 조건과 조짐이란 "자기의 생활에 대한 깁흔 자각과 날카로운 반성력", 그리고 "순일한 감정"이다. '자각'과 '반성력'의 부재는 제쳐두고라도 '순일한 감정'이 조선에서의 '연애'에 결여되어 있다는 중환의 지적은 이 시기 조선의 신청년들을 열광시켰던 '영원한 사랑'의 의식에 대해 많은 점을 고려케 한다. 뿐만 아니라 나도향의 『환희

---

21) 羅惠錫, 「康明花의 自殺에 對하야」, 『東亞日報』, 1923.8.
22) 염상섭, 「너희들은 무엇을 어덧느냐」, 『廉想燮全集』 1, 민음사, 1987, 271면.

(幻戱)』·『어머니』혹은 이광수의 『재생(再生)』 등 '사랑'을 테마로 한 일련의 소설에서 발견되는 목숨까지 희생하는 '순일한 사랑'의 움직임을 어떻게 해석해야 하는가 하는 문제점을 발생시키기도 하는 것이다. 1920년대 시와 소설 그리고 논설을 통해 끊임없이 설파되고 있던 '사랑의 영원성' 혹은 '불변하는 사랑'의 의식과 사랑의 '순일한 감정'의 결여에 대한 염상섭의 지적, 이 상충하는 상황을 이해함에 있어 「너희들은 ……」의 두 인물, 마리아와 명수의 사랑의 진행 방식은 간과할 수 없다.

작품을 통해 볼 때 일본 유학 출신으로 룸펜 생활을 하고 있는 명수와 여학교를 졸업한 후 모교의 교사로 있는 마리아 간에 애정이 형성될 만한 결정적 계기를 발견하기란 쉽지 않다. 오히려 이들 각자의 복잡한 애정사(愛情史)는 이들 상호간에 발생되는 애정이 환영일지도 모른다는 느낌마저 불러일으킨다. 예를 들자면 마리아는 명동 어귀에서 구두점을 운영하는 멋쟁이 유부남 석태와 불륜의 애정 관계에 빠져 있으며 명수는 기생 도홍에게 골몰해 있다. 특히, 명수의 심적 흐름, 예전에 혼인 말이 있었던 신여성 희숙의 프로포즈를 받으면서 연인 관계도 아닌 덕순이나 마리아의 얼굴을 떠올리는 기묘한 심적 흐름은 조선 신청년들을 가리켜 "인간학을 연구하는 한 재료"라는 명수 자신의 조소 어린 언급이 의외로 그 자신에게로 향하게 되는 아이러니컬한 상황마저 연출해내고 있다. 그런 점에서 마리아와 명수 이 두 사람이 어떤 경로를 거쳐 사랑의 감정을 형성케 되었는가에 대한 고찰은 중요한 의미를 지닌다고 할 수 있다.

실제로 마리아가 불륜의 애정 관계에 있던 유부남 석태를 두고 애정의 방향을 갑작스레 명수로 바꾼 것에는 애정보다는 첫 연인으로부터 받은 편지의 한 구절이 중요한 역할을 하고 있다. 그 구절이란 다름 아닌 "더럽히지 안은 령혼"의 고수를 촉구하는 것이다. 자신의 불륜의 애정행각에 대한 조소 및 비난이 내포된 이 구절을 접한 후 마리아는 명수를 애정의 대상으로 조작해버리는 기묘한 심적 상태를 드러내게 된다. 물론 여기에는 불륜의 애정에 대한 마리아 개인의 수치감이 한 요인으로 제시될 수 있기는 하지만 그와 같은 요인만으로는 이 급격한 감정의 조작을 설명해내기는 힘든다. 특히 명수의 애정 상대인 도홍을 극렬하게 질투하는가 하면 명수에게 거침없는 연서(戀書)를 띄우는 등 열정적 연인들에게서 발견되는 심리적 흐름이 마리아에게서 동일하게 발견되고 있다는 점은 마리아 자신조차도 이 감정의 조작을 감지하지 못하고 있음을 의미해주는 것이기도 하다. 마리아에게서 발견되는 이 기묘한 심적 조작, 환각의 형성 과정을 어떻게 설명할 수 있을까하는 점은 조선적 연애, 혹은 '순일한 사랑'의 실체와도 연결된다는 점에서 중요한 의미를 지닌다고 할 수 있다. 이 점에서 「너희들은 ……」 다음 해인 1925년 발표된 이광수『재생(再生)』의 신여성 순영의 모습은 주목할 만하다.

『재생(再生)』의 히로인 순영은 여학생의 신분으로 부호 백윤회의 첩이 된 후 자살에 이르려는 인물이다. 이와 같은 순영의 비극적 삶에는 육체적 순결의 상실=영혼의 타락으로 결정짓던 '순결' 혹은 '처녀성'에 대한 극단적 지향이 결정적 원인으로 작용하고 있다. 자의(自意)에 의해 부호 백윤회와 육체적 관계를 형성한 후 별반 관심도 지니지 않았던 지인(知人) 신봉구를 갑작스레 '영혼의 사랑'으로 설정, "더러운 육욕의 만족"과 "영혼의 사랑"에서 극렬한 갈등을 일으키던 순영의 모습은 이에 대한 하나의 예로서 제시될 수 있을 것이다. 바로 이 점, 3·1운동의 동지에 불과했던 신봉구에 대해 순영이 지니는 급작스러운 애정은 「너희들은 ……」에서 명수에 대한 마리아의 애정의 형성 과정과 지나치게 유사하다는 점에서 쉽게 간과하기 힘든다. 특히 3·1운동 참가, 투옥 생활의 경험 등 이들 양자간의 이력의 동질성은, 이들이 겪는 사랑의 혼란을 작가의 개인적 성향을 넘어 시대적 맥락 속으로 연결시켜 간다.

'더럽히지 안은 령혼'이라는 구절을 접한 순간 명수를 애정의 대상으로 위치시키는 마리아의 행위 그리고 부호 백윤회와 동침 후 영혼의 타락에 절망, 갑작스레 동지에 불과했던 신봉구를 '영혼의 사랑'으로 위치시켜 버리는 순영 이들의 모습에는 왠지 1920년대를 휩싼 정신성, 영혼에 대한 과다한 집착, 예를 들자면 '처녀'에의 숭배 및 '정조'에의 강조로 표현되는 병적 금욕주의의 분위기가 강하게 느껴지고 있었던 것이다. 백윤회와의 첫 육체적 관계 후 『재생(再生)』의 순영에게서 나타나는 다음의 심적 변화는 이에 대한 이해의 실마리를 제공해준다.

순영은 더반항하려고도 안한다. 다만 기운도 다빠지고 정신도 다 빠진 사람과 같이 되어 백을 미워하고 원망할 경황도 없는 듯하다. 어찌하면 이렇게도 갑자기 세상이 암흑이 디어 버릴까. 마치 환하게 광명으로 찬 천당에서 영원한 지옥의 암흑 속에 떨어진 것같다. 또 어찌하면 이렇게 갑자기 내 몸이 작아지고 더러워지고 천해진 것 같을까. 마치 백설 같은 흰 날개를 펄럭거리며 한없이 넓은 허공을 자유로 날아다니던 천사의 몸으로서 갑자기 날개를 부러뜨리고 구린내 나는 더러운 누더기에 감기어, 다니엘이 바벨론에게 잡혀 갇히었던 토굴속의 이빨에 피묻는 사자들과 같이 갇힌 듯 하였다. 순영은 자기가 이 모양으로 갑자기 무서운 변화를 겪은 것을 놀라는 동시에 어저께까지의 자기가 몹시 그립고 부러웠다. 그러나, 어저께까지의 자기는 지금의 자기 얼굴에 침을 탁 뱉고 비웃는 눈으로 나를 힐끗힐끗 보면서 높이높이 구름위으로 올라가면서,

"마지막이야 ─ 다시는 나를 못만나 ─ 이 죄많은 더러운 년아."[23]

백윤회와 자의(自意)에 의해 첫 밤을 보낸 후, "추운 겨울 밤 학교 뒤 바위 밑 눈 위에 꿇어 엎드려서 울고 회개"하는 등 육체적 순결의 상실을 타락 혹은 죄로 곧장 연결시켜 버리는 히스테리컬한 순영의 태도는 의식의 근거로서의 기독교의 영향력을 충분히 감지케 한다. 특히 "더러워진 영혼은 더욱이 영원히 꺼지지 않는 유황불에서 지글지글 타고 있을 것"이라며 극도의 죄의식에 휩싸이는가 하면 선교사 P부인에게 자신의 죄를 '고백'하고 '구원'을 요청하는 순영의 모습은 1920년대를 휩싼 '처녀성' 숭배의 태도가 어디에서 근원한 것인지 짐작케 하기도 한다. 이는 최초의 여학교인 이화학당이 미선계였다는 점 그리고 개화기 설립된 근대적 교육기관들 중 미선계통 교육기관이 차지한 적잖은 비율들로부터도 감지된다.

문제는 순영이 이처럼 기독교적 제 의식에 근거 육적(肉的) 관계에 대한 멸시, 영적(靈的) 애정 관계에 대한 절대적 존중을 표하면서도 실제로는 남녀 애정 관계의 정신화 혹은 그녀가 그

---

23) 李光洙, 『再生』(『李光洙全集』第2卷), 三中堂, 1962, 60면.

토록 갈망한 '영적' 애정이 무엇인가를 이해치 못하고 있다는 점이다. 신봉구에 대한 급격한 애정의 형성은 바로 이로부터 비롯되고 있다. 말하자면 순영은 신지식을 습득한 미혼 남성과의 육적 관계를 배제시킨 교제라는 외형적 틀의 구비만으로 영혼의 사랑이 달성된다고 판단, 이에 대한 동경 속에서 신봉구를 영혼의 애정으로 형성시키고 있었던 것이다. 참으로 아이러니컬한 것은 애정 관계의 본질적 요소인 사랑이 이 과정에서 전적으로 누락되고 있다는 점이다. 이와 같은 순영의 연장선상에 「너희들은……」의 마리아가 위치해 있다.

실제로 "더럽히지 안은 령혼"이란 구절을 접한 후 히스테리컬해진 마리아가 머리에 떠올리는 것은 도홍을 끼고 앉은 명수의 모습인가 하면 갑작스레 명수를 향해 가면서 명수의 가슴에 매달려 우는 "난데없는 공상"까지 한다. 명수와 아무런 감정적 연계가 없었음은 물론, 미국 유학의 협박을 해대며 석태에게 결혼을 재촉하고 그와 입맞춤을 나누던 마리아의 심적 상태를 돌이켜 본다면 이 의식의 혼란은 많은 의문을 불러일으킨다. 그러나 마리아가 곧장 자신의 죄를 '고백'하고 '용서'와 '구원'을 구할 상대로서 명수를 설정시켜 감은 그녀의 이 혼란, 히스테리컬함이 어디서 연유하고 있는가를 충분히 짐작케 한다. 백윤회와의 정사 후 순영이 구했던 '고백'과 '용서' '구원'의 기독교적 의식 및 그 속죄의 의미로서 '영혼의 사랑'에 대한 갈망이 마리아에게서 동일하게 발견되고 있는 것이다.

물론 그 대상이 많은 신청년들 중 왜 명수였는가는 쉽게 설명되지 않는다. 일본 유학 출신이며 미혼이라는 명수의 이력이 적어도 '간음'과 '육체적 타락'의 죄의식으로부터 마리아를 건져주기에 참으로 적합했다는 점 이외에는 달리 설명의 여지가 없다. 이는 환언하자면 그 사랑의 대상이란 반드시 명수가 아니었어도 동일한 이력을 지닌 인물이면 누구라도 무방함을 의미한다. 명수에게 보낸 연서(戀書) 속에서 "나의 구주가 되어 주십사고 애원"한다거나, "온 몸둥아리와 온 령혼을 점령하야" 자신을 '구원'해줄 새로운 힘으로서 명수를 상정시키는 등 '구원'에 집착하는 마리아의 모습은 바로 이에 대한 하나의 예로서 제시될 수 있을 것이다. 영혼의 사랑, 영적 남녀 관계에 대한 열렬한 동경 그리고 그 개념의 관념적 수용 속에서 실재로서의 사랑이 소멸되고 사랑의 환각이 생성되고 있는 것이다.

사랑을 둘러싼 이와 같은 환각 형성이 이광수의 『재생(再生)』, 염상섭의 「너희들은 ……」을 비롯, 신청년들의 애정 관계를 테마로 한 이 시기 일련의 소설들에서 공통적으로 발견된다는 점은 이 시기를 휩싼 '영원한 사랑' 혹은 '순일한 사랑'의 실재성을 충분 짐작케 해준다. 기독교를 통해 전파된 영혼, 정신성의 개념에 대한 관념적 이해, 기독교적 제 의식을 기저로 한 근대적 애정 관계 '연애'에 대한 무자각적 도취, 이와 같은 조선적 상황 속에서 이들 1920년대 신청년들은 '영혼의 사랑' 혹은 영원성의 의미로서의 영혼에 기반한 '영원한 사랑'을 절대적 관념으로 변환, 수용하고 있었던 것이다. 육체의 유한성에 대비되는 영원성의 의미로서의 정신 및 영혼의 개념이라든가 자기 희생의 의식을 기저에 깐 기독교적 '사랑'의 제 의식, 이들에 대한 이해가 마련되어 있지 않은 상황에서의 '영혼의 사랑'이란 그 자체가 이미 허위이며 환영일 수밖에 없었다는 점, 이 점을 이들 신청년들은 간과하고 있었던 것이다. 그리고 그것은 곧 조선의 근대가 지닌 한 측면이기도 했다.

5. 결론

염상섭의 「너희들은 무엇을 어덧느냐」가 지닌 이와 같은 측면들은 1926년 8월 발생한 김우진, 윤심덕 간의 정사(情死) 사건에 대한 이해의 실마리를 제공해준다. 윤심덕과 김우진의 정사 사건에 직면, 잡지 『신민(新民)』의 특집 논의들이 표했던 부분, 이들 사랑의 실재성에 대한 회의를 결국은 신여성 윤심덕의 개인적 자질의 비판으로 연결시켜 버리던 태도의 문제점을 「너희들은……」의 일련의 전개 과정을 통해 이해할 수 있는 것이다. 말하자면 정사(情死)라는 극단화된 방법을 선택, 사랑의 절대성을 주창한 이들의 행위는 한 인간의 개인적 자질의 결여만으로 결론 내릴 수 없는 또 다른 사회적 맥락을 요구하고 있었던 것이다. 그 부분에서 언급되지 않을 수 없는 것이 '내면'의 실재성의 문제이다.

「너희들은……」의 신여성 덕순을 비롯, 다수의 신청년들에게서 공통적으로 발견되었던 문제, 예를 들자면 전범(典範)으로서의 삶과 자신의 삶 간의 경계점을 상실해 버리는 것과 같은 내면의 실재성을 의심케 하는 부분의 반복적 표출은 적어도 이들이 주창하는 순일한 사랑의 실재성까지 의심케 하기에 충분했던 것이다. 기독교의 전파와 더불어 이입, 당대 사회를 열광시켰던 영적(靈的) 사랑 및 영원한 사랑의 개념이 절대적 규범으로 변형, 조선에 정착되는 과정은 이에 대한 결정적 근거로서 제시될 수 있을 것이다. 실재적 사랑이 누락되고 환각으로서의 사랑이 생성되는 것과 같은 사랑의 진행을 둘러싼 「너희들은 ……」의 기묘한 상황이 김우진과 윤심덕의 정사(情死) 사건으로 어렵지 않게 연결되는 것은 바로 이 때문이다.

또 다시 환영(幻影)과 환상(幻像)으로서의 근대, 근대문학

　과연 우리에게 근대 혹은 근대문학이란 것이 존재하는 것인
가. 이에 대한 의문에서 이인직의 『혈(血)의 누(淚)』, 이광수의
『무정(無情)』을 비롯하여 김동인 · 염상섭 · 나도향 등의 작품을
통해 한국의 근대, 혹은 근대문학의 실재성을 고찰해보았다. 이
러한 방법론의 일환으로서 일본이 성립시킨 근대적 번역어의
수용 과정과 문명개화를 향한 개화기 젊은이들의 열정의 실체
그리고 기생을 포함한 전통문화의 내구력과 근대적 도시 공간
의 실체에 대해 살펴보았다.
　근대적 학문으로서의 '공부'를 삶의 지표로 설정하면서도 주
자학적 관념론으로서의 '공부'의 형태를 답습하는가 하면 근대
적 애정 관계 '연애'를 지향하면서도 전근대적 정절의식과 '연
애'를 혼용하고 근대적 문물의 이입 속에서 쉽게 몰락해 버리

던 기생의 모습 등 문학을 통해 살펴본 근대적 의식 및 제도의 수용 정도는 우리가 겪은 근대의 실체를 짐작케 한다. 또한 사랑을 관념적으로 이해하는가 하면 실체가 없는 '공부', 실체가 없는 '사랑'을 위해 목숨까지도 희생하는 '근대문학' 주인공들의 그로테스크한 행위는 이들이 체험한 근대의 실체에 대한 근본적 회의를 자아낸다. 그러므로 이 지점에서 다시 질문되어지는 것이 있다면 우리가 겪은 근대란 무엇인가 하는 것이다.

지금까지 의심의 여지가 없이 명확한 실재로서 상정되어 왔던 우리의 근대, 우리 문학의 근대성이란 과연 자명(自明)한 것일까. 근대문학의 실재성을 기반으로 진행되어 왔던 언문일치 및 내면 형성에 대한 다양한 논의들은 과연 정당한 것인가. 뿐만 아니라 한국 근대의 자명성에서 출발한 한국사회의 포스트모더니즘적 징후에 대한 논의들은 또 어떻게 이해되어야 하는 것일까. 결국 이 모든 의문들은 근본적인 전제로서의 한국 근대, 혹은 근대문학의 실재성에 대한 의문으로 귀결된다. 이는 일본이 성립시킨 근대를 일방적으로 수용 혹은 모방하는 단계를 벗어나 근대를 주체적으로 형성시켜 낼 만한 내적 성숙도가 한국 문화에 형성되어 있었는가를 의미하는 것이기도 하다.

그런 점에서 '연애'·'내면' 등 일본이 성립시킨 근대적 번역어의 한국 수용 과정에서 발생되는 의미의 변질과 변용은 '언문일치'의 실재성 및 근대적 내면의 형성 문제로 연결되지 않을 수 없게 된다. 예를 들자면 근대적 애정 형식 '러브'를 신조어 '연애(戀愛)'로서 번역, 근대를 주체적으로 성립시킬 수 있었던 일본과 일본이 형성시킨 번역어 '연애(戀愛)'를 '연애'로서 그대로 수용하면서도 의미의 변질과 변형을 일으킬 수밖에 없던 한국, 여기에는 근대적 장치를 표현할 수 있는 근대적 언어의 의미의 자장(磁場)이 과연 한국어에 형성되어 있었던가 하는 문제, 즉 '근대언어로서의 언문일치'의 문제가 내재되어 있었던 것이다.

『무정(無情)』을 비롯 '근대문학'에서 발견되는 것과 같은 삶과 언어, 삶과 근대적 제도 장치 간의 간극과 괴리가 근대의 수용 과정에서 한국사회 전반에 걸쳐 발생되었다는 점은 우리에게 근대적 장치를 표현할 만한 '독자적인 의미의 자장(磁場)', 즉 언문일치가 형성되어 있지 못했음을 의미한다. 근대적 세계로 편입하기 위해 근대적 외형의 잡지를 발간하면서도, 전근대적 의식을 벗어날 수 없었던 기생들의 모습이라든가 외형의 근대성과는 달리 전근대적 삶의 양식과 의식들로 채워져 있던 근대적 도시 공간의 이율배반성은 우리의 근대가 근대의 형식적 차용의 정도를 넘어설 수 없었음을 반영한 것에 다름 아니라고 할 수 있다.

한국이 수용한 근대적 언어 자체가 이처럼 내면화 과정이나 실태를 동반하지 못한 채 일본에서 차용, '공허한 관념'으로서 존재했음은 한국의 근대 혹은 근대문학의 정신성이라는 것이 실태를 동반하지 않은 '환영' 혹은 '환상'임을 의미한다. 일본이 형성시킨 원상(原象)으로서의 근대와 원상(原象)의 모방으로서의 근대 간에 발생하는 기묘한 변질과 왜곡, 간극이 한국의 근대 성립 과정에서 발견되는 것이다. 본래의 의미를 상실한 채 단편적 어휘와 단어만을 수용, 공허한 관념으로서 이루어졌던 우리

근대문학의 본질을 감안한다면, 근대문학에서 빈번하게 발견되는 의식의 이율배반성, 인물과 풍경의 무개성화, 관념성 역시 충분히 이해되게 된다. 근대적 장치를 표현해낼 만한 '근대적 언어의 의미망', 즉 독자적 의미망이 형성되어 있지 않았던 우리 언어로부터 '근대문학'이란 결코 성립될 수가 없었던 것이다. 그 대신 그 자리를 근대문학의 환영이 메우게 된다. 그리고 그 환영의 반복된 창출이 우리의 '근대문학'을 형성시키고 있다.

이러한 현상은 현재에도 여전히 계속되고 있다. 실재하지도 않은 근대를 실재한 것으로 상정, 포스트모더니즘적 단계로 우리 사회의 문화·역사적 발전정도를 끌어 가버리는가 하면 언문일치와 내면의 성립을 확정, 이에 대한 무수한 연구를 반복하는 현재의 풍토는 '환영'의 재생산이라고밖에는 달리 표현할 수가 없는 것이다. 우리 스스로가 반복적으로 조작해 내는 자기 기만의 신화, 우리는 지금도 여전히 끊임없이 근대에 대한 환영과 자기 기만을 창출하고 있다. 근대, 근대문학에 대한 환영과 환상이 현재에도 여전히 반복, 재생산되고 있는 것이다. 바로 이 지점에서 이제 한국의 근대, 근대문학은 이제 실재성 그 자체에 대한 검토부터 시작되어야만 하는 것이다.